Eisenhagel
Krampuslauf

Ein Steiermark-Krimi
von Martin G. Wanko

edition keiper

edition keiper

www.editionkeiper.at

1. Auflage Oktober 2020
Cover, Layout und Satz: textzentrum graz
Coverfoto: Adobe Stock 305079845
Autorenfoto: Florian Lierzer
ISBN 978-3-903322-17-2
Druck und Bindung: Totem

Bundesministerium
Kunst, Kultur,
öffentlicher Dienst und Sport

Das Land
Steiermark
→ Kultur, Europa,
Außenbeziehungen

GRAZ

EISENHAGEL

Krampuslauf

Ein Steiermark-Krimi
von Martin G. Wanko

Hey! Ho! Let's go!
Ramones

Prolog

Jenny hat Angst.
Ihr Leben ist in Bewegung.
Am 5.12. kehrt das Böse zurück.
Das war schon immer so.
Nicht nur in Eisenhagel.
Aber dort besonders.

Dann ist der Krampus da.

1. Teil

Jenny ist Krankenschwester auf der Bettenstation. Blutdruck messen, Spritzen geben, Medikamente nachfüllen, Betten überziehen, den Patienten gut zureden, ein Lächeln schenken. Den Ärzten zuhören, nicken, wieder lächeln, das wollen sie so. Gelegentlich nachfragen, lieber einmal mehr als zu wenig. Was muss verabreicht werden? Irrtümer bringen viele Menschen ins Grab. Ihr Herz schenkt sie den Menschen, die gerade angeliefert werden. Die haben das Schlimmste hinter sich. Denken sie zumindest. Und die Angehörigen, die Freunde der Patienten, die hassen das Spital. Weil sie selber einmal dran sind.

Dennoch arbeitet sie gerne hier. Es ist eine abgegrenzte Welt mit Antworten. Vor ihr sind die Schränke mit den Arzneien und Verbänden. Ein jeder bekommt, was er benötigt.

Sie stellt eine Kanüle nach, macht Eintragungen und lächelt den Patienten an. Sein Gesicht hat wieder Farbe bekommen. Kleine Äpfel leuchten von seinen Wangen. Es ist Herr Knies, Zimmer 131. Unter dem Bett steht noch seine Nierenschale. Vor einigen Tagen brauchte er sie noch zum Pinkeln. Irgendwie war ihm das schrecklich peinlich, aber je natürlicher man als Krankenschwester damit umgeht, desto besser kommt der Patient damit zurecht. Jennifer lässt auch keinen Patienten kurz vor Dienstschluss mit angekackter Hose im Bett liegen. Das gehört sich nicht. Sie will sich keinen Spielraum lassen, auch nicht nach 48 Stunden Dienst. Jenny schaut auf die Uhr. In einer halben

Stunde ist Mittagspause. Mal schauen, ob sie die nehmen kann. Sie schaut noch kurz zu Herrn Knies und zwinkert ihm zu. Herr Knies schafft das!

Oft wird sie gefragt, ob der Druck ihr nichts ausmacht. Sie hat ein eigenes Rezept gefunden, wie sie mit dem Stress hier umgeht. Sie denkt an ihre drei Freunde, die sind, seit ihre Großeltern und Eltern verstorben sind, ihr Rückgrat, ihre Familie, wenn man so will. Jenny kennt Kevin, Daniel und Annika aus der Schule. Kevin ist ihr Freund. Sie sind, seit sie denken können, die vier Unzertrennlichen. Sie machen alles zusammen, fahren sogar zu viert in den Urlaub. Der eine hilft dem anderen. Hat einer von ihnen Schmerzen, Jenny kann sie lindern. Suchen sie für eine Party die richtige Location, Kevin findet sie. Nähert sich die nächste Steuererklärung, Daniel berechnet sie. Brauchen sie jemanden zum Zuhören, Annika hat immer ein offenes Ohr.

Noch haben sie die passende Wohnung nicht gefunden, aber im Frühling, wenn es wieder wärmer wird, wird sie mit Kevin zusammenziehen. Sie gibt Kevin die nötige Struktur und er gibt ihr Sicherheit. Solange Kevin an ihrer Seite ist, wird ihr nichts passieren. Sie weiß selber nicht, wie sie zu solchen Gedanken kommt, aber sie sind nun mal da.

Sie muss lachen. Sie liebt ihn. Ja, natürlich. Obgleich sie nach den Jahren nicht mehr sagen kann, was sie an ihm liebt. Vielleicht ist es die Gewohnheit, die Stabilität, die die Beziehung mit sich bringt. Das ist wichtig. Kevin war da, als es ihr schlecht ging, als sie mit Gehirnerschütterung im Spital lag. Tage, von denen sie nichts mehr weiß – da war der Unfall und sie war weggetreten. Sendepause. Das ist jetzt schon zehn Jahre her, aber dennoch. Kevin hat sie aus dem tiefen Tal der Abwesenheit herausgeholt. Da ist sie sich ganz sicher.

Gleichzeitig mit ihnen gingen Annika und Daniel ebenfalls eine Beziehung ein. Jenny hatte nie daran geglaubt, dass die Beziehung ihrer Freunde so lange halten würde. Sie hatte immer das Gefühl, dass Annika auf ihre Beziehung eifersüchtig war und deshalb eine mit Daniel einging. Vielleicht war es auch so.

Über ihren Beziehungen steht ihre Vierer-Freundschaft. Ihre Freundschaft ist für sie wie ein Schutzschild. So sind sie unverwundbar. Es ist eine ganz eigene Freundschaft, die sie in den Jahren entwickelt haben. Ihre drei Freunde sind für sie nicht nur *wie* eine Familie, sie *sind* die Familie. Sie hat sonst niemanden. Das weiß sie. Darüber ist sie sich im Klaren. Drei Freunde hat sie. Zusammen sind sie vier Freude. Vier Freunde, denkt sie sich, vier Freunde sind genug und fünf Freunde gibt es nur im Buch. Sie liebt diesen Satz. Sie sagt ihn sich öfters vor. Er ist für sie wie ein Gebet. Und an Gebete muss man glauben.

Oder auch nicht!

Heute ist Jenny auf der Unfallstation, Notaufnahme, eingeteilt. Plötzlich Alarm, ein Unfall. Der alte Blumenhändler ist angefahren worden. Er starrt gegen die Zimmerdecke. Koma. Szenen im OP. Jenny ist Teil vom Team. Er schlägt die Augen auf. »Eine rote Blume. Ich habe sie extra bestellen müssen, einfliegen!«, erhebt der Blumenhändler plötzlich aus dem Nichts seine Stimme. Jenny versucht ihn wach zu halten und ihn in ein Gespräch zu verwickeln: »Für wen war denn die Blume bestimmt?« Bevor er antworten kann, wirkt die Narkose. Seine Lippen bewegen sich noch. Jenny versucht das Wort nachzusprechen. Es kommt jedoch nichts dabei raus.

Jenny geht mit den Wertgegenständen des Blumenhändlers zum vorgesehenen Spind. Aus seiner Manteltasche rutscht eine altmodische Taschenuhr. Automatisch tastet sie die Rückseite ab. Sie hat eine Gravur eingebrannt. Jenny wird nervös. Sie geht ins Freie. Atmet tief Luft ein. Sie will sich auf etwas konzentrieren, sie zittert, nichts passiert, ihre Augen werden in der Kälte glasig. Ihre Gedanken gefrieren zu Eis. Stillstand. Sie steckt die Uhr ein. Die gehört jetzt zu ihr. Sie ist Teil eines Mosaiks, von dem sie nicht mehr weiß, als dass die ganzen Splitter einmal eine geordnete Einheit in ihren Gedanken ergeben sollten. Die Uhr hat sie nicht gestohlen. Diebe sind andere, die, die ihr die Zeit nahmen, an die sie sich nicht mehr erinnern kann. Einige Wochen im Spital und von der Zeit vor dem Umfall fehlt ihr auch vieles. Das alles ist jetzt zehn Jahre her. Und die Zahl 10 ist die Zahl der Veränderungen und der Wendepunkte im Leben. Das Spiel mit den Zahlen, die Formeln und Einsichten, die darin enthalten sind, das entwickelt eine eigene Dynamik. Das hat sie sich ebenfalls in der Zeit im Spital angewöhnt. Du brauchst etwas, damit du nicht verrückt wirst, hat sie sich immer wieder gesagt. An irgendetwas musst du ja glauben, sonst wirst du irre. Das ist ihr kleines Geheimnis. Sie will sich ja nicht lächerlich machen. Aber auf die Zehn hat sie lange gewartet. UND ES KLOPFT AN. WAS IST LOS, VERDAMMT. Was anklopft, soll Wahrheit werden.

Ja wirklich? Willst du das wirklich?

Jenny geht zurück ins Spital. Der Blumenhändler liegt auf 159. So ganz singulär gefallen ihr die Zahlen, aber in der Summenformel kommt sie auf 15, das gefällt ihr nicht. 15 steht für Macht, Dominanz, Ausstrahlung, Manipulation, Versuchung und Gier. Sie wird ihr Bestes tun, die Summenzahl kann man zurückweisen. Die Tür 159 geht auf. Eine Krankenschwester schiebt das Bett auf den Gang, Der Blumenhändler ist mit einem weißen Tuch bedeckt. Jennys Schritte werden schneller. Sie steht vor einem jungen Arzt. »Herzstillstand«, meint er und tippt etwas in den Computer. Manchmal reicht ein Wort und ein Leben hat sich erledigt. Vor allem, wenn keiner nachfragt. In solchen Momenten ist eine nüchterne Sprache sehr wichtig, sie ist wie eine Mauer, hinter der man seine Gefühle verstecken kann. Dennoch schnürt es Jenny den Hals zu. Der Blumenhändler ist tot, die Uhr ist ihr geblieben. Die Uhr! Es hat den Anschein, als richten sich die Zeiger in die Zukunft, aber das Ticken weist in die Vergangenheit. Sie spürt sie ticken. Sieben Mal. Das ist eine gute Zahl. Dante beschrieb sieben Ebenen des Fegefeuers. Nach dem siebenten war man erlöst. Aber zuerst musst du durch das Feuer.

Tick, tick, tick …

Kevin kellnert in einem Café. Er ist freundlich, zuvorkommend. Ein Witz an die alten Damen gerichtet, ein Zwinkern gehört den rotwangigen eisteeschlürfenden Schülerinnen, ein Abklatschen mit den Kumpels an der Bar. Er rollt ein Fass Bier aus dem Lager, hebt es an, dabei streicht er seinen blonden Scheitel zurück, pfeift »WoW« von Dame. Seine leichte Fehlstellung der Vorderzähne macht ihn gerade bei Mädchen besonders sympathisch. Spielend leicht gelingt alles, jede Bewegung wird von bestimmten Muskeln getragen, er spürt das und genießt es auch. Kevin ist mit seinem Körper auf Du und Du, er ist jedoch kein Muskelmann, sondern einfach durchtrainiert.

Früher war er ein Surfer, ohne jemals kalifornischen Boden betreten zu haben. Hier in Eisenhagel braucht man keinen Strand dazu. Es reicht, sich mit einem Seil an die Brücke zu hängen, sich mit dem Brett gegen die Wasserströme zu stemmen und den Steinen auszuweichen, die wie Haifischflossen aus dem Flussbeet ragen. Im Idealfall surft man auf stehenden Wellen. Früher machte er das unter dem Beifall Schaulustiger, heute macht er es alleine, oder im Beisein seiner drei Freunde, Jenny, Annika und Daniel. Scheißegal, früher war er ein Surfing Boy, heute ist er der Kapitän der »Eisenhagel Cracks«, dem örtlichen Eishockey-Verein. Ein Eishackler also. So nebenbei versucht er sein Leben in den Griff zu bekommen. Sein Mädchen, Jenny, will, dass er zum Rauchen aufhört, seit 48 Stunden hält er sich daran, aber er hat ihr gesagt, dass das jetzt einmal nur eine Phase ist, ein Testlauf. Er will sich nichts aufzwingen lassen, schon gar nicht, wenn es sein Leben betrifft.

Kevin geht in den zweiten Raum. »Hey Jungs, darf's noch etwas sein?« Sie nicken schüchtern, schieben ihre Schulranzen intuitiv unter die Sitzbank. Schüler, denkt er sich, die zarten Hände haben noch nie einen Schraubenschlüssel gehalten, geschweige denn einen Motorblock ausgewechselt. Jeder bestellt noch ein Bier. Er kann es in ihren Augen lesen, dass keiner von ihnen 16 ist, also weder Bier noch Zigaretten haben dürfte, aber Kevin sieht das nicht so eng. Leben und leben lassen, jeder muss wissen, was er mit seinem Leben so anstellt.

»Zigaretten auch?«, fragt er nach und wischt einmal über den Tisch. Jetzt leuchten ihre Augen.

»Marlboro Rot oder Gauloises?«

»Dreimal Marlboro«, antworten sie. Die Zigaretten kommen aus seinem Spind, sind also seine Privatangelegenheit. Der Gewinn geht auf sein Konto. Peanuts, aber irgendwann will er damit eine professionelle »River Surfing Station« aufbauen. Das gibt es hier noch nicht. Kevin geht zurück hinter die Bar, um die Zigaretten zu holen, als ihm plötzlich jemand auf den Rücken tippt. Kevin zuckt zusammen. Es ist der Bürgermeister. Grauer Scheitel, blaue Augen, Sakko, Stecktuch. Sein Rasierwasser verbreitet sich im ganzen Lokal, noch nie roch Kevin den Geruch lieber als heute. Kurz schließt er die Augen und saugt ihn ein. Schwein gehabt! Tommy, der Besitzer, hätte wieder einmal Stress gemacht, weil sein »cleanes« Café, wie er es nennt, keine Tschick verkauft.

»Hans, was willst?«, fragt er den Bürgermeister.

»Alles klar für Samstag? Ich brauch dich in der Vereinssitzung«, stellt der Bürgermeister leicht gereizt fest. Kevin schluckt und wirft seine wasserstoffblond gefärbten Haare zurück. Er hat das vergessen, nicht vergessen, eher verdrängt. Vereinssitzung bedeutet Bier, sehr viel Bier. Das will er sich in Zukunft sparen, macht zu viel Stress im Kopf. »Pass mal auf, Bürgermeister, ich habe da irgendwie keine Zeit, aber beim Lauf mache ich schon mit, keine Frage. Kein Krampuslauf ohne Kevin. Versprochen!«

Der Bürgermeister schaut ihn mit einem ernsten und zugleich auffordernden Blick an. Dieser Blick ist abrufbar. Als Bürgermeister von Eisenhagel hat man diesen Blick quasi gebucht. Letztens wurde ein Mädchen von fünf Jungs durchgezogen, auf der Toilette der Disko, auf der Pressekonferenz stand auch er im Zentrum, die Privatsender wollten wissen, welche Schweine hier wohnen. Er konnte die Sache gerade noch bereinigen. Den Menschen signalisieren, dass dies die Ausnahme ist. Dass bei ihnen alles sicher ist. Alles gute Menschen. Fast halt. So wie überall.

»Erinnere dich einmal an die goldene Zeit hier, weißt du noch? Kohle und Eisen haben die Stadt groß gemacht – und heute?«, versucht der Bürgermeister, Kevin zu motivieren. Vor den Augen des Bürgermeisters geht ein Film ab: Ihre Väter und Großväter gehen mit verrußtem und zugleich stolzem Antlitz durch die Stadt. Harte Arbeit unter der Woche, Bier und Handball am Samstag, im Winter Eishockey, Kirche am Sonntag. »Wenn jeder die Stadt im Stich lässt, der etwas kann, wird die Stadt nie wieder raufkommen.«

Kevin nickt und schaut ihn fordernd an. Dann tu was dagegen, Bürgermeister. Also leg los!

»Nächstes Jahr ist die Bürgermeister-Wahl. Wenn ich gewinne, gebe ich das Amt während meiner Amtsperiode ab. Das bleibt aber bitte unter uns!« Er schaut Kevin ins Gesicht. Kevin ist ganz bei ihm. »Ich brauche wen, dem ich das Amt anvertrauen kann, jung, agil und doch mit Lebenserfahrung. Einen, mit dem die Leute hier etwas anfangen können. In der Partei habe ich nicht den Passenden.« Jetzt hat er ihn an der Angel, weiß der Bürgermeister. Zumindest jeden zweiten Bürger von Eisenhagel kennt er so gut, dass er weiß, welchen Köder er auslegen muss. Abgesehen davon, er braucht wirklich einen Nachfolger. Die Tabletten am Nachtkästchen werden nicht weniger, dafür nimmt die Sicht ab und auch der Wille etwas zu verändern, durchzupeitschen, hart bleiben, mehr Verantwortung in die Gemeinde holen und auch mehr Geld. Nun nimmt er einen Schluck von seinem Espresso und holt die Netze ein. »Ich brauche wen, der mir nachfolgt. Ich kann mir vorstellen, dass du einer von denen bist. Da musst du dich jetzt langsam in den Vordergrund spielen, dich engagieren, bei den Treffen der Stadt dabei sein.«

Kevin ist ganz Ohr. Auf solche Momente wartet man ein Leben lang. Da weißt du, du hast doch nichts falsch gemacht, bist so wie du bist, ein ehrlicher Hund und ein Sieger. Endlich ein Sieger. Er nickt dem Bürgermeister zu. »Bin zu jeder Schandtat bereit.«

»Machst du uns den Krampuslauf? Der Alois kann nicht mehr«, meint der Bürgermeister und zeigt vorsichtig die Bewegung eines zum Mund führenden Bierglases.

Kevin starrt ihn an. »Ausgerechnet den Krampuslauf?«

»Bekommst du jetzt kalte Füße?«

»Nein, ähm, aber muss das wirklich der Lauf sein?«

»Kevin, was ist los mit dir?«

»Nichts, aber es passiert halt immer viel, auf diesem Lauf. Ich weiß nicht, ob das wirklich karrieretauglich ist.«

»Hör einmal zu! Du musst jetzt einmal den Krampuslauf organisieren, und vielleicht kannst dann schon in den Gemeinderat! Dann werden wir eh alles Weitere sehen. Abgesehen davon, das was einmal war, ist vergessen. Das was vor zehn Jahren passiert ist, wird nicht mehr aufgewärmt. Da musst du drüber, und wir auch!«

Wahrscheinlich muss er das. Ein Sprung ins kalte Wasser. Es geht nicht anders.

»Unser Alois hat hier wirklich gute Arbeit geleistet. Also, schlagst ein?«

Kevin reißt die Augen weit auf. »Na dann!«

Sie verabschieden sich. Der Bürgermeister lacht und klopft ihm noch auf die Schulter. »Hab gewusst, dass ich mich auf dich verlassen kann. Bist einer von uns!«

Kevin bringt in das Hinterzimmer die bestellten Zigaretten, seine Beine zappeln, seine Finger vibrieren und er weiß gar nicht wie, aber plötzlich landet wieder eine Kippe zwischen seinen Lippen. Gierig zieht er an ihr. Der verbrennende Tabak knistert. Der erste Zug hebt ihn aus. Der zweite lässt ihn über die Stadt fliegen. Der dritte lässt ihn gleiten. Mit dem vierten macht er einen Looping. Oh ja, das Leben steckt eben voller Überraschungen. Sogar in Eisenhagel. Ohne Krampuslauf wird es nicht gehen, um endlich weiterzukommen. Er hat schon verstanden!

Wie er die Aktion seinen drei Freunden erklärt, weiß er noch nicht. Vor zehn Jahren machten sie einen Schwur. Keine wichtige Entscheidung wird alleine getroffen.

Im Café sitzt ein Mann, der dies alles beobachtet. Der Bürgermeister bemerkte ihn nicht und Kevin schon gar nicht. Kevin ist jetzt sehr glücklich. An diesen glücklichen Moment sollte er sich noch öfters zurückerinnern. Denn in nächster Zeit gibt es keinen zwingenden Grund, glücklich zu sein.

Daniel unterrichtet Mathematik und Physik im Gymnasium Eisenhagel. Er freut sich, wissbegierige Schüler zu haben. Freitagnachmittags hat er einen kleinen, aber feinen Kreis von guten Schülern um sich geschart, die er heute wieder unterrichtet. Seine Schüler lieben diese Nachmittage, das Ereignis und das Experiment.

»Lydia, wie hoch glaubst du ist die Wahrscheinlichkeit, dass du bei einem Spaziergang durch Manhattan deinen passenden Freund findest, wenn bei der U-Bahn-Station Times Square rund 300.000 Menschen täglich durch die Pforten marschieren und es anzunehmen ist, dass du rund 30 Millionen Menschen begegnen musst, um ihn zu finden.« Lydia bekommt einen roten Kopf und schaut ihn mit großen Augen an. »Die Lydia fliegt sofort nach New York, wenn das alles nur stimmt!«, unterbricht Markus und alle lachen. Daniel freut sich, dass auch diese Rechnung für

Unterhaltung sorgt. »30 Millionen durch 300.000 ist 100. Ich muss also 100 Tage auf den passenden Freund warten, ich armes Wesen, ich! Aber Markus zahlt mir den Flug und ich probiere es aus!«, trällert Lydia und lacht. Daniel steht auf, reibt sich sein Kinn und setzt fort: »Wenn die U-Bahn-Station jedoch acht Ausgänge hat, wie groß ist die Wahrscheinlichkeit, dass du unter denselben Voraussetzungen den passenden Freund findest?« Lydia überlegt kurz, nimmt nun den Taschenrechner zur Hand und rechnet. »Die Chance ist 1:38, Herr Professor!«, antwortet Lydia. »Und das ist richtig!«, freut sich Daniel und ist auf seine Schüler richtig stolz. Sie kommen freiwillig am Nachmittag zu ihm, ausgerechnet zu ihm, der in der Schule eher der Streber war und es nicht gerade leicht hatte. Fast glaubt er, er habe diese Aufmerksamkeit nicht verdient und richtet seine Krawatte, die sich zu seinem Missfallen etwas gelockert hat. Zugegeben, er macht für sie tolle Beispiele, wo sie namentlich vorkommen, oder die sich thematisch an etwas orientieren, was sie interessiert.

Aber das positive Feedback ist Neuland für ihn. Gegen früher! Die Mitschüler, die Nachbarskinder. Erst durch seine Freundschaft zu Kevin ließen sie von ihm ab, weil Kevin sie ansonsten zusammendrosch. Er manövrierte Kevin dafür durch die Schule. Er half Kevin in Mathe, dafür brannte ihm Kevin die CD mit den Liedern, die gerade hip waren. So richtige Anerkennung in der Stadt fand er in dieser Zeit durch seine Freundin Annika. So ist er doch noch gut gelandet in Eisenhagel und wird hier auch bleiben. Jetzt, nachdem er das Unterrichten gewöhnt ist, will er sich an ein kleines Galerie-Projekt wagen. Etwas Kunst würde Eisenhagel guttun. Die Bergbaustadt schreit richtiggehend danach. Er sieht schon die erste Ausstellung vor sich. Um hier niemanden zu überfordern, würde er mit Impressionismus beginnen, seltene Drucke, die man nicht überall zu sehen bekommt. So bereitet er das Publikum auf spätere Ausstellungen vor, Schwarzweißfotos aus dem Bergwerksstollen, verlassene Herrenhäuser, vergitterte Fabriken.

Dabei hat er vor Kurzem selber zu malen begonnen. Jetzt nichts wirklich Wichtiges, aber ihm ist ein Mädchen in den Sinn gekommen, und das hat er nun porträtiert. Dunkle Haare, dunkle Augen, ein schönes Gesicht. Seine Vorstellungen sind gar seltsam, ihm ist, als würde das Mädchen ihn beobachten, von ihm etwas wollen. Aber das ist oft so, wenn man Porträtsammlungen in Museen anschaut – man wird von Dutzenden Augenpaaren verfolgt. Trotzdem, das Mädchen geht ihm nicht aus dem Sinn. Ihm war plötzlich, als müsste er malen, und so ging er in den nächsten Bastelshop und kaufte sich eine Staffelei, einige Bögen Papier, Wasserfarben und Ölkreiden. Fast hatte er ein schlechtes Gewissen, so viel Geld auf einmal für eine Sache auszugeben, von der er nicht einmal wusste, ob er damit wirklich etwas anfangen kann. Zugegeben, mit der Staffelei kommt er nicht so ganz zurecht, da er beim Malen lieber sitzt. Sie macht sich aber auch als Kleiderständer gut. Mit einer Mischung aus Wasserfarben und Ölkreiden schuf er jedoch das Porträt des Mädchens. Er nennt das Mädchen Edda. Keine Ahnung warum, aber sie heißt nun Edda. Er hat den Namen auf der Rückseite ganz klein in eine Ecke geschrieben und vorne signiert, damit keine falschen Schlüsse gezogen werden.

Er wird Annika einweihen, aber das hat Zeit, denn sie würde damit sofort etwas machen wollen, und das geht ihm zu schnell. Zuerst die Aquarelle anderer Künstler. Edda bleibt vorerst sein kleines Geheimnis.

Die Annika könnte dazu noch ihre Kenntnis mit dem Wein einbauen, vielleicht soll er sie überhaupt mit dem Buffet betrauen, sie zaubert ja auch in der Küche immer tolle Sachen hervor, allein wenn er an die gestrigen Muscheln in Kokosmilch, Safran und Zimt denkt. Alle Achtung! Sie ist so gut zu ihm. Sein Herz schlägt gleich schneller. Ein paar Sponsoren werden sie noch brauchen, das muss Kevin machen, den kennt ein jeder und vor allem er kennt einen jeden. Und Jenny? Irgendwie hält Jenny die Gruppe von innen zusammen. Von außen beschützt sie Kevin, aber für den inneren Zusammenhalt ist eindeutig Jenny verantwortlich. Intuitiv greift er bereits nach seiner Jacke. Er lässt jedoch von ihr wieder ab. Ist Jenny wirklich aktiv für den Zusammenhalt verantwortlich, oder kümmern sie drei sich ein bisschen mehr um Jenny als um jeden anderen? Sie hat damals sicher am meisten durchgemacht, als sie den Bund eingegangen sind, auf immer und ewig füreinander dazusein.

AUS! Die Vergangenheit ist Vergangenheit. Die ist schon passiert, kann keiner ändern. Darum schaut Daniel in die Zukunft. Das Leben ist gut. Er blickt auf die Jacke. Wieder einmal etwas zu warm gewählt, immer eine Schicht zu viel, wie Annika sagt, aber er will immer auf alles vorbereitet sein. Ein plötzlicher Temperatursturz soll also nicht sein Problem sein. »So, Schluss für heute, ich wünsche euch noch ein schönes Wochenende!«

»Was, schon jetzt Herr Professor?!« Jetzt schauen ihn die jungen Menschen groß an und er schaut auf die Uhr. Schon halb fünf, er sollte noch eine Kleinigkeit essen und sich dann noch anständig herrichten. Weil freitags geht es mit Annika, Kevin und Jenny ins Detox, eine Disko an der Schnellstraße, etwas außerhalb der Stadt. Zwar hauen sie schon länger nicht mehr auf den Putz, aber der Freitag muss bleiben.

»Okay, ein Beispiel habe ich noch!«, lenkt er ein und kommt im selben Moment drauf, dass er gar kein weiteres vorbereitet hat. »Also, wie hoch ist die Wahrscheinlichkeit, dass einen die Vergangenheit wieder einholt?« Für einen Bruchteil von Sekunden gaffen ihn alle an. Daniel muss schlucken. SHIT! Er weiß selber nicht, wie er auf diese Frage kam. Bist du gelähmt, denk nicht so viel über die Vergangenheit nach, dann kommt so ein Quatsch raus! Schule ist Schule, und alles andere ist alles andere.

»Es kommt auf die Schwere des Verbrechens an«, antwortet Karl aus der dritten Reihe, ganz links. Alle Kinder schauen nun zu Karl. Und Professor Daniel Zotter ist massiv entspannt. Seine Schüler haben ihm das Ding entschärft. So geht Leben. »Karl, was hast du auf dem Kerbholz?«, versucht Markus einen Schmäh. »Der Karl hat den Hahn vom Edelsbrunner vergiftet, seitdem kann er wieder jeden Sonntag ausschlafen.« Lautes Gelächter. Daniel klopft kurz auf das Lehrerpult und sorgt so für Aufmerksamkeit.

»Stimmt das echt, Karl, das mit dem Hahn?« Jetzt lachen alle los. Die Welt dreht sich wieder um die eigene Achse und nicht um Eisenhagel. Karl bleibt die Antwort schuldig. »Also, alle Hähne leben noch. Und ja, es kommt auf die Intensität des Vergehens an. Manche Antworten bezüglich der Wahrscheinlichkeit sind ganz logisch und ohne viel zu rechnen zu beantworten. Also, ich schicke euch am Montag einige Übungsbeispiele und wir sehen uns nächsten Freitag wieder, und keine wilden Partys heute!« Gelächter und Abtritt. »Halt, Freunde! Ich begleite euch gleich mit hinaus. Letztens war ja die Garderobe verschlossen.« Daniel schaltet das Licht ab, verlässt den Raum mit seinen Schülern und sperrt hinter ihnen ab. Ihm ist heute nicht nach alleine sein. Er war zu oft alleine. Alleine das Wort alleine mag er nicht. Unter heiteren Menschen lebt es sich leichter.

Annika verlässt das Tourismusbüro. Sie streicht sich mit der Hand durch ihre mittellangen Haare und zündet sich eine Benson & Hedges an. Das war heute im Stadttourismus-Amt ein turbulenter Tag, hätte sie gar nicht erwartet. Jetzt noch schnell einkaufen. Gar nicht so einfach, aber man muss genau schauen, wo man was bekommt. Zwei zarte Steaks beim Fleischer, einen argentinischen Rotwein in der Vinothek um die Ecke, hoffentlich haben sie einen argentinischen Cabernet Franc. Der schmeckt Daniel am besten. 6.900 verschiedene Rebsorten gibt es, das ist eigentlich gigantisch, denkt sie nun. Über das ist sie gestern beim Recherchieren für die Stadtentwicklung gestolpert. 6.900 unterschiedliche Geschmacksmomente. Sie geht in den Supermarkt. Für Daniel braucht sie noch laktosefreie Milch, Kresse für den Salat fehlt auch noch. Eine freundliche Mischung aus weichem Licht und belangloser Musik lassen sie entspannen, einen kurzen Moment erscheint es ihr, als lächelten sie alle Güter an. Sie sieht noch die letzte Kresse, steuert darauf zu und schnappt sie einer anderen Kundin vor der Nase weg – super, das wird ein wunderschöner Nachmittag, und dann hinein ins Vergnügen! Vielleicht noch Orangen und ein Schokoladeeis für ein Dessert? Wein oder Dessert? Eigentlich egal, Daniel hat sie auch mit einem dicken Hintern gerne, hat er ihr letztens gebeichtet. Na dann!

Sie nimmt beides, zahlt und macht sich auf den Heimweg. Gedanklich switcht sie zurück in ihren Büro-Job. Der Bürgermeister kam hineingerauscht, im grauen Lodenmantel, mit strengem Scheitel, aber hochrotem Kopf. Er wollte nicht einmal Platz nehmen, bis ihr Chef für ihn Zeit hatte, sondern starrte einfach aus dem Fenster. Er versuchte still zu sein, aber seine Halsschlagader pulsierte. Als sich die Tür zu ihrem Chef öffnete und sein Besucher den Raum verließ, eilte er zielgerichtet hinein, wartete nicht einmal, bis Annika ihn ankündigte. Das Gespräch war trotz verschlossener Tür nicht schwer mitzubekommen. Dem Bürgermeister ist der Organisator vom Krampuslauf abhandengekommen. Jetzt suchen sie einen neuen. Und sie musste plötzlich eine Liste von möglichen Kandidaten aus ihrem Ärmel zaubern. Alle außer Kevin, dachte sie. Sie schrieb ihn bewusst nicht auf die Liste. Obwohl Kevin dafür geboren wäre, nicht alles erledigt man in einem Leben. Manches kommt erst im nächsten. Auch bei Kevin.

Jetzt sieht sie, wie die kleine Stadt einnachtet. Wie sich die Dunkelheit über die Häuser legt, die längst erloschenen Fabriksschlote schluckt und die kalkigen Zacken des Bergkamms, die die Stadt umrahmen, zum einzigen wesentlichen Erkennbaren machen, wenn um Mitternacht die Beleuchtung ausgeschaltet wird. Die Stadt muss sparen, heißt es dann. Ab Mitternacht braucht man hier keine eingeschalteten Laternen. Jedoch ist es der falsche Weg, denkt sich Annika. Wer will schon in eine Stadt, die ab Mitternacht verdunkelt ist? Das lädt nicht ein, und wenn, dann die falschen Menschen. Wieder denkt sie an den Krampuslauf. Der findet am 5. Dezember statt und ist dann für 364 Tage erledigt. Sie findet es nicht gut, wenn hier Bewegung reinkommt. Der soll so bleiben, wie er ist. Manche Dinge sollte man auf sich beruhen lassen.

Alles wegwischen, reinmachen, denkt sie sich und schaut durch das Stiegenhausfenster auf den Platz, wo vor zehn Jahren der Krampuslauf aus den Fugen geriet und im Chaos unterging.

»Der Jenny darf nichts passieren!«

Annika ist daheim angekommen, öffnet die Wohnungstür und inhaliert die abgestandene Luft, die von ihrer jetzigen Zerrissenheit noch nichts weiß. Wie ist sie bloß auf den Gedanken gekommen, dass der Jenny nichts passieren darf? Jetzt reißt ihr auch fast noch die Papiertüte! Was ist das plötzlich für ein scheiß Tag geworden! Der Wein, die Orangen, das Schokoladeeis, alles wäre umsonst! Als ob sie mit diesem Jenny-Gedanken böse Geister geweckt hätte, spricht sie sich den Satz noch einmal vor: »Der Jenny wird nichts passieren.« Und jetzt laut und noch einmal für alle, aber korrigiert, damit es alle bösen GEISTER wissen: »UNSERER Jenny darf nichts passieren!«

Daniel öffnet die Tür. »Führst du Selbstgespräche?«

Sie drückt ihm den Einkauf in die Arme. »Pass lieber auf, der Sack reißt gleich! Und ich muss einmal.«

»Hey, was ist?«

»Ich muss aufs Klo!«

Feierabend. Jennifer ist in der Garderobe und zieht sich um. Weg mit dem Kittel! Ihr Rücken wird von einem Tattoo verziert.

FREAK
OUT!

In dunkelrot gehalten. Teilweise wird es von ihren dunklen Haaren verdeckt, aber in Eisenhagel kennt es jeder, den sie kennt. Das passt zu ihr, das steht. Das passt zu ihrem dunkelroten, fast schwarzen Lippenstift, zu ihrer hellen Haut und ihren engen dunklen Jeans. Ihre Augen sind auch dunkelbraun, außer zu Halloween, da hat sie schwarzrote

Katzenaugen. Jenny faucht in den Spiegel. WOOORRR! Kurz hört sie ein Geräusch und schaut herum. Jetzt muss sie lachen. Jenny zieht einen figurbetonten schwarzen Pullover an. Sie macht ein Selfie. Der Lidschatten passt zum Lippenstift, die Hose sitzt am Arsch und auch sonst: Alles fit im Schritt. Nun beginnt ihr zweites Leben. Ihre drei Freunde treffen, abhängen, streamen. Sie liebt ihren Job. Sie bewegt sich gerne, mag es, von einem Zimmer zum anderen zu gehen und sie will gebraucht werden, also ernsthaft gebraucht werden, auf der Unfallstation ist das auch so, darum war es für sie schon lange klar, dass sie Krankenschwester werden will. Und wenn sie einmal mit Eisenhagel fertig ist und in die Großstadt will, Krankenschwestern werden immer gebraucht.

Mit Eisenhagel fertig sein? Ach ja?

Auf dem Weg vom Spital in die Stadt geht sie am Friedhof vorbei. Er liegt nicht direkt auf dem Weg zu ihrer Wohnung, aber den kleinen Umweg nimmt sie gerne in Kauf, schließlich liegt auf dem Friedhof ihre ganze Familie. Vater und Mutter hat Jenny schon früh bei einem Unfall verloren. Ihre Eltern starben bei einem Autounfall, als sie zwei Jahre alt war. Ihr Vater hatte einen nagelneuen Mini Cooper und nahm ihre Mutter mit zu einer Ausfahrt. Sie landeten durch ein waghalsiges Überholmanöver im Kühlergrill eines LKW. Ihre Eltern waren sofort tot, jede Hilfe kam zu spät. Ihr wurde immer gesagt, dass die beiden Autos in der Verformung wie eines ausschauten, der Lastwagen und eine unkenntliche Metallmasse als Vorbau.

Sie schaut auf ihren Schlüsselbund, auf dem ein Mini-Schlüsselanhänger baumelt. Das Leder ist am Schlüsselring schon ganz glatt und dunkel, an den Rändern, bei den Nähten, ist er etwas ausgefranst, aber das ist nicht weiter schlimm. Den Schlüsselanhänger hatten ihre Eltern in Verwendung, bis sie verunglückten und ihr Hirn gegen die Windschutzscheibe spritze. Den Anhänger hat man dann ihren Großeltern gegeben, von da an lag er im umfunktionierten Aschenbecher ihres Großvaters am Küchentisch, neben anderem Krimskrams. Seit dem Tod ihrer Großeltern verwendet sie den Schlüsselanhänger und hat ihn so immer bei sich.

Später einmal hat sie Fotos gesehen und war irgendwie beruhigt, dass die Menschen hier sie nicht anlogen, denn sie mag Eisenhagel und seine Bewohner. Sie war hier immer gut aufgehoben. Die Menschen hier wussten, dass sie die kleine Jenny ist, die nun bei ihren Großeltern aufwächst. Ihr Freund Kevin ist erstaunt, wie trocken sie über diese Ereignisse sprechen kann, doch mehr als ein Bild auf ihrem Küchentisch ist ihr nicht geblieben. Sie weiß nicht einmal, ob die wenigen Erinnerungen, die sie hat, nicht nur aus den Erzählungen ihrer Großmutter stammen und so zu ihrer eigenen Erinnerung wurden. Sie nimmt das Gesteck, mit dem sie vor einigen Wochen das Grab geschmückt hat, und wirft es in die Mülltonne, kehrt das Grab ab, fährt durch die Fugen, kleine Kieselsteine schleudert es auf den Gehweg, sie ergeben auf dem frischen Schnee ein Muster, vielleicht eine Nachricht in einer geheimen Sprache. Sie legt nun einige Föhrenzweige auf das Grab, dazu eine weiße Kerze. Sie liebt es einfach und nüchtern, vielleicht schätzt sie auch deshalb die Arbeit im Spital so sehr, weil eine gewisse Klarheit den Fokus auf das Wesentliche festlegt. Sie kniet sich zum Gebet hin. Ihre roten Lippen machen Bewegungen, zu denen kein Laut zu vernehmen ist. Zuerst spricht sie zu ihren Eltern, dann zu ihren Großeltern, die sind nun auch schon seit drei Jahren tot. Zuerst der Großvater, kurz darauf die Großmutter. Ihr Großvater bekam einen Schlaganfall, während er die verstopfte Regenrinne vom Geäst eines Vogelnestes befreite und dabei von der Leiter flog. Sieben Monate darauf folgte ihm seine Frau. Ihre Großmutter war ganze drei Tage im Spital. Es waren für Jenny die schlimmsten Tage in ihrem Beruf. Plötzlich war das für sie nüchterne Haus hell erleuchtet, sie wusste, dass der Mensch, den sie über alles liebte, in den nächsten Stunden sterben würde. An diesen Tagen drehte sie das Bild ihrer Eltern zur Wand. Sie wollte nicht in die glücklichen Augen ihrer trüben Vergangenheit schauen, als ihre wahre Bezugsperson gerade starb.

Hey, hast du nicht etwas vergessen?

Jenny steht auf. Ihre Jeans unter den Knien sind gefroren und stehen von den Knien ab, als wären sie aus Metall. Sie wirft einen verstohlenen Blick auf einen Grabstein im hintersten Winkel des Friedhofs. Trotz ihres Vorhabens, den Blick abzuwenden und den Friedhof zu verlassen, marschiert sie auf den Grabstein zu. Erwin Resch, gestorben am 5.12.2009. Ein Windstoß fegt den Schnee vom Grabstein und lässt ihn gegen die gefrorenen Hosenbeine prasseln. Zu Gesicht bekommt Jenny eine wunderschöne rote Blume. In ihr hallen die Worte des Blumenhändlers nach, als er von der seltenen roten Blume sprach. Die vorher noch friedliche Kirche neben dem Friedhof gleicht nun einem dunklen Tempel. Hier sind Dinge passiert, von denen sie nichts mehr weiß. Was ist in diesem Scheißjahr noch alles passiert! Jenny zittert am ganzen Körper. Angst! Jenny muss laufen. Eins, zwei, drei, vier, fünf, sechs, sieben Schritte. Immerzu sieben Schritte ergeben auch die ganze Länge, zurück in die kleine Stadt, hinein in das beschauliche Lichtermeer von Eisenhagel, wo alles seine Ordnung hat. Dort wo ihre Freunde sind, wo man sie beschützt. Vor wem eigentlich? Die Sieben, du denkst nur an die Sieben, sieben Schritte und alles wird wieder gut. Die Sieben sorgt für den inneren Ausgleich, für Bescheidenheit und Einsicht. Die Sieben eben. Sie taucht in die Stadt ein und alles ist in Ordnung. Dass nichts, aber schon gar nichts seine Ordnung hat, wenn alles seine Ordnung hat, will Jenny nicht wissen.

Du Schlampe!

Jenny trifft ihre Freunde Kevin, Annika und Daniel. Sven, Kevins Bekannter, hat Geburtstag. Sie feiern ihn im »Detox«, einer ehemalige Tierfutterfabrik, nun Großraumdisco. Der Name »Detoxification« kommt aus dem Englischen und heißt übersetzt Entgiftung. Detox ist die Abkürzung. Die Besitzer fanden das witzig. Also wurde aus dem ehemaligen »Technofett« das »Detox«. Ausschauen tut es noch immer gleich, wie eine Bananenkiste mit einem Schiffboden.

Jenny und Kevin sowie Annika und Daniel raven mit Sven. Und heute ist Party! Es ist Freitag und schon deshalb gehört das Wochenende anständig eröffnet, und das übernimmt meistens Kevin. Kevin machte sie auch mit Sven bekannt, der vor Kurzem erstmals im Café auftauchte. Sven muss Gesteinsproben aus dem alten Bergwerk nehmen, Kohle ist wieder gefragt, und für die Stadt wäre das ein Segen. Sven wäre aber nicht der Erste, der Hoffnung bringt und wieder geht. Nach Öl wurde bereits gebohrt, Thermalwasser hat man gefunden, eine Therme hätte es werden sollen, als alle Pläne scheiterten, blieb schwefelhaltiges Warmwasser als letzter Rettungsanker. Alle Träume platzten. Schlussendlich blieb ein rostendes Rohr, das aus Getreidefeldern ragt, die einzige Erinnerung. Sven schenkt nach, Vodka Bull auf Eis. Alle im Chor: »Eins, zwei, drei und peng, lang lebe Sven!« Sie klopfen mit den Getränken auf die Theke, exen sie und wuchten sich auf die Tanzfläche. Das machen sie immer so, egal welches Lied gerade kommt. Wie jetzt zum Beispiel zu Helene Fischers »Atemlos« in der Techno-Version. Auch Spaß muss sein.

Auf der anderen Seite der Tanzfläche, an der anderen Bar, fotografiert jemand Partypeople. Jetzt packt er sein Teleobjektiv aus, sucht die Tanzfläche ab. Ab jetzt fotografiert er nur noch Jenny. Keiner hat etwas gewusst. Keiner hat etwas gesehen. Außer dem Fotografen. Klick, klick, klick. Alle sind nur zum Feiern da. Außer dem Fotografen. Klick, klick, klick. Wenn jeder Schuss ein Treffer wäre, Jenny wäre durchsiebt mit tausend Löchern. Aber Fotos sind anders. Fotos töten selten Menschen. Fotos sind mächtiger. Wenn sie sehr gut gemacht sind, treffen sie das Innere eines Menschen. Dann zaubern sie für den Bruchteil einer Sekunde die Seele des Menschen an die Oberfläche, zeigen Bilder, die selbst dem Fotografierten fremd erscheinen. Auf Jennys Seele liegt ein Schatten, aber vielleicht nicht direkt ein Schatten, jemand wirft einen Schatten auf sie. Das Dunkle im Licht. Die schwarzen Flecken in der Sonne.

Spürst du mich?

Jenny tanzt. Sie wird von ein paar Fremden angemacht, passiert ihr öfter, alles kein Problem, wenn nur Kevin nicht so ein Heißläufer wäre! Gebt dem Mann nichts zu trinken, denkt sich Jenny, gebt dem Mann einfach keinen Schnaps zu trinken, denn bei Schnaps brennen ihm die Sicherungen durch. Kevin drängt sich tanzend zwischen die Fremden hinein, die wollen sich das nicht gefallen lassen, aber bevor sie sich formiert haben, liegt schon einer von ihnen am Boden, den zweiten packt Kevin am Oberarm und drückt ihn gegen die Wand. Die Security bleibt im Hintergrund. Die Fremden verduften. Kevin schenkt seiner Liebsten einen Kussmund. Sven schenkt nach und alle machen mit. Sie exen die Drinks, und zurück auf die Tanzfläche. Jenny sieht nun alle bunten Farben, die sie sonst ablehnt. Sie verschwimmen ineinander. Ein Meer aus Farben, der Bass löst Wellen aus und Jenny ist der Wellenbrecher. Sie schlittert dahin, sie lacht, der Boden ist rutschig. Kevin fängt sie auf, er strahlt und gibt ihr einen Kuss. Der DJ meldet sich zu Wort und Kevin verdreht die Augen. Was muss denn der immer reden! »Und jetzt ein Musikwunsch, für Daniel!« Alle lachen, auch Daniel. Er schaut verlegen um sich und zuckt nervös mit seinem rechten Auge.

»Ich war das nicht, hö, hö! Wo ist die Verehrerin, hm?«, johlt Annika und nimmt Daniel an der Hand. Alle lachen. Im Hintergrund ihres Lachens ist aber eine gewisse Nervosität spürbar. Gibt es hier eine Verehrerin, die es auf Daniel abgesehen hat? Annika späht durch die Disko und schiebt dabei ihr Kinn leicht in den Raum. Daniel ist bei den Lehrerinnen äußerst beliebt, weil er so einfühlsam ist. Sie weiß das. Die Verehrerin soll nur kommen. Sie ist bereit. Keiner nimmt ihr ihren Daniel weg.

Der DJ drückt auf dem Display herum, er muss nun einen Wunsch ablesen, der eingeschickt wurde. Die Leute zahlen für dieses Service. »Und jetzt kommt noch ein Song für Daniel, diesmal von seinem alten Freund Arnold«, brüllt der DJ ins Mikro. Die vier schauen sich entgeistert an. Ein kurzes Knistern, dann die eindringliche E-Gitarre im Rhythmus, dazu schwarzweiße Strobo-Blitze von der Decke und tiefschwarze Kacheln am Tanzboden, die alles Licht in sich aufsaugen. Nein, das gibt es nicht – und doch. Die Blicke der vier Freunde reichen ein halbes Leben zurück in die Vergangenheit. Vielleicht ein Irrtum und der DJ legt eine andere Scheibe auf? Der DJ beleuchtet sich von unten. Er schaut dämonisch in das Heer tanzender Jugendlicher, als ob sie ihm durch das Lied folgen müssten. Trockennebel rauscht aus den Düsen, der Blickkontakt reißt ab. Jetzt ist jeder für sich. Isolationshaft unter gemeinsam tanzenden Ravern.

Aus den Boxen schallt die kranke Stimme Marilyn Mansons:

Sweet dreams.

Die vier können das Lied auswendig. Wacht einer in der Nacht mit dem Lied im Kopf auf, meldet er sich bei den anderen in ihrer WhatsApp-Gruppe »Vier Freunde«. »Das Lied ist wieder da«, heißt es dann und schon ruft einer von ihnen denjenigen an. Aber jetzt? Jennys Augen irren umher, suchen nach ihren Freunden. Wo sind die bloß! Verloren flackert ein Licht im Nebel. Keine Hilfe.

»Aaaaaaaaaaaaaaaahhhhhhhhhhh! Aaaaaaaaaaaaahhhhh! Aaaaaaaaaahhhh! Aaaarrrnnooold!«

Licht. Daniel liegt am Boden. Alle Augen sind auf ihn gerichtet. Er schaut ziemlich irritiert drein. Irgendetwas ist gewesen. »DJ leg auf!«, schallt Kevins Stimme durch den

Raum. »Da gibt's nix zu gaffen!« Kevin hilft Daniel auf. Es folgt nun »Highway to Hell«, von AC/DC. Dieses Mal ist es kein Musikwunsch. In der Hölle angekommen fühlen sich die vier Freunde dennoch. Aber so richtig angekommen.

Sweet dreams.

Im Morgengrauen. Die vier verlassen die Disko. Unter ihnen knarrt der gefrorene Boden. Die letzten Autos stehen auf dem gesamten Parkplatz verteilt, als ob sie nie mehr abgeholt werden würden. Auf den Windschutzscheiben liegt eine raue Eiskruste, die den Namen der Disko in matten Farben reflektiert. »Hey, die rote Farbe von der Neontafel steht dir echt gut!«, versucht Kevin Daniel aufzuheitern. Daniel schaut ihn unglücklich an. Seine Augen haben etwas von einem Bernhardiner, den man 48 Stunden nicht schlafen ließ.

»Du hast ja leicht reden! Dir hat ja Arnold kein Lied gewünscht. Und schon gar nicht dieses Lied. Da waren heute zwanzig Daniels und drei Arnolds! Das macht durchgerechnet 33.884 Möglichkeiten. Im Grunde bin ich aus dem Schneider. Wenn da nicht unser scheiß Lied wäre. Unser scheiß Lied, zwischen Arnold und mir! Das vernichtet dir jegliche Wahrscheinlichkeit.«

Kevin nimmt ihn an den Schultern. »Werd jetzt nicht nervös, Alter. Scheiß dir bitte nicht ins Hemd. Das Lied ist nicht gerade ein Geheimtipp, das war weltweit die Nummer 1 und Arnolds gibt's viele auf der Welt.«

Daniel schaut ihn skeptisch an.

»Arnold – kommt – nie – wieder. Ich versprech's dir!«

Daniel bekommt ein Lächeln auf dem Gesicht. Kevin steckt ihm eine Zigarette an.

»Und was ist, wenn er, wenn er wirklich da ist?«

»Der überlebt das nicht.«

»Kann ich mich auf dich verlassen?«

»Ehrensache.«

»Und Jenny, sollen wir sie nicht einweihen?«

»Niemals, Daniel. Das ist ein No-Go. Hast du mich verstanden?«

»Und wenn sich wer verplappert?«

»Wer sich zehn Jahre nicht verplappert, verplappert sich heute auch nicht mehr, du Pfeife! Das Wichtigste wissen nur wir drei. Nur wir drei wissen, wie es wirklich war. Und Jenny hältst du da raus. Das bringt Nüsse, wenn sie etwas erfährt.«

Daniel hält sich bei Kevin fest und beginnt zu flennen: »Sie haben mir damals am Schikurs Karotten in den Arsch gesteckt und mich ausgelacht. Ich bin die fette Sau, haben sie geschrien, die fette Sau!«

»Niemand wird das mehr machen mit dir!«, beschwichtigt ihn Kevin.

»Aber Arnold hat mich damals beschützt und dann haben wir immer dieses Lied gehört.«

»Weil ich mit zwei gebrochenen Beinen nicht mit zum Skikurs konnte. Deshalb hat er sich hineingedrängt«, versucht Kevin die Dinge geradezurücken.

»Aber …?«

»Und wo ist er jetzt, dein Arnold?«

»Nicht da.«

»Daniel, Dany-Boy, wenn du Probleme oder Ängste hast, sag mir das. Ich kümmere mich drum. Merk dir bitt eines: Ich habe keine Angst. Also wird mich das Leben belohnen. Du darfst jetzt auch keine Angst haben – und wer als Letztes beim Auto ist, der muss das Eis vom Auto abkratzen!«, spricht er die Wette aus und schon rennt Daniel los. Daniel rennt wie ein Tiger. Man würde es ihm nicht glauben, aber er läuft Kevin davon, auf und davon. Das konnte er noch nie. Der leicht pummelige Daniel. So schnell läuft nur einer, der massive Angst hat, in dem ein Takt mitbrummt, ein Schlagzeug bebt, eine Stimme krächzt:

Sweet dreams.

Jenny liegt wach im Bett. Neben ihr liegt Kevin. Kevin schnarcht. Sie stößt ihn leicht an. Jetzt murmelt er unverständliches Zeug und dreht sich weg. Sie pfeift das Lied *Sweet Dreams.* Gerade so laut, dass Kevin davon wach werden müsste, wäre er jetzt nicht im Tiefschlaf. Doch Kevin liegt neben ihr wie ein toter Fisch. Tut sie etwas Verbotenes? Tut sie etwas, was sie nicht tun darf? Sie weiß es nicht. Ihr innerer Drang ist stärker als jede morgendliche Vernunft. Scheiß drauf! Sie öffnet ihr Nachtkästchen. Sie holt die Taschenuhr heraus. Sie schaut sie an. Sie fühlt etwas auf der Rückseite. Die Uhr hat eine Gravur. Sie schlüpft mit ihrem Kopf unter die Bettdecke und schaltet kurz ihr Handy ein. Sie liest. Ihr Herz arbeitet. Macht fette Schläge. Bis in ihren Hals. Wollen in den Kopf. Die Worte auf der Uhr: »Freunde sind wie Sterne. Man sieht sie zwar nicht immer, aber sie sind immer da.« Sie schluckt den Dreck hinunter. Sonntagssprüche! Kalendersprüche! Alles klar. Jenny, vergiss es! Vergiss es! Wäre ja kein Problem, wenn sie nicht wissen würde, dass die Taschenuhr ziemlich viel mit ihr zu tun hat. Aber was? Sie spricht sich den Satz vor. Einige Male. »Freunde sind wie Sterne. Man sieht sie zwar nicht immer, aber sie sind immer da.« Je öfter sie den Satz liest, desto klarer wird ihr, dass hinter aller Lieblichkeit eine Bedrohung steckt. Aber wie kann sie sich dagegen wehren?

In Eisenhagel stimmt alles und somit nichts. Noch schlimmer jedoch: Wenn nichts stimmt, kann alles wahr sein.

Du sagst es.

Jenny nimmt Herrn Knies den Blutdruck. Sie vergleicht die Werte mit den letzten Messungen. »120/80. Sehr brav, Herr Knies. Sie haben wieder die normalen Werte erreicht. Sie werden sehen, wenn Sie weiterhin solche Fortschritte machen, werden Sie schon bald das Spital verlassen können.« Sie freut sich, dass ihre Prognose vom letzten Mal stimmt. Herr Knies schaut sie überrascht an. Er will etwas sagen, verkneift es sich jedoch. Jenny schenkt ihm einen kurzen Blick, gerade so lange, dass er weiß, sie hat seine Regung bemerkt. Sie will haben, dass die Patienten von selber anfangen, über sich zu sprechen.

»Auf mich wartet niemand«, antwortet er seufzend, »die Kinder leben weit weg und die Frau ist schon tot.«

Jenny kennt diese Klagen zur Genüge. »Dann müssen Sie halt zu einem Verein gehen, oder zum Eishockey, um Leute zu treffen«, antwortet sie.

»Ich habe mich überall abgemeldet. Ich warte nur noch auf meinen Tod.«

»Dafür haben Sie sich aber gut erholt, Herr Knies. Sie sind noch lange nicht auf der Schaufel!«, antwortet ihm Jenny. Aber Herr Knies scheint wirklich einsam zu sein. Es stehen keine Blumen im Raum, kein Konfekt. Herr Knies tut ihr auch leid, aber sie kann ihm nicht helfen. Für das Leben außerhalb des Spitals sind andere verantwortlich.

Jenny verlässt das Zimmer und geht den Gang weiter. Ein alter Mann, er lag auf Klasse, wollte sie bereits als private Krankenschwester anstellen. Sie lehnte dankend ab.

Sie will nicht als Krankenpflegerin engagiert werden, auch nicht gegen eine Überbezahlung. Sie will niemals der Willkür eines fremden Menschen ausgeliefert sein. Ihr Job macht sie unabhängig, sie kann jeden Tag gehen. Jenny steht vor dem Zimmer des Oberarztes Doktor Johann Traisen. Heute Morgen fragte sie an, ob er einige Minuten Zeit hätte. Bei Traisen hat sie ein gutes Gefühl. Die Zusammenarbeit passt und einen Draht gibt es. Trotzdem zögert sie. Manches Mal öffnet man Tore, die man dann nicht mehr zukriegt. Drauf g'schissen!

Nie mehr kriegst du die zu.

Jenny klopft an, einmal, zweimal, drei... – nein, zweimal und etwas, da der Doktor bei ihrem dritten Klopfen bereits die Tür öffnet. Aber zweimal und etwas gibt es nicht. Hat sie nun drei- oder zweimal geklopft? Die Zwei steht für Willen und Wissen, die Drei für Gelassenheit, Toleranz und Sex. Die Fünf wäre es gewesen, Einsicht in nebligen Bahnen. Nun ist sie verwirrt. »Kommen Sie doch herein«, beendet der Doktor ihr Zahlenspiel.

Der Oberarzt sitzt zurückgelehnt, entspannt hinter seinem Schreibtisch. Sein braungelocktes Haar glänzt im einfallenden Licht der Sonne. Sie war noch nie bei ihm im Büro, so gesehen ist sie ziemlich überrascht, dass in seinem Zimmer, wie für die obere Etage in diesem Krankenhaus eigentlich üblich, nichts Protziges vorzufinden ist. Einige hochgewachsene Zimmerpflanzen, ein Bild von Eisenhagel hinter ihm und ein eingelegtes Hirn auf seinem Schreibtisch, wie es als Anschauungsmaterial auf Universitäten oder in Museen zu sehen ist. Der Oberarzt muss merken, dass ihr Blick auf dem Hirn hängen bleibt.

»Dieses eingelegte Schimpansenhirn ist ungefähr hundert Jahre alt. Ich habe das auf einem wissenschaftlichen Flohmarkt in Moskau erstanden. Das Affengehirn ist unserem sehr ähnlich. Der Denkprozess läuft nahezu identisch ab. Gerade das Denken in der Ruhephase, was wir durchaus als Nachdenken bezeichnen können, läuft beim Schimpansen und beim Menschen zu 99 Prozent gleich ab. Und trotz aller Ähnlichkeit gibt es so viele Unterschiede: Der Schimpanse ist Teil der Welterhaltung, der Mensch ist Teil der Weltzerstörung.«

Der Oberarzt bietet Jenny einen Platz an einem kleinen, runden Besprechungstisch an und stellt zugleich eine Karaffe Wasser und zwei Gläser dazu. »Also Jennifer, was kann ich für Sie tun?«, fragt der Arzt nach.

In Jenny steigt momentan die Lust auf wegzugehen oder ihm einen erfundenen Beweggrund ihres Kommens zu erzählen. Sie reißt sich zusammen. »Ich hätte gerne, dass unser Gespräch diesen Raum nie verlässt«, antwortet Jenny.

»Die ärztliche Schweigepflicht gilt natürlich auch für unsere Mitarbeiter. Für diese ganz besonders«, antwortet der Oberarzt.

»Vor zehn Jahren hatte ich einen Unfall. Damals fiel ich ins Koma. Als ich wieder aufwachte, konnte ich mich an viele Ereignisse im Zeitraum von einem Jahr nicht mehr erinnern. Diese Zustände halten bis heute an. Manche Ereignisse wurden mir glaubhaft erzählt, die habe ich in meine Erinnerungen eingebaut. Teilweise liest man die Dinge nach, die passiert sind, oder hört etwas Interessantes. So baute sich in den Jahren eine Art Vergangenheit auf, auf die ich mich stütze. Es bleiben aber auch Zeitlöcher, ein tiefes schwarzes Nichts.« Jenny setzt ab, nimmt einen Schluck Wasser, gerade jetzt wäre ihr eine von Kevins Zigaretten willkommen, die sie manchmal raucht, um sich zu entspannen. »Manchmal glaube ich jedoch, dass Dinge, die heute passieren, die mich berühren, ich aber nicht einordnen kann, mit dieser verlorenen Zeit zu tun haben. Das bereitet mir Unbehagen.«

Der Arzt weiß über den Unfall Bescheid, er war schon am Spital tätig, lässt dieses Tatsache aber im Hintergrund. Er signalisiert Verständnis und fragt Jenny, ob sie ihm mehr über den Unfall erzählen kann. Schlussendlich kommt es ihm nicht darauf an, *was* erzählt wird, sondern *wie* erzählt wird. Er ist beruhigt, dass er über die Ausgangsposition Bescheid weiß.

»Der Unfall war am Krampustag, Kevin und ich sind mit dem Rad gefahren, ich bin vom Gepäckträger gerutscht und den Hang hinuntergestürzt, gleich vorne an der Hauptbrücke. Ich hätte auch tot sein können.«

Der Oberarzt nickt. »Das ist ziemlich bedauerlich, aber deshalb werden Sie wohl kaum hier sein, Jennifer.«

»In der Krampuszeit verfalle ich immer in eine seltsame Stimmung, die mit dem allen zu tun haben muss. Es ist, als ob etwas in der Nähe wäre. Ich weiß nicht einmal wer, oder was, ob das gut oder böse ist. Ist doch lächerlich, oder?«

Der Oberarzt fragt sie, wie oft diese Stimmungsschwankungen auftauchen. Jenny nimmt einen Schluck Wasser, um ein Räuspern zu vermeiden. »Also, sie sind kurz und stark. Ich kann sie nicht kontrollieren. Ich höre zum Beispiel ein Lied im Radio, das mich gefühlsmäßig an diese Zeit erinnert, von der ich nichts mehr weiß. Das klopft dann ziemlich stark in mir an, das zermartert mir den Schädel, da hätte ich dann gute Lust, die Medikamente aus Zimmer 131 alle gleichzeitig in mich reinzustopfen – am besten, Sie sagen mir, dass ich übergeschnappt bin, das Thema erledigt ist und ich beruhigt nach Hause gehen soll!«

Der Oberarzt schüttelt den Kopf und schließt dabei die Augen. Er schaut in diesem Moment sehr vertrauenserweckend aus. »Die Medikamente aus Zimmer 131 würde ich nicht empfehlen, denn dann glauben Sie noch, Sie sind ein Haribo Gummibärchen und alles um Sie herum wird rosarot. Falsch dosiert, können die Medikamente Halluzinationen auslösen.«

Nun lachen beide. Jenny spürt, dass sie sich für den richtigen Arzt entschieden hat. »Schlussendlich ist alles eine Sache der Perspektive, Jennifer. Solange Sie sich im Klaren sind, dass es bei Ihnen Veränderungen gibt, die sie nicht gutheißen, sind Sie bei klarem Verstand. Sie können zum Beispiel Angst vor Veränderungen haben, vor Ereignissen, die bevorstehen. Dass diese Gefühle zur Krampuszeit zunehmen, kann auch symbolischer Natur sein. Der Nikolaus ist gut, der Krampus ist böse. So können sich Gefühle manifestieren. Vermutlich handelt es sich um eine Angststörung, eine posttraumatische Belastungsstörung. Sie verdrängen Teile aus Ihrer Vergangenheit. Wenn Sie wollen, kann ich Ihnen helfen. Immerhin bin ich auch Psychiater. Sie sind ja auch nicht zufällig an mich herangetreten, nehme ich an.«

»Und wie?«

Der Oberarzt steht auf und geht zum Fenster. »Ich würde Ihnen zu einer Hypnosetherapie raten, um die Ursachen herauszufinden, warum Sie was verdrängen. Die Hypnose würde ich übernehmen.«

Ihr Hals verengt sich schlagartig. Plötzlich fühlt sie sich dem Oberarzt ausgeliefert. Hypnose klingt für sie gefährlich. »Ich weiß nicht so recht.«

Der Oberarzt bittet Jenny, zum Fenster zu kommen. Sie schauen beide in den Hinterhof, unten hackt im weißen Schnee ein Bussard auf eine Taube ein. Alles ist voller Blut und die Taube taumelt. Das Schauspiel findet in absoluter Stille statt. Jenny ist sich sicher, dass auch bei geöffnetem Fenster kein Laut zu hören wäre. Immer wieder stürzt der Bussard auf die Taube und hackt auf ihren Kopf ein. Danach lässt er wieder kurz ab und schaut der Beute beim verwirrten Gang durch den Schnee zu. Um die Taube herum hat sich bereits ein roter Kreis gebildet. Jenny dreht sich um und sie stoßen um Haaresbreite zusammen. Kurze Irritation. Der Oberarzt geht einige Schritte zurück: »Jennifer, es gibt immer Jäger und Opfer, es kommt nur darauf an, auf welche Seite Sie sich stellen. In der Defensive gewinnt man kein Spiel.« Jenny wirft noch einen kurzen Blick aus dem Fenster. Die Taube ist nun tot.

Der Arzt meint, sie solle es sich gut überlegen, er habe Zeit. Jenny bedankt sich für das ausführliche Gespräch, dreht sich aber, kurz bevor sie den Raum verlässt, nochmal um: »Die Taube war dem Bussard ausgeliefert, das könnte mir bei der Hypnose auch passieren.«

Jetzt sag schon ja, du kleine Schlampe!

Der Oberarzt lässt Zeit verstreichen. Er spielt mit einer Zigarillo und legt sie in die Schachtel zurück. Er schaut auf das ganz gelb gewordene Hirn des Schimpansen, im mittlerweile trüb gewordenen Formalin. Er nimmt sein iPhone in die Hand und spricht ins Memo: »Ich nehme an, mit der Krankenschwester Jennifer den richtigen Probanden für meine Untersuchung *Erleichterung von posttraumatischen Belastungsstörungen durch Hypnotherapie* gefunden zu haben – noch sträubt sie sich, aber es arbeitet bereits in ihr. Jennifers Pupillen waren im Gespräch sehr groß, sie ist also äußerst angetan.«

Der Oberarzt nimmt sich nun doch eine Zigarillo und stellt sich damit ans geöffnete Fenster. Er befeuchtet sie kurz und zündet sie an. Er spricht weiter in sein Memo. »Um erfolgreich zu sein, muss ich so tief in ihr Unbewusstes eindringen, dass ich sogar in ihr Alltagsleben eingreifen könnte. Die Betonung liegt hier auf könnte.« Der Bussard hat die tote Taube in sein Nest mitgenommen. Einzig der Blutkreis ist geblieben.

Von der Hauptstraße geht Jenny eine enge Gasse entlang durch einen dunklen Arkadengang. Nach dem letzten Rundbogen wird die Gasse heller und Jenny sieht bereits einen Lorbeerstrauch und einen winterfesten Buchsbaum vor einem kleinen Portal stehen. Sie hatte mit der Blumenhandlung nie viel zu tun. Wenn sie es eilig hat, kauft sie Blumen im Shop neben dem Spital, ansonsten am Samstag auf dem Markt. Aber es sind eher Gelegenheitskäufe. Die drei Zimmerpflanzen, die sie hat, scheinen ewig zu leben. Verstohlen schaut sie nun in die Auslage. Sie hebt ihre Augenbrauen, zu ihrer Überraschung sind nur noch wenige Blumen zu sehen, auch im Laden lichtet es sich. Sie erschrickt, als sie der Blumenhändlerin, einer alten Frau, ins Gesicht schaut.

Jenny betritt den Laden, zielsicher nimmt sie zwei Rosen aus einer großen weißen Vase. Nun tut sie so, als ob sie noch etwas suchen würde.

»Brauchen Sie noch etwas? Einen Strauß Tulpen vielleicht, sind heute Morgen frisch gekommen!«, fragt die Blumenhändlerin nach.

»Vielen Dank, das ist sehr aufmerksam!«, antwortet Jenny, legt die Rosen aufs Kassapult und zahlt. »Eigentlich wollte ich Ihnen mein Beileid ausdrücken, Ihr Mann ist vor einigen Tagen bei uns im Spital verstorben. Ich bin Krankenschwester im Spital und war bei der Notaufnahme dabei.«

Die alte Frau schaut sie mit müden Augen an. Sie gibt zu den zwei Rosen noch eine dritte, etwas Asparagus und bindet sie mit einer schwarzen Schlaufe zusammen. »Ja, dann haben Sie ihn noch gesehen«, antwortet die alte Frau in einem Tonfall, als hätte sie mit der Geschichte abgeschlossen und wolle nicht mehr darüber reden.

Jenny spürt das, der Drang, Klarheit in ihrem Leben zu schaffen, ist aber größer. Sie nimmt die Taschenuhr aus ihrer Hose und zeigt sie der Verkäuferin. »Kann das sein, dass diese Taschenuhr Ihrem Mann gehört hat? Als der Putztrupp das Zimmer reinigte, blieb sie zurück.« Die alte Frau schaut die Uhr an und drückt sie wieder in Jennys Hand.

»Mein Mann hat viele Uhren gehabt, eine mehr oder weniger macht nichts. Behalten Sie sie, wenn Sie wollen. Ich ziehe weg aus Eisenhagel, zurück nach Hangbluten, dort werde ich dann sterben.« Jenny steckt die Uhr wieder ein.

»Sie sollten auch wegziehen. Ihnen steht noch die ganze Welt offen!«

Jenny geht einige Schritte zurück, bleibt aber stehen. Sie weiß nicht, ob das für die alte Frau zu viel ist, sie würde aber doch gerne wissen, von welcher roten Blume ihr verstorbener Mann im Spital im Delirium schwadroniert hat.

»Gehen Sie jetzt lieber, junge Frau. Ich sage Ihnen aber eines. Mischen Sie sich nicht in fremde Angelegenheiten ein und nehmen Sie sich vor fremden Menschen in Acht, weil die einen sonst gefangen nehmen!«

Plötzlich fallen aus einem Netz, hoch über Jennys Kopf, Zimmerpflanzenübertöpfe aus Bast auf sie herab! Einer stülpt sich über ihren Kopf und nimmt ihr so die Sicht. Jenny sieht kleine weiße Ringel, die sich wie gefräßige Maden in ihre Netzhaut schrauben. Sie krächzt wie ein Fuchs, der sich gerade in einer Falle verfängt. Dazu ein gefährliches Kettenrasseln, als ob ihr Hirn nun eine Schleuse öffnet und sie mit rasselnden Ketten überhäuft. Das mischt sich mit dem tiefen, gehässigen Lachen der alten Frau.

»Endlich ist mein Mann, der alte Suffkopf, erledigt! Es wurde ja auch Zeit! Er beklaute sogar die Kunden! Sogar diese gottverdammte Taschenuhr hat er sich ergaunert, der alte Suffkopf! Verschwinden Sie jetzt endlich. In Eisenhagel hat jeder sein Binkel zu tragen, so auch du, Jennifer Sieder!«

Jenny klatscht wie ein gehetzter Vogel gegen die Eingangstür, sie krallt sich am Griff fest, schafft es gerade noch aufzustehen. Die alte Frau hinter ihr macht einige Schritte auf sie zu und hält ihr die Rosen entgegen, dabei lacht sie, reißt ihr Maul weit auf. Jenny glaubt, momentan alle Bösartigkeiten der Stadt in ihrem dunklen Schlund zu erkennen.

»Lauf nur weg, entkommen wirst du nicht!«

Jenny taumelt auf die gottverlassene Gasse. Sie läuft und läuft und läuft. Vor dem Spital bleibt sie stehen. Es ist alles verdunkelt. Außer beim Oberarzt. Dort brennt noch Licht.

Jetzt hab dich nicht so, geh schon!

Jenny betritt das Büro des Oberarztes. Der Oberarzt erwartet sie bereits.

»Jennifer, bitte nehmen Sie Platz«, beginnt er das Gespräch und schenkt ihnen beiden ein Glas Wasser ein, ohne dass er sie aus dem Blick verliert. Dabei zittert kurz der Wasserhahn, als würde er sich aufregen.

»Ich wollte Ihnen zuallererst sagen, dass es mich ehrt, dass Sie mir das Vertrauen schenken, die Sitzungen bei mir zu machen.« Der Oberarzt vermeidet das Wort Therapie ganz bewusst. Das Wort Sitzung kommt ihm neutraler, positiver und so auch effizienter vor.

»Zuvor wollte ich aber eines klarstellen: Wir arbeiten im gleichen Spital. In jeder Sitzung kann es zu Befangenheiten kommen. Wahrscheinlich wäre es sinnvoller, wenn Sie die Sitzungen bei einem Kollegen außerhalb des Spitals machen. Mit Dr. Albert Husmann kann ich Sie zu einem exzellenten Kollegen vermitteln.«

»Haben Sie Dr. Husmann bereits informiert?«, fragt Jenny nach.

»Nein, aber ich werde das sofort veranlassen!«, antwortet der Oberarzt.

»Nein!«, antwortet Jenny harsch. »Mir sind die Probleme bewusst, aber entweder mache ich die Sitzung hier mit Ihnen, oder gar nicht«, antwortet Jenny. In ihrer Stimme macht sich eine gewisse Enttäuschung breit.

»Gut, dann hätten wir das also geklärt«, antwortet der Arzt.

»Außer Sie wollen nun nicht mehr!«, antwortet Jenny trotzig.

»Jenny, falls ich Sie so nennen darf?«, Jenny nickt. »Ich wollte Ihnen einfach die Möglichkeit einräumen, Ihre Entscheidung zu ändern. Mich ehrt es natürlich, dass Sie sich zu diesem Weg entschlossen haben. Ich würde Sie nun über das Prozedere aufklären.«

»Gut«, antwortet Jenny.

»Vorausgesetzt, ich kann Sie hypnotisieren, mache ich mit Ihnen eine Reise in Ihre persönliche Vergangenheit, um auszuleuchten, wo sich Ihre Konflikte versteckt halten.«

»Dann bin ich Ihnen in der Hypnose ausgeliefert«, antwortet Jenny.

»Nicht so ganz, wie man sich das landläufig vorstellt. Ihr Unbewusstes lässt mich in keine Bereiche vordringen, die für Sie existenziell bedrohlich sein könnten. Sie haben also natürliche Schranken«, beruhigt sie der Oberarzt.

»Ich würde sagen, wir machen nun einen Testlauf, wenn Sie dafür bereit sind. Mehr sollte es für heute auch nicht sein.«

Jetzt mach schon!

Jenny stimmt zu, ihr Puls steigt an. Innerlich hat sie sich darauf vorbereitet, sofern man das kann. Sie denkt, es wird eine Reise in die Vergangenheit. Ihren Freunden hat sie darüber nichts erzählt. Manches im Leben erledigt man im Alleingang.

Der Oberarzt schaut ihr nun tief in die Augen. »Jenny, ich zähle jetzt bis zehn und dann schicke ich Sie in Ihre Vergangenheit. Eins, zwei, drei, vier …«

Bei zehn schließt Jenny die Augen. Er berührt sie nun am Genick, um sie tiefer in die Hypnose zu bringen. Der Oberarzt befielt ihr, die linke Hand zu heben. Jenny macht es. Er formt nun die Hand zu einem Spitz, fährt auf ihr Gesicht zu und öffnet sie kurz vor Anschlag, als wäre sie eine Qualle. Keine Reaktion.

»Hallo Jenny, öffne nun bitte deine Augen.« Sie macht es. Sie hat einen sonderbaren Blick drauf, als ob sie sich gerade auf einem anderen Stern befindet, zumindest befindet sich ein Schleier zwischen ihrer Welt und der hiesigen.

»Jenny, es ist sehr heiß, magst du nicht deine Jacke öffnen?« Sie befolgt seinen Ratschlag.

»Viel hilft das aber nicht, öffne doch auch die Bluse.« Sie macht es. Der Oberarzt schenkt ihr einen bewundernden Blick.

»Jenny, hier kommen einige Wolken, mach deine Bluse nun wieder zu.« Jenny befolgt die Anweisung. Er fragt sie, ob sie das Bild hinter ihm sieht.

Jenny nickt. »Es ist eine Malerei von Eisenhagel im Sommer, so wie es früher einmal ausgeschaut hat. Die Altstadt mit dem Rathaus, dahinter die Kirche und der Bahnhof.«

»Fühlst du dich wohl, beim Anblick dieses Bildes?«

»Ja, sehr!«, antwortet Jenny. »Mädchen laufen mit luftigen Kleidern durch die Straßen und schlecken Eis. Zwei Buben spielen mit einem Gameboy. Ein Kind lässt einen Drachen steigen. Vielleicht ist es auch schon Herbst oder ein später Sommertag.«

Der Oberarzt ist zufrieden und macht sich einige Notizen. »Stell dir nun vor, es ist Winter. Der Winter vor zehn Jahren.«

Jennys Gesichtsausdruck verdüstert sich. Dunkle Wolken ziehen auf, sie bewegen sich schnell über Eisenhagel. Die Straßen und Gassen sind menschenleer. »Nein, nein, das mache ich nicht. Auf keinen Fall!«

»Und warum nicht?«

»Weil JEMAND in der Nähe ist. ER macht mich unruhig!«

»Meinst du mich?«

Jenny lächelt und landet kurz wieder in ihrer positiven Stimmung. »Aber nein. Sie sind ja ein lieber Kerl. Der volle Rauschebart, wie der Weihnachtsmann. Der Punsch-Onkel, ha, ha, ha!«

Der Oberarzt greift sich auf seinen nicht vorhandenen Bart und wundert sich über das eher zweifelhafte Kompliment. Wie den Rauschebart, also den Weihnachtsmann, sieht er sich nicht gerade!

»Hat derjenige mit dem Krampus oder dem Nikolaus zu tun?«

»Ja«, antwortet ihm Jenny.

»Und wie heißt er?«

»Das … das kann ich nicht! Ich darf Ihnen den Namen nicht verraten! Das ist zu gefährlich! Weil, weil ER ist wieder da!«

Plötzlich öffnet sich die Tür. Der Oberarzt schaut groß. Kommt *er* nun? Nein, es ist die Putzfrau, die schaut durch den Türspalt. Er deutet ihr, den Raum wieder zu verlassen. Der Oberarzt macht einige Notizen.

»Jenny, du gehst jetzt wieder in das Sommerbild zurück. Du beobachtest die Mädchen, wie sie Eis schlecken und freust dich mit ihnen.« Jenny lächelt wieder.

»Du schließt jetzt deine Augen. Ich zähle jetzt bis zehn, dann bist du wieder in Eisenhagel bei mir im Zimmer und kannst dich an nichts mehr erinnern.« Er macht es, schnippt dabei zum Abschluss mit den Fingern und Jenny öffnet ihre Augen.

»Und, wann fangen wir jetzt an?«

»Wir haben die erste Sitzung beendet und Sie waren großartig. Gratulation!«

Jenny lächelt zurückhaltend. »Und Sie dürfen mir wahrscheinlich nicht sagen, was ich so von mir gegeben habe.«

»Nein, das darf ich nicht. Aber Sie bekommen natürlich das Endresultat präsentiert«, antwortet ihr der Oberarzt. Sie sieht, dass ihre Bluse schlecht zugeknöpft ist, und schenkt ihm einen überraschten Blick. Er errötet und bringt sie zur Tür.

Im Unterholz am Schießstand. Jenny und Annika stehen nebeneinander. Sie halten beide eine Pistole im Anschlag und schießen auf eine Zielscheibe. Nach dem letzten Schuss ziehen sie fast synchron die Schlitten ihrer halbautomatischen Waffen nach hinten. Sie schauen in das Patronenlager hinein, ob sich keine darin versteckt hat, kippen die Pistolen nach rechts und lösen das Magazin heraus.

Plötzlich beginnt Annika zu strahlen: »Nächste Woche bekomme ich die neue 17er zum Ausprobieren!«

»Hey cool, ich bekomme nie so etwas. Darf ich dann auch mal damit schießen?«

»Klar. Bin schon gespannt, ob sie wirklich so schwer ist, wie behauptet wird«, antwortet ihr Annika.

»Ich auch. Vor allem würde mich das dynamische Schießen aus der Bewegung interessieren«, antwortet Jenny.

»Dafür sollten wir dann in den Wald gehen«, antwortet Annika.

»Stimmt! Aber ob sie gegen mein Baby ankommt, weiß ich nicht.«, antwortet Jenny und greift über das pinke Griffstück. »So etwas kriegt man nicht alle Tage und darauf bin ich stolz.«

»Wie schwul ist denn das?«, ätzt Annika.

»Ja mei, jetzt sei nicht so!«, antwortet Jenny, nicht ohne ihre Pistole zu tätscheln.

Annika anschaut zur Standaufsicht. »Michael, was geht?«

»Noch ist Sicherheit, Annika und Jenny – niemand schießt mehr. Ladies and Gentlemen, alle Handfeuerwaffen auf das Pult!«

Man hört das metallene Klacken, wenn die Schützen ihre Waffen auf die Ablage legen und die Magazine lösen. Jenny und Annika gehen zu ihren Zielscheiben.

»Da haben wir aber gut Zielwasser getrunken, meine Damen«, spricht sie Teddy vom Nebenstand an.

»Kannst annehmen«, antwortet Jenny und fährt mit ihrer Faust durch die zerschossene Zielscheibe.

Teddy hält ein blaues Päckchen Patronen in die Luft, als wären es Süßigkeiten, mit denen er Kinder anlocken will. »Wollen die Damen mal versuchen?«

»Sind das Megatech?«

»So ist es«, antwortet Teddy. »Aber bitte nur zum Posen verwenden, wenn es ernst wird, schön bei den S&B bleiben. In den Nächten ist zurzeit viel los.«

»Wirklich so schlimm?«, fragt Jenny nach.

»Ja«, antwortet er, »die Szene ist giftig geworden. Überall nur scheiß Typen und keiner kommt von hier.«

»Jetzt übertreib nicht«, funkt Annika dazwischen.

»Doch, doch, Schmäh ohne. Am Krampustag würde ich Balken vor die Fenster schlagen und von innen doppelt und dreifach verriegeln, und bis zu Silvester gehe ich am Abend sicher nicht ohne meine Knarre auf die Straße«, meint Teddy und greift auf seine 38er, die er sicher im Halfter trägt. »Gestern Nacht haben sie Samy echt vermöbelt, also übel hergerichtet.«

»Wie das?«

»Ja, Typen aus Harnbluten, glaube ich. Von den Helmen und den Stickers auf den Jacken her. Die fackeln nicht lange, sondern holen gleich den Baseballschläger raus. Und wir keine Waffen.«

»Gut zu wissen, Teddy. Danke.«

»Wie gesagt, ich hab meine auch jeden Abend dabei, weil ich brauche keine Überraschungen mehr!«, antwortet Teddy.

»Da ist etwas dran«, antwortet Jenny. »Und richte Samy von uns gute Besserung aus.«

»Mache ich. Und grüßt's mir eure Buama, vor allem, passt's schön auf sie auf!«, antwortet Teddy, während er zur metallenen Ausgangstür geht und einen Code drückt. Annika und Jenny zwinkern ihm zu und gehen zurück zum Schießstand.

»Feuer frei!«, hallt Michaels Kommando durch den Schießstand. Würde man nicht wissen, was er sagt, man würde ihn nicht verstehen.

Ohne es wirklich mitzubekommen, setzen die Ladys gleichzeitig den Gehörschutz auf, drücken die neuen Patronen ins Magazin, bringen die Waffen in den Anschlag und bedienen mit der rechten Hand dem Abzug. Peng! Die Mündungsfeuer lassen ihre Gesichter stahlblau aufblitzen.

»Zusammen sind wir unschlagbar«, meint Annika. »So ist es«, antwortet Jenny.

Für einen Moment überlegt Jenny, Annika in ihre Sitzung mit Doktor Traisen einzuweihen, aber sie bringt ihren Mund nicht auf. Wie bei einer Weggabelung, wo sie sich für die linke oder rechte Fahrbahn entscheiden müsste und dabei frontal auf die Mitte zurast.

Dabei bist du nicht einmal blond!

»Bis 1840 war Eisenhagel ein ärmliches Bauerndorf. Die industrielle Revolution brachte die Wende. In ganz Europa suchte man nach Kohle und so wurde man auch in Eisenhagel fündig.«

Annika kann die Texte ihrer Führung auswendig. Sollte sie jemand aus dem Schlaf holen, es wäre kein Problem sie aufzusagen. Sie gehen einen holprigen Weg entlang zur Kirche. Die Wolken sind zum Greifen nahe, es nieselt, die Hüte werden tief ins Gesicht gezogen, Regenschirme bereitgehalten. Sie weiß nicht, warum Menschen bei so einem Wetter überhaupt an einer Führung teilnehmen. Sie hätte im Office genug zu tun und ein wärmender Jagatee wäre jetzt genau das Richtige.

»Mit dem Abbau der Steinkohle kam es auch zu einem Zuzug von Arbeitern. Wenn Sie die Stadt verlassen, sehen Sie links der Bundesstraße noch eine restaurierte Baracke. Auf der Anhöhe sehen Sie die alten Villen der Ingenieure und der bürgerlichen Gesellschaft.« Sie zeigt mit ihrem Schirm hinter die Dächer der Altstadt, wo im Nebel andeutungsweise die Häuser zu erkennen sind. »Wir gehen nun zur neugotischen Kirche. Errichtet wurde sie 1274 bis 1299, im Stil der frühen Gotik. Aufgrund des Reliquiensiegels konnte nachgewiesen werden, dass diese Kirche vom damaligen Bischof von Gurk, Hartnid von Lichtenstein-Offenberg, 1299 geweiht wurde. Der Bauherr ist unbekannt. Das Dach wurde auf der Nordseite im zweiten Weltkrieg vollkommen zerstört und wieder aufgebaut. Wie verbunden die Stadt mit ihrem Kohleabbau ist, werden sie an einem Schrein links des Altars sehen. In ihm ist ein Stück Holz eines Pfostens einer tragenden Mauer zu sehen. Diese Mauer hielt stand, als der Stollen 1864 verschüttet wurde. So konnten die dreißig Kumpel damals lebend geborgen werden. Daneben liegt noch ein Stück Kohle, das auf einer der letzten Fuhren, bevor der Stollen schloss, an die Erdoberfläche gebracht wurde.« Neben ihr geht ein älterer Herr. Er hat noch eine analoge Fotokamera dabei. Er ist einer von denen, die alles fotografieren, denkt sich Annika. Ob er seine Heimat auch so gut kennt, weiß sie nicht. Im Urlaub scheint oft alles interessanter zu sein. Solche Kunden stellen oft die erste und meistens einzige Frage und scheinen sich insgeheim zu freuen, wenn keiner die Antwort weiß.

»Entschuldigung, ich habe da eine Frage«, kommt es nun ausgerechnet von einer Frau hinter ihr, obgleich Frauen eigentlich nicht so lästig sind.

»Hier oben am Haus ist ein Kreuz, an ihr hängt eine Eisenkette. Können Sie hier mehr erzählen?«

Plötzlich ist Annika hellwach. Diese Frage kam noch nie. Sie stehen vor einem Eckhaus. An ihm hängt ein eisernes Kreuz. Am Kreuz ist eine Kette mit einer Kralle befestigt. Die Kralle hat die Frau nicht erkannt.

»Nein, leider, dazu weiß ich nichts Näheres. Das müssten Sie schon den Künstler fragen!«, antwortet Annika.

»Und wo ist der?«

»Im Himmel. Leider gestorben«, antwortet Annika und nähert sich der Frau. »Manchmal gehen hier Dinge vor sich, an die sich nach einer graumen Zeit niemand mehr wirklich erinnern kann. Dazu gehört auch dieses Kreuz.«

Sie alle schauen zum Kreuz. Es kommt ein kurzer Windstoß. Die Kette baumelt an der Kralle. Die Kralle bewegt sich. Die Kette verharrt. Die Kralle richtet sich genau gegen Annika. Der Mann im Hintergrund wird hellwach und notiert alles mit. Er war auch schon in Kevins Café. Er fällt niemandem auf. Wie auch? Alle Blicke hängen an der Kralle fest.

Der Ball kracht an die Banden und dann ins Tor. Die Plexiglasscheibe auf dem Wutzler hat an den Kanten schon leichte Sprünge und durch den Aufprall vor dem Tor ist die Scheibe auf diesen Flächen matt. An den Griffen ist die Beize schon lange ab und die weiße Kugel hat an den Stellen kleine Dellen und Verfärbungen, an denen die roten und blauen Spieler arg auf sie eindroschen. Die vier Freunde nehmen auf den abgenützten Zustand des Spielgerätes gleich wenig Rücksicht wie die Spieler zuvor. Die Kugel kracht an die Bande und Tor! 5:2 für das Team Annika / Daniel. Kevin schenkt Jenny einen verzweifelten Blick, sein Mund ist leicht geöffnet und die Haut ums Kinn herum ist angespannt. Jenny geht der Spielstand ziemlich am Arsch vorbei. Ihre Hände transpirieren, sie streift sie kurz an ihrem Rock ab. Sie kann sich kaum konzentrieren. Es ist etwas im Raum, irgendetwas. Sie hat den Oberarzt nicht angelogen. Warum auch? Sie schaut durchs Pub. Alles nette junge Leute! Sie trinken, spielen Darts, schmusen, haben's fein. Aber das Licht über den kleinen Tischen flirrt, die Neonröhre an der Bar bewegt sich. Irgendetwas stimmt nicht. Kein Licht flirrt im Winter! Aber es hört dennoch nicht auf. Es ist, als ob sich ein Schwarm Mücken um das Licht tummelt. Kleine schwarze Insekten, die einem in der Nacht in die Nase kriechen, oder im Sommer wie schwarze Lava an den Laternen am Badeteich kleben. Das Flirren sieht nur sie. So viel ist ihr bewusst. Wahnsinn tritt erst dann ein, wenn man seinen Wahn zu glauben beginnt, hört sie den Oberarzt reden. Sie versucht ruhig zu bleiben. Tor: 6:2! Game over. Annika und Daniel setzen sich an den Tisch zurück.

»Hey Jenny, muss ich heute wirklich alles im Alleingang machen?« Kevin nimmt einen Schluck Bier und gibt ihr einen nassen Kuss. Intuitiv schleckt sie sich die Lippen ab. Der Alkoholgeschmack sammelt sich sofort in ihrem Mund. Das lenkt sie kurz ab. Kevin umarmt sie von hinten.

»Du weißt, was ich jetzt am liebsten mit dir tun würde?« Kevin drückt sein Becken gegen ihren Arsch. Jenny stemmt sich gegen den Wutzler, und verabschiedet sich von der Außenwelt. Ihre Augen pulsieren. Das Flirren nimmt zunehmend ab, wie eine Eruption, die sich ruckartig zurückzieht. Sie schließt ihre Augen. Sie spürt plötzlich ihren ganzen Körper. Von unten bis ins Hirn. Kevin gibt den Takt vor. Sie lässt locker. Das Stimmgewirr im Lokal verwandelt sich zu einem Meer aus Vokalen und Emotionen. Ihr Körper beginnt leicht zu beben. In dem Moment, wo sie sich gerade in sich verliert, spürt Jenny plötzlich Widerstand. Sie prallt gegen eine massive Wand. Ihre Stimmungsbilder zerschellen in tausend Teile. Sie reißt die Augen auf. Flirren! Nun hat sie die Quelle ihres Zustands lokalisiert. Am Fenster steht jemand, der beobachtet sie! Von einer Sekunde zur andern erstarrt sie. Ihr Körper ist so unbeweglich wie der einer toten Ratte am Straßenrand. Kevins Stöße gegen sie grenzen in ihrer Wucht an die Besamung eines toten Lebewesens. Das beschlagene Fenster zeichnet den Schatten der Person, welche durch die Straßenlaterne beleuchtet wird. Ein Kind läuft zum Fenster. Es zeichnet einen Krampus auf die Scheibe. Es dreht sich zum Raum. Es beginnt zu schreien. Sein Mund ist voller spitzer Mäusezähne. Die Augen quellen brachial aus dem Gesicht. Jenny ist von diesem Anblick ganz gebannt. Jetzt läuft das Kind wild lachend zu seinen Eltern und stürzt sich auf einen malträtierten Schinken-Käse-Toast. Jenny schaut erneut zum Fenster. Die Person dahinter ist verschwunden. Kein Flirren mehr. Jenny dreht sich zu Kevin um. Sie greift ihm behutsam, aber bestimmt zwischen die Beine. Kevin hat begriffen. Jetzt ist Schluss mit lustig. Jenny nimmt ihn an der Hand und führt ihn zum Platz. Für heute muss Ruhe sein. Ein kurzer Blick nach hinten. In der Ecke beginnt es wieder zu flimmern. Jenny bläst einen Kussmund in das Gewimmel. Das Flirren zischt wie freies Quecksilber in 1000 Ritzen. Jenny lächelt. Sie nimmt erschöpft Platz. Jetzt ein Bier. Niemand bemerkte ihren Kampf. Keiner kennt die Gefahren.

Welche Gefahren eigentlich?
Aus der Jukebox kommt Daft Punks »Get Lucky«.

We're up all night to get lucky.

»**Also, ich warne euch nur!** Ich habe Flammkuchen noch nie gemacht, aber das soll ja nicht schwerer als Pizza backen sein, hoffe ich halt!«, warnt Annika ihre Freunde, dabei leuchten ihre Augen. Wieder hat sie eine Kleinigkeit gefunden, die hier in der Stadt noch niemand in Angriff genommen hat. »Ich habe mir einfach die richtigen Blechformen bestellt, das richtige Mehl gekauft, Eier habe ich immer zu Hause. Jetzt müssen wir nur noch schauen, dass das mit dem Backrohr funktioniert. Vorheizen auf Heißluft, denke ich, oder?«, fragt sie Jenny und hängt sich bei ihr ein. Jenny nickt, viel mehr fällt ihr zu Annikas Fragerei nicht ein. So gerne sie Annika hat, manchmal kann Annika ziemlich anstrengend sein. Vor allem, wenn sie etwas zu wichtig tut. Gegen ihr Flirren kommt ihr Annikas Welt geradezu lächerlich vor. War das echt? Was hatte sie vorhin gerade erlebt? Kann doch nicht sein, oder? Vielleicht tut ihr die Hypnose nicht gut. Jenny weiß, dass sie auf diese Fragen heute keine Antwort mehr findet. Außerdem will sie zu Annika nicht unfair sein. Sie lächelt Annika an. »Wo hast du eigentlich die Backformen bestellt?« Annika redet wie ein Wasserfall und Jenny hängt sich jetzt bewusst bei ihr ein. Der Tag war hart genug. Sie will jetzt endlich Ruhe, sich zurücklehnen, noch ein Bier, den Flammkuchen in sich hineinstopfen, dann nette Musik mit netten Menschen genießen, vielleicht ein Gesellschaftsspiel spielen, etwas Altmodisches aus der Kiste: Berufe raten. Sie kennt das noch von vergilbten Fotos, aus der Zeit, als ihre Eltern noch lebten. Jenny beginnt zu lächeln, ganz tief in ihr fühlt sich jetzt alles orange an. Sie fühlt sich zwischen ihren Freunden momentan wahnsinnig wohl, wie eine Seifenblase unter Seifenblasen in einer Seifenblasenwelt.

Doch dann zerplatzen alle Seifenblasen auf einmal. Annika stößt mit ihrem Ellbogen gegen ihre Rippen.

»Hey, schau!«

»Ähm ja, was gibt's?«

»Pennst du, oder was? Schau mal, vor meinem Eingang!«, zischt Annika wie eine bedrohte Schlange.

Diese Stimmlage hat Jenny abgespeichert, seit sie Annika kennt. Die verwendet sie nur, wenn was los ist, so echt was los. Dann brennt die Lunge Annikas, darum spricht sie leise, gepresst, die Stimme ist fast unhörbar, aber brandgefährlich. Annikas Blick ist starr auf die Wohnung gerichtet, Jenny schaut ebenfalls in die Richtung. Sie erkennt vor der Wohnung ein schwarzes Wesen, ein kleines Etwas.

Jetzt gehen alle vier fast im Gleichschritt, eng aneinandergedrängt, fast fallen sie über die Füße der anderen, wie Schüler am ersten Abendausgang bei ihrem Schikurs, an dem ein jeder fast übermotiviert seinen Platz im Ranking der Beliebtheit und Wichtigkeit festlegen will, das Zuhause und das Behütetsein hinter sich lässt und in einem Moment schneller heranreift, als in den Monaten davor, die Unschuld verliert, mit einem Hunger aufs Leben und einem Durst auf das Fremde. Diese Energie haben sich die vier Freunde erhalten. Jenny, Annika, Kevin und Daniel, sie bewegen sich rasch in Richtung Annikas Wohnung, gespannt, was es da nun wirklich zu schauen gibt. Ein bisschen Abenteuer in Eisenhagel, man muss von hier gar nicht weggehen, hier passiert jeden Abend etwas, man muss nur genau hinschauen. Jedoch ahnt keiner von ihnen, dass dieser Abend der letzte ausgelassene Abend für die nächste Zeit sein wird. Vielleicht wäre umkehren das Richtige gewesen, nicht nach Hause gehen, Annika an der Hand nehmen und ganz einfach noch einen draufmachen, schnell jemanden anrufen, der das schwarze Etwas vor ihrem Haus wegtut. Aber das Schicksal scheint etwas anderes vorzuhaben. Die Würfel fallen meist schon, bevor man sie wirft.

»Nein, das gibt's nicht, oder doch?«, versucht Jenny zu begreifen, was sie da sieht, obwohl es hier nicht viel zu begreifen gibt, außer, dass vor Annikas Tür ein kleiner, junger Schäferhund sitzt, der scheinbar niemandem gehört.

»Hey Annika, ich hab' das irgendwie im Urin, da wartet wer auf dich«, mischt sich Kevin ein und zwängt sich zwischen die beiden Mädchen.

»Take it easy, Annika. Alleine wohnen ist eh nicht gesund!«, versucht Daniel witzig zu sein und hängt sich bei Annika ein. »Jetzt hast du endlich wieder deinen Hund. Deinen eigenen Hund, den du seit der Unterstufe vermisst.«

Leicht zitternd sitzt ein schwarzer Schäferhund vor dem Haus. Er wedelt verhalten mit dem Schwanz, hebt eine Pfote, will Männchen machen, kann aber nicht, weil er zu eng an eine Metallstange gebunden wurde.

»Was soll das? Wollt ihr mich foppen? Geburtstag habe ich schon gehabt, ich sag das nur!«

»Da sitzt ein Hund«, bleibt Jenny vorsichtig fröhlich.

»Der wie ausschaut? Wie Akko?«, antwortet Annika.

Der Hund rührt sich, will zu Annika und winselt. Ausgerechnet zu Annika. Annika schaut zu den anderen. Sie bekommt das Gefühl nicht weg, dass ihre Freunde nicht mehr zu ihr alleine schauen, also nicht mehr sie alleine sehen, sondern nur noch im Zusammenhang mit dem Hund.

»Also, wenn sich von euch hier wer einen blöden Scherz erlaubt hat, der soll es bitte sagen.« Alle drei schauen Annika verwundert an. Kevin nimmt sich eine Tschick raus und zündet sie an. Wir haben Zeit, heißt das, es ist zwar arschkalt, aber wir haben Zeit.

Jenny schaut Annika in die Augen. Dieser Blick sagt mehr als 1000 Worte. Nimm dir die Zeit die du brauchst, Annika, Kevin hat recht. Aber wir brauchen eine Entscheidung. Wir können uns vor nichts mehr drücken. Hörst du nicht die Signale? Wir haben unsere Pistolen. Wir haben gelernt mit ihnen umzugehen. Annika, bleib hart. Du weißt, was zu tun ist.

Annika nimmt ihren Blick von Jenny und stampft auf den Boden. »Hey, ich mein, scheiße! Oder? Ich rufe das Tierheim, jetzt gleich. Die kennen sich mit Hunden gut aus!«

»Annika, du weißt, wie das Tierheim bei uns ist. Bevor wir das tun, gehen wir mit dem Hund in den Wald und lösen das Problem heute noch.«

Jenny macht die Jacke auf, es ist ihr Pistolenholster sichtbar. Kevin drückt sich von hinten an sie und macht Jennys Jacke zu. Jenny drückt ihn weg und schaut ihn verärgert an. »Kevin, ich kann schon für mich entscheiden, was ich tue!«

»Jenny und Annika, ihr wisst genau wie ich, dass wir das in der Nacht hier nicht durchziehen können. Die Leute werden sich Geschichten erzählen. Da kommt man bald auf euch. Das ist idiotisch. Und außerdem wird es langsam kalt, Annika«, beendet Kevin die Diskussion. Das wäre ja noch schöner, wenn so ein Schwachsinn seinen Krampuslauf gefährden würde.

Der Hund fühlt sich sichtlich wohl. Er liegt in einer Ecke bei der Heizung auf einem Karton und einem Badetuch. Er hat sich zusammengerollt und döst vor sich hin. Gelegentlich bewegt er seine noch kleinen Lefzen. Am Tisch stehen Reste des Flammkuchens, einige offene Biere. Annika erzählt von früher. »Und ich komm von der Schule nach Hause, dann sagt mir meine Mutter, der Akko ist weggelaufen«, erzählt Annika und richtet ihren Blick auf den Schäferhund. »Ihr wisst gar nicht, wie ich meine Mutter an diesem Tag gehasst habe, ich hätte sie umbringen können«, spricht Annika und raucht sich eine an. »Wir haben drei Tage gesucht.«

Drei Tage, denkt sich Jenny. Drei. Am dritten Tag hätte etwas gehen müssen. Hätte sie nur den dritten Tag fokussiert.

»Wer hat dir beim Suchen geholfen? Ich kann mich nicht erinnern, dass wir daran beteiligt waren«, fragt Kevin nach.

Annika schaut ihn böse an. »Nein. Von euch hatte zufällig keiner eine Zeit!«

»Wer dann?«

»Arnold«, antwortet Annika. Alle schauen sie vorwurfsvoll an.

»Ja, was hätte ich tun sollen?! Es ist immerhin um Akko gegangen!«

Der Hund kommt angezottelt, wedelt mit dem Schwanz und legt sich zu Annikas Füßen auf den Boden.

»Und warum hast du nie etwas gesagt?«, fragt Kevin nach.

»Ich habe gewusst, er passt nicht zu uns! Das hätte mich in meinem Stellenwert in der Gruppe geschwächt. Reicht dir das?!«

Kevin raucht sich eine an. »Ja, sorry, Annika, alles klar. Manchmal rede ich, ohne vorher zu denken. Wir haben ihn nicht gemocht und wir waren noch Kinder, fast halt.«

»Vor allem du hast ihn nicht gemocht«, antwortet Jenny.

»Ja, das stimmt. Und wo ist das Problem?«

»Ich meine ja nur«, antwortet Jenny schnippisch.

Kevin pfeift kurz, der Hund kommt zu ihm gelaufen und springt ihn vorsichtig an. »Gefunden habt ihr Akko aber nicht. Der war ja dann weg, was ich weiß.«

Annika schüttelt den Kopf und schaut dabei zu Jenny.

»Nein, aber er hat gemeint, er besorgt mir einen neuen Hund, dann, wenn er alt genug dafür ist. Dann kommt er mit einem neuen Akko zu mir.«

Stille. Alle schauen betreten zu Boden.

»Ich nenne ihn Benko.«

»Benko?«, fragt Kevin nach.

»Ja, irgendwie schaut er aus wie der Kakao aus meiner Kindheit.«

»Benko!«, ruft Kevin und der Hund klopft mit dem Schwanz gegen das Tischbein. Nun lachen alle.

»Lasst euch nicht verrückt machen, ich sag es euch«, fährt Kevin fort, schupft eine Fluppe aus der Packung und stößt sie einige Male gegen den Tisch, sodass der Tabak zusammenläuft. Bereits jetzt spürt er in seinem Mund das sich später freimachende Nikotin und schaut dabei auf Jennys Titten.

»Die Dinge verändern sich, spürst du das nicht?« Daniel wirft Kevin einen wissenden Blick zu.

»Ja, das stimmt allerdings!«, antwortet Kevin energisch, sodass ihn die anderen erwartungsvoll anschauen. »Bevor ihr es von jemandem anderen erfahrt: Ich habe das Angebot, diesen Winter den Krampuslauf zu organisieren. Muss nur noch vom Verein abgesegnet werden.«

Plötzlich gefriert Wasser zu Eis. Gefühle werden erstickt. Herzlichkeit stirbt. Bindungen werden gekappt. Von einer

Sekunde auf die andere hat sich etwas erledigt: Bedingungslose Freundschaft, die auf Vertrauen beruht.

WIE KANNST DU NUR!

Stille.

Stille.

Stille.

Stille.

Alle drei mustern den Boden und suchen Orte, wo sich die Augenpaare nicht treffen. Der Hund fühlt sich schuldig.

»Geht das wirklich nicht – echt jetzt?«, fragt Kevin und schaut zu Jenny.

Diese verweigert eisern den Blick.

»Ich will an diesen Lauf eigentlich auch nicht denken«, schließt sich Annika an.

»Kevin, tut mir leid, aber auch ich bin dagegen«, stellt auch Daniel sich gegen ihn.

»Der Krampuslauf in Eisenhagel hat einen bösen Schatten und ich weiß das«, antwortet Kevin. »Und dagegen müssen wir kämpfen. Wir müssen mutig weitergehen. Wir dürfen nicht stehen bleiben. Wir müssen immer weitergehen. Das ist Ziel unseres Lebens. Wir haben nichts verbrochen, wir sind gute Menschen«, antwortet Kevin und steht auf. Seine Augen funkeln. »Wir sind das Licht«, bestätigt er sich. »Keiner von uns muss Angst haben.« Er schreitet mit erhobenem Haupt durch das Zimmer. Doch was ist jetzt los?

Jenny stolziert im gleichen Schritt hinter ihm her und doziert: »Wir sind das Licht … wir dürfen nicht stehen bleiben … wir müssen mutig weiterkämpfen …« Sie lässt sich aufs Sofa fallen und lacht ausgelassen. Plötzlich lacht Daniel mit, Annika schließt sich an, dann Kevin. Um ein Haar wäre alles schiefgegangen, so richtig schief, das weiß jeder von ihnen. Gerade noch wurde alles eingerenkt, Kevin war so gut. Ein anderes Mal übernimmt ein anderer die Verantwortung und navigiert ihr Boot über die Wellen. Freundschaften gibt es nie bedingungslos, und für eine Freundschaft braucht es zwei. Bei ihnen sind es vier. Ein Verband aus mehreren Personen braucht dazu noch Verhaltensregeln. Und eine dieser ist, dass wichtige Entscheidungen, die auch die anderen betreffen, nicht alleine entschieden werden dürfen. Kevin begehrte dagegen auf. Er wurde kleingemacht. Zu Recht. Er darf den Lauf nicht machen. Dafür stehen jedoch die andern bedingungslos hinter ihm. Und Jenny? Von der Hypnose mit Dr. Traisen sagt sie gar nichts. Warum auch. Ist ja alles nur ein Spiel, denkt sie sich und schaut Annikas Monstera an, wie sie sich gierig zum Licht neigt und einfach nur eines will, Energie. Jenny atmet tief durch. Sie lacht alle an. Energie.

Träum nur, Schnalle!

»Ich war ja damals Schriftführer. Ich sage jetzt, Kevin, du machst den Lauf nicht. Mit drei Gegenstimmen abgelehnt«, vollzieht Annika die Regeln.

»Und ich habe morgen Nachtschicht. Ich sollte also eine Mütze Schlaf nehmen«, antwortet Jenny.

Der Abend ist somit beendet.

Jenny und Kevin laufen die Stiegen runter. Sie sind sonderbar ruhig, als ob vorhin zu viel gesagt worden wäre und dies erst in ihren Köpfen verarbeitet werden müsste.

»Warum hast du deine Knarre mit?«

»Um dich zu erschießen«, antwortet Jenny.

»Jetzt tu nicht so!«, antwortet Kevin eine Spur zu genervt und will neben ihr die Stiegen hinablaufen. Jenny packt ihn am Kragen stellt sich ihm entgegen. Sein Gesicht flattert, seine Augen suchen nach einem Fixpunkt. Plötzlich hat er ihn gefunden: Jenny hält ihre Glock in der Hand, so stilsicher wie andere Mädchen ein Glas Sekt.

»Cowboy, ich weiß nicht, was vor zehn Jahren war. Aber da war etwas. Und das war schlimm.«

Im Handumdrehen hält sie ihm die Knarre unter seine Kinnlade.

»Ich weiß jetzt wirklich nicht, was du willst!«, antwortet ihr Kevin.

»Die Leute reden, dass du damit mehr zu tun hast, als recht ist.«

»Das musst du mit den Leuten reden, die das sagen. Keine Ahnung, wie sie darauf kommen! Sollen wir nochmals rauf, vielleicht? Wissen die oben mehr?«

Verräter!

»Du bist einen Schritt zu weit gegangen«, fährt Jenny ihn an und hält ihm die Pistole unter sein Kinn.

Er schaut sie groß an. »Ja, spinnst du jetzt!«

»Du hättest unsere Vereinbarung gebrochen.«

Jetzt mach schon!

»Jenny, bitte! Was ist los mit dir?!«

In Jennys Kopf befindet ein Zahlensalat. Wo ist die richtige Zahl, verdammt noch einmal. Wie ist das zu deuten?

»Sag eine Zahl!«

»Was?«

»Eine Zahl!«

»Null.«

»Glück gehabt«, antwortet Jenny und steckt die Pistole weg.

Sehr gut. Es ist die Null. Es fängt alles immer bei der Null an. Die nackte Null. Die Null steht über allem. Etwas hat begonnen. Und Jenny überholt Kevin mit links. So schnell kann's gehen.

Später Nachmittag und Kevin muss eingeschlafen sein. Jenny konnte aus dem Spital nicht weg, plötzlich waren drei Rettungsautos hier. Ein Autounfall. Viel Blut, aber alle leben. Er hat auf sie gewartet. Jetzt schläft er. Jenny öffnet den Schrank, nimmt die Kaffeedose heraus, stellt einen Kaffee zu, so wie er ihn am liebsten hat. Ein Espresso, aus einer altmodischen Espressokanne, mit mechanisch aufgeschlagenem Milchschaum. Sie fragt sich, warum sie das eigentlich alles für ihn macht – würde er das auch tun? Aber sicher, denkt sie sich, immerhin hat er sie auch nach dem Koma so wundervoll betreut. Sie kann sich noch so gut an den Augenblick des Erwachens erinnern: Sie öffnete die Augen und er stand vor ihr. Seine Augen sagten so viel mehr, als er ausdrücken konnte. Du gehörst zu mir und ich bin dein. – Seitdem teilen sie fast alles. Das Thema Liebe hatte sich für sie plötzlich ein für alle Mal erledigt, im Guten erledigt.

Jenny schaut, wie sich im Kaffee die kleinen Milchbläschen zu einem Nichts verlieren. Sie spricht hier bewusst von Liebe und nicht von Beziehung. Sie hat keinen Bock auf Wörter, die das eigentlich Gesagte oder Gedachte verdecken. Es geht hier um Liebe. Sie liebt Kevin. Ohne Schlagerparade und ohne rosarote Geburtstagstorte. Liebe ist für sie so rein wie Wasser. Und nötig. Ein Lebenselixier. Dass der Liebe die Gewohnheit folgt, damit will sie sich nicht abfinden. Auf ihre Art ist sie hier radikal. Eine Radikalität, die niemand spürt. Aber warum denkt sie jetzt so ein Zeug? An den Fingerspitzen wird ihr kalt.

Jenny setzt sich neben Kevin aufs Bett, schaut auf seine Nackenhaare, die sich dunkel von seinem blonden Deckhaar abheben. Sie fährt ihm durchs Haar, Kevin rührt sich nicht. »Kevin-Schatz, Kaffee.« Kevin liegt wie tot im Bett. Sie stupst ihn noch einmal an. »Hey Spitzensportler, komm, wach auf, jetzt! Du kannst deine Freunde nicht warten lassen.« Plötzlich dreht sich Kevin um, mit einem Schwung. Doch das ist nicht Kevin. Das ist der Krampus! Vor Schrecken schüttet Jenny den Kaffee über Kevins Oberarm. Sofort bilden sich rote Flecken auf der Haut, als hätte sie Wasserfarbe über seine Hand verschüttet. Kevin lacht sich halb tot und hält sich den Oberarm. Es ist das breite Lachen eines Jungen, der sich nicht viel dabei denkt. »Du bist so blöd!«, antwortet Jenny, aber eher aus Gewohnheit. Ihr Blick gilt der Maske, die nun auf ihrem Kopfpolster liegt. Eine scheußliche rotschwarze Maske, die sie angafft. ES IST ZEIT! Ein Satz, der aus dem Nichts kam, schnürt ihr den Hals zu. Sie schluckt, obgleich ihr Mund ausgetrocknet ist.

Jenny schlüpft hastig in ihre Schuhe. Sie muss an die frische Luft, danach ins Spital. Kevin sitzt aufrecht im Bett und beobachtet sie dabei. Er schleckt sich kurz über die Lippen, fährt sich unbewusst durch sein Haar, streckt seine Beine durch und kratzt sich die Eier. Sie weiß, was jetzt kommt. Er ist bereit, er lauert. Sie kann das jetzt aber nicht zulassen. Es braut sich etwas um sie herum auf. Sie kann nicht beschreiben, was es ist, sie weiß nur, dass etwas passiert. Das ist ihr jetzt jedoch nicht unangenehm. Sie ist irritiert und zugleich fühlt sie, dass es sich um etwas Unausweichliches handelt. Es hat mit Kevin zu tun. Sie ist verwirrt. So etwas denkt man nicht. AUS JETZT! Sie schlüpft in ihre blaue Daunenjacke. Sie zieht sie kurz hoch. Aus ihren engen Jeans schaut die Taschenuhr aus ihrer Hosentasche. Sie spürt, wie Kevins Blick auf der Taschenuhr kleben bleibt. Er zeigt auf die Uhr.

»Wieso trägst du neuerdings immer diese Uhr?«

»Die ist von meinem Opa. Ist mir letztens wieder in die Hände gefallen.«

»Du hängst wohl sehr an deinen Großeltern, oder?«

»Ja, klar. Die Erinnerungen an sie ist alles, was ich habe.«

Jenny zieht den Schlüssel aus dem Schloss. Sie will raus.

»Hey Jenny, du hast ja mich.«

»Nein, DU bist ein Krampus!«, antwortet ihm Jenny.

Kevin schaut sie überrascht an. Jenny zwinkert ihm zu. Ja, Kevin ist ein saudummer Hund. Aber ihr Freund. Ihr Beschützer. Ihre Familie. Sie hat sonst niemanden auf dieser Welt, auf den sie sich verlassen kann. Dagegen sträubt sich etwas in ihr. Ein Gedanke, den sie nicht wegbringt, wie ein neues Tuch, auf das man achtgibt. Oder ein Gesicht, das einem in Erinnerung bleibt. Warum biegst du immer rechts ab, fragt das Gesicht. Mach doch mal links, und red vor allem nicht über jeden Scheißdreck, den du tust. Das machen nur Muschis. Jenny ist nicht minder überrascht. Die wahre Geschichte mit der Uhr hat sie ihm unterschlagen. So schnell kann es gehen.

Wenigstens lügst du schon besser! Fotze!

Nacht. Daniel nimmt den Zündschlüssel und dreht ihn um. Nichts tut sich. Es ist mitten in der Nacht und nichts tut sich. Er beginnt zu zittern. Er sehnt sich zurück in den Mutterleib. Reinkriechen. Ganz tief reinkriechen. Und verstecken. Nichts mehr sehen können. Er schließt die Augen. Der Geruch steigt ihm in die Nase. Seine Scheiße. Der Geruch, den er intus hatte, als man ihm die Karotten in den Arsch schob. Noch ein Versuch. Klick. Nichts. Er krallt seine Fingernägel in die Autositze. Er hört es. Er spürt es. Ganz dicht bei ihm. Vom Nacken bis zum Ohr. Jetzt weiß er es. Es ist sein Schließmuskel, der lässt aber nur aus, wenn es brennt! Schon in der Disko war es so. Burn, Baby burn! Shit, Daniel, shit!

Der Schweiß rinnt. Daniel schaltet die Klimaanlage ein. Plötzlich leuchten alle Lichter am Cockpit auf. Anstatt kalter, erlösender Luft kommt Hitze. Der CD-Player schaltet sich ein. Und dazu ein Lied.

Ihr Lied!

Sweet dreams.

Spürst du mich?

Ich bin schon hier.

Das Lied verstummt. Kein Saft mehr. Alles aus.

Er ist auch schuld. Schuld! Das weiß er. Er reißt seinen Kopf nach hinten. Nichts. Nichts hinter ihm. Er gackert wie ein debiles Huhn, sabbert wie ein Greis. Er wischt sich den Dreck vom Mund. Wo ist Annika? Wo ist sie, wenn man sie wirklich braucht! Das Handy geht an. ANNIKA!

Er weint. Alles nur ein böser Traum. Annika, die ihn aus Eisenhagels Sumpf befreite. Er wird wohl gestern vergessen haben, das Licht auszuschalten. So ist es! Er schaut gegen den Himmel. Danke, sagt er hinauf, danke, danke! Annika meldet sich erneut. Er geht nicht einmal dran. Alles passt. Ein böser Traum. Er zieht den Schlüssel ab. Er hat das Bild vor sich. Gestern ist er zu schnell aus seinem 190er Benz ausgestiegen, aus seiner halbantiken Rostlaube, die in jede Großstadt besser hinpassen würde als hierher. Musste schnell rauf zu ihr. Da war dann das Hirn nicht mehr an. Das kann ja passieren. Auch als Intellektueller. Gerade dann. Er ist ja kein Affe. Peinlich. Er verrät kein Wort. Er hört Lieder, die es nicht gibt. Je kleiner die Stadt, desto schneller ist man der Irre. Alles Einbildung, alles Fiktion. »Danke!«, sagt er noch einmal ganz laut. »Danke, danke!« Alles dumme Einbildung. Alles wieder gut. Daniel öffnet die Tür und steigt aus.

WUMMMM. WUSCHHHH!

Sein Herz rast ein Stück weiter in die Tiefe als sein vollschlanker Körper. Er steckt im Gully fest. Man muss sich das einmal vorstellen! Steckt im Gully fest. Nur noch der Kopf schaut raus. Der Hals auch. So blöd, so peinlich. Zum Glück sieht das niemand. Außer einem, der muss ihm jetzt helfen. Und das ist sein Feind. Ihm muss jetzt jemand helfen, bevor die Ratten seine Zehen annagen. Ein Auto startet. Ein weißer Range Rover. Indisches Modell. Daniel kann keinen erkennen. Hinter den getönten Scheiben steckt aber ein Mensch. Ein böser Mensch. Hätte er jemals an der Existenz des Bösen gezweifelt, jetzt wäre das nicht mehr der Fall. Hinter den verspiegelten Scheiben sitzt sein

Feind. Sein Feind. »Hilfe, Hilfe, so helfen Sie mich doch. Hören Sie mir nicht?« Das mir und mich verwechselt er in schlimmen Momenten immer. »Hören Sie mir nicht?!«

Der Rover kommt näher und näher. Daniels Wimpern zittern. Seine Augen werden größer und größer. In seinem linken Auge platzt eine Ader. Kurz trübt es seinen Blick. Einen Zentimeter vor seiner Nase hält das Auto. Der Motor wird ausgeschaltet.

»Jetzt komm endlich. Wenn du mir schon hinrichtest, dann hier und jetzt!«, schreit Daniel gegen weißes Blech.

Der Rover startet. Vollgas. Ein Gang wird eingelegt. Aber welcher? Der erste oder der Retourgang. Hin zum Kopf, oder weg vom Kopf, das ist hier die Frage. Beschleunigung. Gummi. Daniel schreit. Der Reifen schießt Kieselsteine gegen ihn. Daniel frisst Dreck, Gummi, Abgase. Vollgas. Der weiße Rover verschwindet in der Nacht.

Daniel bleibt zurück. Er wimmert. Ganz leise.

Ich bin schon in dir.

Und an seinen Füßen kitzelt es. Das werden jetzt wohl die Ratten sein.

Im Café hängt Kevin seine Weste auf den Kleiderständer neben dem Gang. Kevin begrüßt die Gäste, klopft ihnen im Vorbeigehen auf die Schulter. Er poliert einige Gläser. Das mit dem Gläserpolieren kann nur ein Barkeeper erfunden haben, der gerne durch die Gegend schaute und dafür eine Scheinbeschäftigung brauchte. Die Gäste kommen mit ihren dicken Daunenjacken hinein, hängen sie auf die maßlos überfüllten Ständer oder auf die Sessellehnen. Und schon leuchten die Köpfe rot. Vom dampfenden Tee bis zum Bier geht alles. Alles ist wie immer, aber etwas stimmt nicht. Er kann es jedoch nicht lokalisieren! Er spürt es, es ist etwas in der Nähe. Er dachte, es ist vorbei. Es ist ihm, als hätte Roy Scheider gerade Steven Spielbergs weißen Hai zur Explosion gebracht und landete erschöpft an der Küste, als vom Küstenfunk vor einem neuen, größeren und noch gefährlicheren Hai gewarnt wird. Und der weiße Hai bringt ihn wieder zurück zum weißen Range Rover, der Daniel verfolgte. Die Welt ist irre.

Hias kommt rein. Blondes schulterlanges Haar, zurückgeworfen, hinter das Ohr eine Zigarette geklemmt, Schlabberpulli und dicke Socken. Er lehnt sich an die Bar, nimmt seine Zigarette vom Ohr, klopft sie einige Male an die Bar, so lange, bis ihm Kevin Feuer gibt und ein kleines Bier hinstellt. Er zwinkert Hias zu, heißt so viel wie: Hias hat heute Freibier. Manchmal macht er das. Hias denkt und liest viel, manchmal schreibt er auch. Dadurch kommt er nicht zum Arbeiten. Aber jedes Haus, das halbwegs geht, verträgt einen Hias. Das muss sich ausgehen. Sonst stimmt die Welt schon gar nicht mehr. Außerdem hat Hias eine Ahnung von gewissen Dingen, die gerade in Zeiten wie diesen wichtig sind.

»Hias, was geht? Erzähl!«

»Schwierig zu sagen. Irgendetwas stimmt nicht. Liegt in der Luft, oder?«

»Das denke ich mir schon seit einigen Tagen«, antwortet ihm Kevin.

Hias rümpft die Nase und hält sie in die Höhe, wie ein Kojote, der Witterung aufnimmt. Nun lacht er kurz und schrill, sodass alle zu ihm schauen. Er zeigt ihm eine alte

Uhr mit sehr vielen Zahnrädern. »Es ist etwas in Bewegung, verstehst du? Das hat mit dem Hier und Jetzt gar nichts zu tun. Hier sind in der Vergangenheit viele Dinge passiert, die nicht passieren durften. Das wissen wir beide.«

Kevin schaut ihn todernst an.

»Wer übernimmt den Lauf?«

Kevin schweigt.

»Das war damals nicht sauber gearbeitet. Wenn du Ruhe haben willst, mach das jetzt fertig.«

Hias drückt auf seine Uhr mit den vielen Zahnrädern. Jetzt läuft sie zurück.

»Das Leben ist eine Ansichtssache. Manchmal muss man tatsächlich die Zeit zurückdrehen, um verstehen zu können. Auf dich kommt Arbeit zu, mein Lieber.«

Hias drückt die Tschick aus, nimmt sich noch eine aus Kevins Schachtel und geht. Plötzlich dringt wieder der Kaffeehauslärm an Kevins Ohren. Den hat er die letzten Minuten nicht vernommen. Kevin schaut Hias nach, der gerade um die Ecke biegt. Hias hat recht. Hias hat immer recht.

Jenny holt Kevin vom Café ab. Sie nimmt ihn an der Hand. Es ist ein fester, entschlossener Händedruck. »Daniel haben sie in der Früh im Kanal steckend gefunden, verstehst du?«

Kevin raucht sich eine an, dabei blinzelt er Jenny an. »Daniel ist mein Bro, verstehst du? Aber Daniel ist auch unsere Dramaqueen.«

Jenny nickt. »Ja klar ist er das, und Annika liebt das, so ergänzen sie sich. Aber deshalb lässt man sich in keinen Gully stopfen, sodass man am nächsten Tag ins Spital muss, um sich auf Tollwut, TBC und Hepatitis untersuchen zu lassen! Daniel hat jetzt übrigens bandagierte Hände und sieht irgendwie aus wie ein Panda.«

Kurze Stille. Jenny und Kevin bleiben stehen und schauen sich an. »Geil, ich werde ihm dazu noch eine Maske schenken und ein Monat lange Cro zu ihm sagen.«

»Mei, du bist so blöd!«, antwortet ihm Jenny. Beide lachen ausgelassen, werfen Ballast ab und sehen gar nicht, wie sich ihnen ein Junge in den Weg stellt, der sie groß anstarrt. Ein Junge mit rotem Haar und braunen Augen, so dunkelbraun, dass die Pupille fast unmerklich in die schwarze Iris mündet. Jenny rempelt Kevin an. Beide schauen sie nun den Jungen an. Was will der eigentlich von ihnen?

Der Junge hält Kevin eine Anstecknadel entgegen. Es ist eine rote Anstecknadel mit einem schwarzen Dreieck in der Mitte. Kevin nimmt die Anstecknadel und schaut sie groß an. Kevin schnürt es den Hals zusammen, seine Schläfen pochen. Er kniet sich zum Jungen hinunter, dabei krachen seine Kniescheiben.

»Hey, alles okay?«

Der Junge nickt.

»Wie heißt du denn?«

»Enrico.«

Kevin drückt seine Augen zu und nickt wohlwollend. »Und, Enrico? Weiß eigentlich deine Mama, dass du hier bist?«

Enrico schweigt. Er schaut kurz zu Boden, als ob hier eine Antwort geschrieben stehen müsste. Er kann offenbar die Antwort nicht finden und schaut Kevin nun böse an.

Kevin geht noch einige Zentimeter tiefer in die Hocke. »Enrico, magst du mir sagen, woher du diese Anstecknadel hast?«

Enrico kneift seine Augen zusammen und schaut Kevin nach wie vor sehr ernst an. »Mit dir rede ich nicht mehr«, antwortet er.

»Und warum nicht?«

»Weil, weil, weil du böse bist.«

»Ich bin böse?«

Jenny nimmt Kevin zur Seite. Der Junge schaut zu Jenny. Jenny lächelt ihm ins Gesicht, so wie sie es mit Kindern macht, die gerade in die Klinik kommen und verschreckt sind. Sie greift in ihre Tasche, fährt mit ihrer Hand von einem Ohr zum anderen und hat plötzlich so eine rote Clownnase im Gesicht. Dazu geht sie in die Hocke, macht große Augen und verstellt ihre Stimme. »Hallo Enrico, ich bin Penelope, der Clown aus dem Krankenhaus. Geht's dir gut?«

Der Junge schaut sie vorsichtig lächelnd an und nickt.

»Deine Anstecknadel ist lustig, die du meinem Freund Rasputin geschenkt hast. Von wo hast du die denn her?«

»Rasputin?«, fragt der Junge nach und lächelt.

Auf Jennys Stirn bilden sich langsam Schweißperlen, ihr Atem dampft. »Rasputin, Rrrrasputin!«, versucht sie den Jungen weiter in Stimmung zu halten und beginnt wieder, von einem auf das andere Bein zu hüpfen.

»Die Nadel hat mir ein Mann gegeben. Dort hinten!«

Enrico zeigt nach hinten, an eine Kreuzung. Dort ist niemand zu sehen, außer einem schlecht montierten Verkehrszeichen, welches gegen den Rohrpfosten schlägt.

»Wo ist der Mann, wo ist der Mann, weißt du wo? Ich habe ihn gegessen! Schwupp!«, ruft Jenny und lächelt dabei, »oder doch nicht?«

Der Junge schaut Jenny misstrauisch an.

»Nein«, antwortet er, »du hast ihn nicht gegessen. Der Mann lebt!«

»Was hat der Mann dir gesagt?«, fragt Kevin nach.

Der Junge weicht einen Schritt zurück. Er reißt seine Augen auf, lüpft seine Augenbrauen und gähnt.

»Scheiße, verarschen kann ich mich selber«, antwortet Kevin, steht auf und will schon gehen.

»Er erwartet euch auf der Hütte«, antwortet der Junge absolut ruhig und läuft weg.

In Jenny treibt es einen eisigen Holzpflock in ihr Herz. Die Hütte, verdammt! Da war doch was!

Kevin greift sich auf den Kopf und geht einige Schritte zurück. Er stolpert fast. Er schaut nun zu Jenny. Sie nimmt erneut Kevins Hände, dieses Mal beschützend. In dem Moment verdeckt eine dunkle Wolke das Sonnenlicht, es ist totenstill.

»Was war das jetzt?«, fragt Jenny nach.

»Was weiß der von der Hütte?«, murmelt Kevin.

»Ja, weiß ich das?!«

»Vergiss es! Was nicht sein darf, kann nicht sein. Wir dürfen uns nur nicht verrückt machen lassen!«, flüstert Kevin und schaut Jenny eindringlich in die Augen. Er will Jenny noch auf ihre Beziehung einschwören, unterdrückt aber jegliche Regung, da Jennys Blick von ihm abdriftet.

Sie schaut in die Ferne, auf die Berge. Wie in einer Falte liegt ihre Hütte, die Hütte von ihr und ihren Freunden. Sie sind schon lange nicht mehr dort gewesen. Es flirrt. Jenny zählt bis drei. Eins, zwei, drei Autos kamen bei der letzten Grünphase vorbei. Drei ist die erste Zahl der Mehrzahl, sie schluckt. Zusammen sind sie drei. In ihrem Kopf. Sie waren immer mehr als zwei. Aber vier gewinnt. Vier gewinnt immer.

Jenny atmet tief durch, wischt Kevin die Haare aus dem Gesicht und packt ihn in einem energischen Anfall an den Schultern. Er schaut sie überrascht an. »Kevin, niemand kann Ereignisse aufhalten, die schon längst begonnen haben.«

Kevin nickt. »Wir fahren noch heute auf die Hütte«, antwortet er. »Dort treffen wir die anderen! Vier Freunde kann niemand trennen!«

Na endlich!

Die Hütte im Wald schaut ziemlich alt aus. Ein Geweih ist an die Wand genagelt, es hängt schief und ist voller Spinnweben. Annika bindet Benko an der Tür fest. Kevin stellt eine Lampe mit Akku auf den Boden. Das Licht von unten gibt ihnen etwas Dämonisches. Jenny zündet einige Kerzen an. Aus ihren Mündern kommt Hauch, kleine weiße Wolken, Jennys Finger sind bläulich, Daniel zittert, seine bandagierten Arme hängen baumelnd an ihm herab. Kevin nimmt zu jedem Blickkontakt auf und nickt. Er öffnet den Vorhang zu ihrer Vergangenheit, als ob er alle in eine Zeitmaschine verfrachtet hätte und nun losstartet. Für einen Augenblick sehen sie aus wie vor zehn Jahren, als ihre Gesichter noch frisch, ihre Neugier noch nicht gestillt war und sie nicht ahnten, dass jedes Handeln Konsequenzen mit sich bringen würde. Die vier Freunde machen einen Kreis. Sie geben sich die Hände. Einer nach dem anderen schließt nun die Augen. Kevin ist der Letzte.

So wie es ihr Ritual vorschreibt, verkündet Kevin ihr Gelöbnis. »Wir sind die vier Freunde, nichts und niemand kann uns trennen, so wahr wir hier stehen«, spricht Kevin mit sonorer Stimme. Jeder von ihnen wiederholt nun den Satz. Annika spricht kräftig, fast rau bellt sie den Satz in die Mitte. Ihre Stimme hat eine erotische, eine animalische Note. Daniel holt Luft, zu kurz, viel zu kurz, als ob er ein gehetztes Tier wäre. So klingt alles eine Nuance zu hoch und angestrengt, dazu zuckt sein Kehlkopf. Nach Vollendung des Satzes schluckt er. Vollbracht. Annika streicht über seine Hand, alles in Ordnung, Daniel. Ihr Daniel ist gescheit und gescheite Menschen sind keine Rockstars! Die schwitzen schon, wenn sie ein Glas Wasser holen, aber ihre Köpfe beinhalten wunderbare Gedanken, die sich wie Atompilze vergrößern können.

Jetzt ist Jennifer an der Reihe. Eins, zwei, drei, vier, fünf. Fünf Kerzen hat sie aufgestellt, die Fünf steht für die Selbstfindung, für die Unabhängigkeit. Jennifer setzt an und sagt nichts. Sie versucht es noch einmal. Sie bleibt stumm. Etwas in ihr sträubt sich. Etwas hat begonnen. Sie spürt ihr Herz pumpern. CAN'T STOP!

Kevin drückt kurz ihre Hand. Sehr sanft, aber doch mit aller Kraft. Sie räuspert sich, öffnet die Augen, zieht ihre Hände zurück und blickt zu Kevin. LASS MICH JETZT SEIN! Kevin schaut sie fragend an. Was war das jetzt? Jenny verlässt den Kreis. Sie geht zum Fenster. Er geht ihr zum Fenster nach und zieht einen Strich durch den Staub auf der Scheibe. »Der Staub vergangener Tage«, murmelt er und schaut dabei Jenny ins Gesicht. Jenny erwidert seinen Blick, verschließt sich jedoch zugleich, als ob sie eine Mauer hochziehen würde. Kevin bröselt den Staub über dem Licht der Taschenlampe zu Boden. Es ist, als würde es sich um kostbaren Goldstaub handeln. Kevin schaut von einem zum anderen, er weiß, dass sich etwas erledigt hat. Es wurde eine Linie überschritten. Die Widerstände sind gebrochen. Jenny scherte plötzlich aus. Wie konnte das passieren? Er spürt die

Gefahr. Die Stille kann gefährlich sein, fast schon provozierend ruhig. Diese nicht greifbare Gefahr hat es auf Jenny abgesehen. Jenny muss beschützt werden. Man muss nicht alles verstehen, was man fühlt, denkt er sich und würde am liebsten die Nacht vertreiben.

Aus dem Nichts, wie ein Torpedo in trübem Wasser, fährt Daniel Kevin an. »Bist du krank, oder was?! Ich krepiere fast im Gully und du machst einen auf ›Wir sind Freunde!‹ Spinnst jetzt total, oder was?«

Kevin rinnt es kalt den Rücken hinunter. Das Ding droht ihm zu entgleiten. Er muss Zeit gewinnen. Er klopft Daniel auf die Schulter. »Hey Mann, beruhig dich!«

»Hey Mann, hey Mann! Der hat's auf mich abgesehen! Verstehst du?!«, jammert Daniel.

»Was soll ich sagen? Ich bekomme die Anstecknadel zurück, die er mir damals auf Gedeih und Verderb abgerungen hat und Annika bekommt gleich einen ganzen Hund geschenkt!« Als ob Benko wissen würde, dass es um ihn geht, winselt er nun kurz, er bekommt aber keine Beachtung.

»Aber …«

»Hey Mann, beruhig dich, okay? Ganz genau dort will er uns haben!«

»So einfach ist das auch nicht. Ich habe nichts bekommen«, wirft Jenny ein.

Du kleine Lügnerin. Du hast es dir genommen! Schlampe!

Kevin zieht seine Nasenflügel hoch und geht auf Jenny zu: »Dich holt er auch ab, du Streberin! Du bist sein Geschenk, verstehst du?«

»Hör auf damit!«

Wie der das weiß!

»Kannst dich gleich hübsch verpacken für ihn. Ich helf dir dabei«, verhöhnt sie Kevin.

»Aus, jetzt! Idiot!«

Annika scharrt mit ihren Füßen am Boden. Alle schauen sie an. »Was will Arnold?«

»Und warum schaust du dabei mich an?«, fragt Kevin.

Jenny geht in den Kreis und starrt Kevin an. »Was war vor zehn Jahren? Ihr verschweigt mir hier etwas, oder?«

Tu nicht so unschuldig!

Kevin nimmt sie an ihren Schultern und schaut ihr in die Augen, wie ein Trainer, der seinen Spieler ins Gebet nimmt. »Du weißt es ja. Arnolds Vater ist als Krampus abgefackelt worden und seine Mutter ist mit Arnold über alle Berge.«

»Kevin, war etwas zwischen mir und Arnold? Ich muss das wissen.«

»Nein, sicher nicht«, antwortet Kevin und schaut ihr in die Augen.

»Lügst du mich an?«

»Warum sollte ich? Was hat der Tod seines Vaters mit Arnold zu tun, und das nach über zehn Jahren. Ich meine, Jenny, hallo. Danke im Übrigen, dass du es angesprochen hast. Das reinigt die Luft, ehrlich. Seit er weg ist, ist Funkstille. Nie mehr etwas gehört von ihm – Arnold ist ja nicht einmal zu unserem Maturatreffen gekommen!«

Schweigen. Alle schauen betroffen zu Boden.

»Er hat ja auch nicht bei uns maturiert, also war er auch für das Treffen nicht vorgesehen«, bemerkt Daniel stoisch. Sie beginnen zu lachen. Zuerst Kevin, dann Annika, nun

Jenny und zuletzt Daniel. Doch ihr Lachen ist so unsauber wie das abgestandene Wasser in der Tonne neben der Hütte, weil sie ein schlechtes Gewissen, schlussendlich Schuld auf sich geladen haben. Gut, sie waren damals fast noch Kinder, aber sie haben Arnold nie akzeptiert, weggedrängt, hinausgeekelt. Aber das Leben geht nun einmal weiter, Kevin lacht sie an, als ob er sie aufmuntern müsste. Im Moment muss das reichen, um diese unsichtbare Gefahr zu bannen.

»Wir haben nur uns, Freunde, aber uns haben wir dafür fix. Und das können nicht viele von sich sagen, und … ich krieg das Gefühl nicht weg, dass uns da jemand ein Ei legen will. Ich sag's euch! Dieser Arnold ist eine Fiktion. Daniel, erkläre du das, du kannst das besser in Worte fassen.«

Daniel räuspert sich. »Kevin meint, es gibt jemanden, der meint, wir sollten glauben, dass Arnold sich rächen will. Für was auch immer.«

»Und es gibt genug, die etwas gegen uns haben!«, quiekt Daniel wie ein Meerschweinchen auf Kokain.

»Und wer?«, will Daniela wissen.

»Vergiss nicht, wir haben genug Neider. Die meinen, wir haben es uns gut eingerichtet. Lehrer, Krankenschwester, Stadttourismusleiterin und du, Kevin, bist unsere Lokalgröße, auf die wir alle stolz sind.«

»Danke, dass du auf mich nicht vergessen hast.«

»Ach, wie hätte ich nur können.«

»Mein allerbester Hawie!«

»Komm, schlag ein!«

»Weißt du noch, wie wir ihn rausgeekelt haben?«

»Wir waren gut.«

»Wir waren die besten.«

Kevin und Daniel umarmen sich für einen langen Moment. Sie schauen sich an. So geht Freundschaft. Eine

Sekunde später drückt Kevin seinen Kumpel weg. Kevin spitzt seine Ohren. Er deutet den anderen, ruhig zu sein. Er geht zur Tür. Er öffnet sie. Er geht ins Freie. Die anderen folgen ihm. Es tut sich nichts. Einzig Akkos Schwanz zittert, wird jedoch von keinem wahrgenommen.

»War vielleicht nur ein Reh. Fehlanzeige!«, antwortet Kevin, als hinter ihnen Geäst bricht und kurz einmal die Erde bebt.

Am Anfang sehen sie nur in Kniehöhe eine Krampusmaske auf sich zurasen. Erst dann das Wildschwein, das die Maske trägt. Das Wildschwein rast, faucht, spuckt weißes Zeug und schnaubt aus den Nüstern. Eis bricht, der Boden vibriert, das Wildschwein nimmt Geschwindigkeit auf. Gemma! Annika schnappt sich Benko. Sie alle rennen aus der Hütte und springen ins Auto. Das Wildschwein touchiert die Seitenwand. Kevin versucht wie panisch, das Auto zu starten. Es funktioniert nicht. Wildes Geschrei. Das Wildschwein randaliert. Plötzlich zerbricht die Scheibe bei Jenny. Jenny klammert sich schutzsuchend an Kevin. Alle schreien durcheinander. Benko flippt aus.

Jenny versteht: ER mag sie nicht! Ganz und gar nicht! Und ihr ist scheißegal, warum das so ist! Sie will hier gottverdammt nicht abkratzen, jetzt nicht sterben, nur nicht tot sein, regungslos. In dem Moment fühlt sie sich so sehr an die Welt gebunden, dass sie sie umarmt. Gibt es Götter, dann müssen sie nun Jenny erhören. Sie brüllt Kevin an. »Jetzt tu endlich was!«

Kevin dreht nochmals den Zündschlüssel um. »Ich versuche eh! Verdammte Scheiße! Eure Pistolen?!«

»Nicht dabei! Du wolltest das nicht.«

Das Wildschwein scharrt im Dreck, nimmt erneut Anlauf.

ZACK! KRACH! RAWUMMM!!!

»Die Sau bringt uns noch um, und du bist schuld!«, lässt Jenny bei Kevin ihre Wut aus. »Weil dein scheiß Audi Quattro nicht geht, weil du einfach kein scheißnormales Auto haben kannst wie jeder andere hier! Dein scheiß Quattro, Baujahr Arschloch, bringt uns noch ins Grab!«

Kevin kneift die Augen zu schmalen Schlitzen zusammen. Das Fenster auf der Fahrerseite zerbirst. Kevin nimmt keine Notiz davon. Seine Blicke sind auf Jenny gerichtet, seine Stimme ist ruhig und überlegen. »Jennifer, das passiert nur wegen dir. Wie alles in dieser Sache immer nur wegen dir passiert«, antwortet er ihr. »Arnold will dich, nur dich. Schnapp, schnapp, schnapp.«

»Und warum?«

»Frag ihn am besten selbst. Die Henkerssau hat er uns bereits geschickt!«

Jenny zeigt ihm die Zunge. »Du bist so ein blödes Arschloch, weißt du das?!«

»Und keiner beleidigt mein Auto ungestraft. Schleich dich!«

Jenny wirft ihm einen verächtlichen Blick zu, als wäre er ein Müllsack voller faulem Obst, und springt aus dem Auto. Sie läuft in den Wald, abwärts. Die Beifahrertür bleibt offen, das Wildschwein läuft an und zwängt sich mit dem Kopf ins Auto. Kevin betätigt die Hupe. Das Wildschwein verharrt. In diesem Moment reißt er dem Tier die Maske vom Gesicht. Das Wildschwein grunzt kurz, quietscht wie ein Ferkel und haut verwirrt ab.

Stille.

»Jenny!«

»Hey Tarzan. Lass uns abhauen«, bleibt Annika cool.

»Wenn's so einfach geht?« Plötzlich springt das Auto an. Sie fahren Vollgas weg. Benko schmiegt sich zu Annika.

Jenny läuft im Mondlicht durch den Wald und drückt dabei die Äste aus ihrem Gesicht, als wäre sie eine Eishockeyspielerin am Durchmarsch zum gegnerischen Tor. Sie hört aus dem Tal Stimmen. »Jenny, Jenny!« Nun sieht sie auch das Auto aufblitzen, ganz kurz sieht sie das orangefarbene Blech des Audi Quattro. Sie hatte mit sich eine Wette laufen. Erst wenn sie das Auto erblickt, ist sie in Sicherheit. Sie bleibt kurz stehen, muss Puste holen. Einmal, zweimal, dreimal. Den ganzen Weg lang immer drei Schritte. Dann ist alles wieder gut.

Vor ihr Kevin! Sie schleicht sich an, von hinten. Sie springt auf ihn drauf. Kevin schreit, Kevin lacht. Er hat sie wieder, seine Jenny! Er dreht sie im Kreis, nun lachen alle. Sie darf alles. Sie hat einen Sonderstatus. Sie ist seine Prinzessin, leider auch die vom Krampus. Sie haben alle nichts, aber manchmal kann nichts alles sein. Sie haben sich und sie haben heute gewonnen, gegen IHN. Das will noch gefeiert werden! Ein Lachen der Erleichterung, die Angst ausspucken, ausschreien, raus mit der Angst! Sie kreischen. Vor einigen Tagen war noch alles gut! Sie springen ins ramponierte Auto. Nichts wie weg, ha, ha! Hupen und lachen! Alle lachen. Außer einem. Und der schaut von weit oben zu.

Hey, das war erst die Ouvertüre.

2. Teil

Jenny geht zu Doktor Traisen. Er sieht sie erstaunt an. In ihrem Gesicht sieht man noch einige Schrammen, sie ist blass.

»Jenny, was haben Sie gemacht?«, fragt der Arzt in einem fast besorgten Tonfall.

»Ich war auf Wildschweinjagd auf dem Demmerkogel.«

»Tatsächlich?«

»Ja, im Winter schmeckt das Wildschweinfleisch am besten«, antwortet Jenny und zieht dabei die Augenbrauen hoch.

»Also, gut. Sie entspannen sich und dann können wir beginnen«, leitet der Arzt die Behandlung ein. Jenny nickt ihm zu. Für Jenny ist es wie Urlaub. Hier sind die gewohnten Bilder, die sich nicht ändern. Das Affenhirn, der Arzt mit der Brille, das idyllische Bild von Eisenhagel, in das sie gleich reinfallen wird. Der Arzt zählt bis zehn und Jenny fällt in Trance. Es passt, alles passt. Es passt vielleicht sogar zu gut, eine Nuance zu einfach, denkt sich der Doktor. Er fährt mit seiner Hand vor ihren Augen herum, keine Reaktion. Jenny ist in Trance. Alles ist gut.

»Jenny, hören Sie mich?«

»Ja, ich höre Sie.«

Doktor Traisen beugt sich über Jenny. Ihr Gesicht bekommt wieder Farbe, vielleicht war ihr vorhin auch nur kalt. Sie hat ein schönes Gesicht, ein nicht herkömmlich schönes Gesicht, eines, das man sich merkt – das er sich merkt. Ihre Wangen, die sind wie lila Marmor, mit violetten Sprengeln, die zwangsläufig von der Wildschweinjagd kommen, aber dennoch, der lila Marmor geht ins weiche Weiß über, hinter dem sich Gold verbirgt. Jenny schaut durch ihn hindurch, als ob er aus Glas wäre. Glas, Gold und Marmor, die Welt kann sehr schön sein.

»Mir fällt auf, dass Sie einen neuen Lippenstift tragen. Pink. Sehr schön!«

Jetzt zeig's ihm doch endlich, komm! Mach ihn an!

Jenny beginnt zu strahlen, als genieße sie einen Morgen im nahen Fichtenwald beim Sonnenaufgang, an der Lichtung, umgeben von Morgentau. »Ich habe gewusst, dass Sie daran Gefallen finden und ich finde daran Gefallen, dass Sie daran Gefallen finden.«

Braves Kind!

Doktor Traisen errötet und beißt sich nervös auf die Lippen. »Ähm, ja. Das sehe ich auch so, Jenny. Wir gehen die Treppe runter in die Stadt«, gibt er eine Anweisung und weiß im selben Moment, dass sich etwas getan hat. Er kann nicht sagen was, aber es ist eine Entscheidung gefallen. Als würden sich in Eisenhagel durch einen Ruck die Dinge verschieben. Weichen wurden gestellt. Verwirrt schaut er zu Jenny.

Jenny fällt ins Bild hinein. Vor ihr erscheint das verschneite Eisenhagel. Viel Schnee. Die älteren Menschen machen kleine, zögerliche Schritte, die Kinder hingegen haben Spaß. Die Autos dürfen auch noch Ecken haben, die Hosenböden liegen am Arsch an, Männer tragen keine Bärte und auch keine Handys, so groß wie Grillhandschuhe. Jennys Füße frieren im Schnee. Sie zittert. – Sie zittert auch in Doktor Traisens warmer Stube.

»Ist Ihnen kalt?«

»Sehr«, antwortet Jenny, »im Winter ist es immer kalt.«

Doktor Traisen nickt zufrieden und macht einige Stichworte.

»Wer sind deine Freunde?«

»Annika, Daniel und Kevin.«

»Wer ist dein Freund?«

»Kevin.«

»Welches Jahr haben wir?«

»2008.«

»Weißt du den Tag auch?«

»5. Dezember. Krampustag.«

»Braves Kind. Und was machst du jetzt?«

Jenny schaut in eine Welt hinein. Der weiße Marmor in ihrem Gesicht verschwindet hinter dunklen Adern. »Ich befinde mich am Nachhauseweg. Meine Freunde sind nicht mehr bei mir. Plötzlich stehen mir fünf Männer in Krampusmasken und Lederjacken gegenüber. Sie wollen, dass ich in ihre Kraxen steige. Ich bin betrunken und weiß nicht so genau, was ich tun soll. Mich überfordert die Situation total.

›Hey Kleine, Abmarsch, komm!!!‹, schimpft einer. Ein anderer rasselt mit der Kette, zwei weitere lachen böse. Der erste Typ stößt mich in die Kraxen. Ich bin sofort stocknüchtern. ›Lassts mich raus, bitte!‹, schrei ich die Typen an. ›Jetzt, sofort!‹ Den Typen gefällt das. Sie laufen mit mir am Buckel herum und haben Spaß, drücken meinen Kopf runter, hauen den Deckel auf die Kraxen, der Deckel öffnet sich, sie schreien, johlen, drücken ihn wieder zu, drehen sich im Kreis. Über mir zerfließt ein Bild aus Bergen, Himmel, bösen Masken und Fratzen. Und immer wieder kommt das. Wie bei der Blumenhändlerin. Immer steckt mir jemand etwas über den Kopf und bedroht mich. Ich schreie, sie sollen mich rauslassen! Rauslassen! Aber die lachen nur blöd. Das macht sie an, wenn ich mich dagegen wehre! Das macht sie voll geil und rasend! Und ich habe ANGST! PANIK!«

Jenny sackt plötzlich zusammen. Doktor Traisen kommt zur Hilfe. Sie öffnet jedoch gleich wieder die Augen und spricht weiter.

»Ich sehe mich nun von außen: In der Kraxen rührt sich nichts mehr. Die Typen machen die Kraxen auf. Mein Kopf knickt ein, wie bei einem toten Wasservogel. Ich bewege mich nicht mehr. Dann bekommen sie es mit der Panik zu tun und hauen ab.«

Jenny setzt kurz ab und atmet durch. Der Arzt nimmt ihr vorsichtig den Puls an der Hand, alles passt. Er bleibt jedoch neben ihr. Ganz nahe bei ihr. Man kann nie wissen.

»Die Burschen haben voll die Panik und lassen die Kraxen im Schnee liegen. Es ist alles dunkel. Ich spüre, dass Zeit vergangen ist. Ich krieche aus der Kraxen raus. Vor mir steht ein Krampus. Ein anderer Krampus. Ich bekomme eine auf den Hinterkopf und taumle.«

Jenny atmet schwer. Danach hält sie die Luft an und presst die Lippen zusammen.

»Jenny, kannst du nicht mehr. Lass uns …«

Jenny unterbricht Doktor Traisen, ohne auf seinen Vorschlag einzugehen. »Der Krampus reißt mir die Hose beim Arsch hinunter. Er öffnet seinen Hosenschlitz. Er drückt mich an sich. Ich wehre mich. Drehe mich um, sehe eine Halskette mit einigen Kreuzen, die Krampusmaske, das

Fell um den Körper. Der Krampus schnauft und grunzt! JETZT FICKT ER MICH!«

Jenny schreit und kotzt. Röchelt. Sie ist vollkommen erschöpft und noch in Trance. Der Arzt leuchtet ihr kurz in die Augen und schaut, ob ihre Atemwege frei sind. Passt. Alles, nur keine tote Jenny bei ihm im Büro!

»Jenny, geht's wieder?«

»Ja!«

Der Arzt wischt sich den Schweiß aus dem Gesicht.

»Jenny, können Sie mir vielleicht sagen, ob das ›der Mann‹ getan hat, der nun wieder hier ist? Der Gefährliche?«

»Nein, ich ... lassen Sie mich jetzt in Ruhe, bitte. Ich bin so erschöpft.«

»Jenny, der mit der Halskette, der Krampus, ist der wieder da?«

Jenny springt Doktor Traisen an, reißt dabei ihre Augen wie ein wildes, bedrohtes Tier auf. Sie kippt ihn vom Sessel und würgt ihn. »Frag nicht immer so viel, du notgeiler Hurenbock! Oder ich bring dich um! DU VERFICKTE SAU!!!«

Doktor Traisen kämpft mit Atemnot. Jenny sitzt noch immer auf ihm oben und würgt. Trotz aller Not fasziniert ihn die Situation. Aber Jenny wird stärker. Sie scheint die Kraft einer Wahnsinnigen zu haben. Der Arzt spürt, wie sein Blick eintrübt, verführerisch angenehm, als ob hier geradezu Elfen am Werk wären, dazu pochen seine Venen Verdis Nabucco. Va, pensiero! Jetzt sterben, denkt er sich, jetzt, in der Ausübung seiner Pflicht. Ach Jenny, du arme Irre, wenn du nur wüsstest. Er dachte immer, Mozart oder Queen würden ihn in eine andere Welt befördern, aber gerade als der Gefangenenchor im Corpus des Arztes nochmals zum gemeinsamen Gesang ausholt, reißt der Arzt die

Augen auf, umklammert Jennys Fesseln, zieht ihre Hände weg von seinem Hals und holt tief Luft. »Jenny!«, röchelt er ohne Ende. »Jenny, Sie gehen jetzt im Bild in den Sommer von Eisenhagel zurück. Ich zähle nun von zehn auf null und Sie vergessen alles wieder, worüber sie erzählt haben. Zehn, neun …«

Jennys Gesicht verwandelt sich. Sie lächelt und lässt von ihm ab. Der Arzt steht langsam auf und lässt sich in seinen Sessel fallen. Leck fuck!

»Ich zähle jetzt bis 15 und sie wissen von nichts mehr. Eins, zwei …«

Jenny öffnet die Augen. Sie schaut ihn glücklich und zugleich abgekämpft an.

»Puh, es ist heiß!«

»Das kann man wohl sagen. Und Sie waren großartig, Jenny!«

Jenny blickt auf das Erbrochene.

»War das ich?«

»Äh ja, das ist ganz normal. Wenn man sich zu sehr freut, reckt es einen. Jenny, das war einsame Klasse!«

»Und das?« Sie zeigt auf seine Würgemale.

»Ach das, die sind von gestern. Der Patient, Tür 117, war nicht ganz mit meiner Diagnose einverstanden.«

Jenny geht auf ihn zu. Jetzt umarmen sie sich wie zwei Boxer, die nach einem harten Fight wieder zueinander stehen. Jetzt fühlt sie sich sicher. Sehr sogar.

Ja, wie blöd bist denn du?!

Aus dem Wirtshaus zur Eisernen Kralle dringt großes Gelächter. Der Eisenhagler Krampuslauf-Verein hat heute Kassensturz. Dazu soll der neue Organisator des Laufs gewählt werden. Zur Einstimmung werden bereits einige Schmankerln des Videomitschnitts des letztjährigen Laufes am Monitor hinter der Bar gezeigt. Jeder kennt jeden und alle lachen, gerade dann, wenn sie sich selber im Video sehen.

»Ja, sag spinnst du!«, tönt es aus der Box und eine echt fette Pranke eines Krampusses landet auf der Backe von Tom. Seine Freunde an der Bar lachen. »Tom, gib ihm!«

Tom strahlt und meint, sie sollten abwarten und zuschauen. Tom, im Krampuslauf als Nikolo verkleidet, schlägt mit seinem Hirtenstab zurück. Wumm! »Beherrsch dich, Rotzbengel, du bist nicht zum Prügeln da, sondern zum Laufen, heißt ja Krampuslauf!«, ertönt Toms Stimme erneut aus dem Lautsprecher. Zur Sicherheit bekommt der Krampus vom Nikolo gleich noch eine über die Rübe. Die Jungs lachen sich krumm. Trotz allem ist nicht alles wow. Vier Mitglieder sind ziemlich aufgeladen: Jenny, Kevin, Annika und Daniel. Hier kommt noch was, hier kommt noch was, das wissen sie ganz genau. Zu viel ist in diesem Herbst bereits passiert und alles hängt irgendwie mit dem Lauf zusammen.

Kevin schaut sich das Video genau an. Die Jungs sind verrückt, die sind irrer als 100 nackte Neger, denkt er sich, politisch nicht ganz korrekt. Sie sind alle schwer okay, aber sobald sie zu viel getrunken haben, sind sie wilder als eine Horde Elefanten mit einer Schnapsfahne, denkt er sich. Die laufen wie wild durch die Gassen und jetzt stellt es den Andi auf! »Auweh!«, schreit Andi und alle lachen. Der Andi ist dann mit einer angerissenen Achillessehne vier Wochen außer Gefecht gewesen und meistens bei ihm im Café herumgelungert. Und den Lauf soll nun er übernehmen? Er schaut sich den alten, zerschlissenen Schiffboden an. Wie oft sind sie auf dem schon herumgekugelt, haben sich gestritten, haben die Fäuste sprechen lassen und haben den Frieden dann mit Bier begossen. Das hat jetzt nichts mit Gewalt zu tun, oder so. Das versteht man nur, wenn man von hier ist. Und er ist von hier. Da kann man sich schwer aus der Verantwortung stehlen. Scheiße ist das alles, hö, hö! Ihm brennt es unter den Fingernägeln und unter der Haut kribbelt es. Er würde jetzt gerne eine Rauferei anfangen. Früher hat man ausgeteilt, eingesteckt und eine Runde bezahlt. Die Sache war dann erledigt. Dabei ist immer etwas rausgekommen. Heute hat er eine fixe Beziehung und soll den Lauf hier checken, mit Aussichten auf mehr. Nun hat er Blickkontakt mit dem Bürgermeister. Der Bürgermeister zwinkert ihm zu. Kevin beutelt sich und schüttelt die Vergangenheit ab. Er spürt, wie seine Halsschlagader pumpt und sieht sein Herz pochen. Er hat dem Bürgermeister nichts davon gesagt, dass die Idee, den Krampuslauf zu leiten, bei seinen Freunden nicht gut ankommt. Der Bürgermeister soll keine Zweifel haben. Der Bürgermeister liebt den Lauf und Kevin will den Lauf. Er will sein Leben ANSCHIEBEN. Sein Blick fällt dabei auf Jenny. Wenn die nur wüsste.

Jenny zählt die fertiggerauchten Kippen am Boden, eins, zwei, drei … zehn … fünfzehn… sechsundzwanzig, siebenundzwanzig. Sie schaut auf. Immer mehr Vereinsmitglieder. Lustige Menschen, erfreute Gesichter. Das Dorf lächelt sie an und umarmt sie. Jenny braucht das. Für Sekunden mindert das ihre PANIK! Wo ist sie hier, was macht sie HIER! Sachte, beruhig dich, wird schon alles passen. Achtundzwanzig Zigaretten, der neunundzwanzigste Stummel landet gerade auf dem Boden. »Kevin, Tschick!«, ruft sie ihrem Freund zu. Kevin schaut verwundert. »Hey, was ist los? Rauchst ja sonst nicht«, fragt er nach und hält ihr seine Marlboro Rot hin. Sie zündet die Tschick an und zieht durch. Ihre Muskeln werden lockerer, ihre Haut entspannt sich, das Nikotin kommt in ihrem Gehirn an. Sehr schön. Mit jedem Zug verlängert sich die Glut. Um ihren Zeigefinger und Mittelfinger frisst sie sich in die Haut, sie schließt kurz die Augen und genießt den Schmerz, bevor sie die Zigarette fallen lässt. Die dreißigste Tschick am Boden, heute passiert nichts mehr! Das hat sie sich versprochen. Dreißig, die runde Zahl. Drei und null, ergibt in Summe drei. Das passt! Genau dreißig ausgedrückte Tschick am Boden, und alles bleibt, wie es ist.

Der Bürgermeister rempelt sie unabsichtlich an und nimmt sie gleich entschuldigend an ihrem Unterarm. »Jenny, die Sitzung beginnt, komm mit rein. Heute kannst stolz sein auf deinen Buben!« Jenny schaut ihn groß an. In den Ecken flirrt es. Es rinnt! Kampf der Mücken. Quecksilber sammelt sich und zittert wie silberner Pudding. Jenny wirft einen Blick zum beschlagenen Fenster. Noch ist nichts zu erkennen. In ihrem Blickwinkel dämpft ein Arbeiterstiefel die einunddreißigste Tschick aus. Einunddreißig! Was für eine scheiß Zahl! Einunddreißig!

In dem Moment kommt ein Mann an die Bar, der Mann aus dem Kaffeehaus, stellt sich neben Kevin, bestellt sich einen Tee, verschafft sich kurz einen Überblick und schüttet in Kevins Bier ein weißes Pulver. Keiner bemerkt etwas. Das Bier schäumt kurz auf, der Mann dreht sich weg, bezahlt sehr freundlich seinen Tee und geht zielgerichtet in das gerade aufgesperrte Extrazimmer. Kevin trinkt sein Bier in einem Zug aus. Er will ja nichts versäumen.

Alle sitzen an Tischen verteilt und haben ihre Getränke mitgenommen. Der Bürgermeister reibt sich die Hände, ein kurzer Blick durch die Menge, hin zu Hubert, dem Kassier. Hubert nickt. Der Bürgermeister pocht auf den Tisch. Alle sind still.

»Da wir zuvor bereits eine halbe Stunde gewartet haben, an der Bar wohlgemerkt«, er wird durch ein kurzes allgemeines Gelächter unterbrochen, »kann die Sitzung auch ohne die vollständige Anzahl der Mitglieder eröffnet werden.«

»Danke Hubert, was würde ich ohne dich machen«, bedankt sich der Bürgermeister bei ihm. Soeben erscheinen der Wirt und seine zwei Kellner mit einer Runde Bier. Die Stimmung hebt sich. Doch im Hintergrund ist einer, der dankend ablehnt. Er mag jetzt kein Bier. Er ist ein Fremder. Er kennt hier niemanden und niemand kennt ihn. Das fällt aber nicht weiter auf. Noch nicht.

»Herrschaften! Meine Damen und Herren, Mädels und Buben. Krampuszeit ist!«

Der Bürgermeister hebt das Glas, prostet allen zu, wünscht ihnen Wohlsein und nimmt einen anständigen Schluck Bier. Darauf gibt er ein Zeichen, dass der Raum verdunkelt werden soll. Ein leichtes Grunzen setzt ein. Die Jungs wissen, was jetzt kommt. »Huaaarrrrrr!«, brüllt der Bürgermeister. Die anderen brüllen ihm nach: »Huaaarrrrrr!« Nun pocht er auf den Tisch. Die anderen folgen. Es geht »Wumm, wumm, wumm!« Das Pochen wird immer schneller, dazu kommt wieder ein Schrei. »Huaaarrrrrr!« Alle machen mit, außer Jenny. Sie schließt die Augen und hält die Luft an. Sie hasst diese Treffen, sie mag das alles nicht, warum kann es nicht schon jetzt wieder Frühling sein?! Verdammt! Das geht haargenau so lange, bis sie weiß, was damals los war. Genau so lange. Und dieses

Jahr wird das Rätselraten ein Ende haben – sonst wäre sie nicht bei Doktor Traisen. Das weiß sie auch. Das will sie so.

Du weißt doch, was damals los war! Du Schlampe!

Das Klopfen wird lauter! Nun rasseln die Ketten! Draußen am Fenster leuchten einige rote Bengalen und werfen schwarze Schatten. Jenny sieht wieder einen Korb, der über sie gestülpt wird, nun die Blumenverkäuferin mit ihren Netzen. Das ist zu viel. Aus jetzt! Jenny reißt die Augen auf. Die Menschen erscheinen verschwommen, wie durch ein Milchglas gesehen. Es hat ihr die Ohren verschlagen. Sie ist für sich. Wie in einem Aquarium. Ein kurzer Gedanke durchbohrt sie. Kann das Ende böse sein? Kann ihr Ende böse sein? »Ja«, denkt sie sich. Das wahrscheinlich positivste Wort auf dieser Welt, »ja«, kann das Tor zum Bösen öffnen. Nun ist es geöffnet. Es war gar keine schwere Tür, es war eher eine Membran, durch die sie nur hindurchgleiten musste. Sie schluckt. Es kann jedoch kein Ende böse sein. Das Ende hat Unendlichkeit in sich. Das ist wie der Moment vor dem Filmabspann, der schwingt lange nach, die letzte Buchseite, die letzte Rille auf der Platte. Dann wäre die Unendlichkeit böse. Wäre das so schlimm? Es wäre nicht zu ertragen, wahrscheinlich. Das Ende ist immer neutral. Das Ende muss neutral sein, wie Milchglas. Als ob man nie dagewesen wäre. Kein Grabstein. Keine Parte. Alles total neutral. Das ist eine Zahl wie 122. Die hat jeder gerne, man merkt sie sich, sie geht aber auch niemandem ab. Ein Stück ohne Durchblick. Auf keiner Seite. Milchglas. Das wäre die Vollendung ihres Seins, denkt sie sich. Stille. Ein leises Poppen. Ihre Ohren sind nun wieder offen. Die Sicht schärft sich. Licht.

»Mädels und Buben, wir haben an Wucht nichts verloren!«, nimmt der Bürgermeister wieder Fahrt auf. Grunzen und Klatschen der Vereinsmitglieder. Der Blick des Bürgermeisters streift nun Alois, den Krampuslaufmacher der letzten zehn Jahre. Alois weiß, dass er jetzt gleich drankommt. Jetzt beginnt sein Gesicht zu arbeiten. In ihm tut sich etwas. Es zuckt unter den Augen. Das sind die Nerven. Die letzten zehn Jahre Krampuslauf gehen wie ein Film vor seinen Augen ab. Laufen, hetzen, schlägern, trinken, rauchen, mit den Leuten diskutieren, die Wirtschaft im Boot haben, die Parteien, die alten Menschen, die Kinder, die besorgten Mütter, die wilde Jugend – das brauchst du, wenn du hier den Lauf machen willst.

Aber: Am Anfang stand der verbrannte Krampus. Vor zehn Jahren. Das war der Tag, der erst in der Nacht sein wahres Gesicht zeigte. Der lodernde schwarze Körper am Boden. Über den musst du schlussendlich drübersteigen. Sonst kommst du nicht weiter, sonst kannst du den Lauf vergessen. Sonst kannst du dein Leben vergessen. Und wenn du nachts nicht mehr schlafen kannst, dann kommt der Alkohol. Weil irgendwann kriecht der brennende Krampus wieder in deinen Kopf hinein. Der Alkohol auch. Der wäre aber so und so gekommen. Weil in Eisenhagel der Alkohol immer kommt. So wie der Krampus. So wie der Lauf. Vor zehn Jahren brannte hier einer, lichterloh. Einzig eine Kralle ist beim verbrannten Krampus unversehrt geblieben. Eine einzige metallene Kralle. Und darum: Apotheke zur Eisernen Kralle. Wirt zur Eisernen Kralle. Krallengasse. Man muss eben mit den Dingen fertig werden. Auch wenn man nicht darüber spricht. Und jetzt soll der Kevin übernehmen! Eh einer der Gescheiten, die da sind, die dageblieben sind. Aber Alois weiß nicht, ob das klug ist. In ihm schreit etwas ganz laut NEIN! Er soll das nicht machen. Aber ein weiteres Jahr steht er das nicht durch. Irgendetwas hinderte ihn. Da schrie etwas ganz laut in ihm GEH! Und das war lauter als alles andere. Auch lauter als das NEIN. Als ob die Zeit weitergehen muss.

»Loisl!«, katapultiert der Bürgermeister den Alois aus seiner Gedankenwelt zurück in die Sitzung.

»Vielen Dank, Alois, für deine langjährigen Dienste! Zehn Jahre Krampuslauf organisieren und gar kein Kramperl sein, das ist eine tolle Sache! Nachher werden wir beide noch das eine oder andere Mal anstoßen. Danke, Loisl!«

Alois erhebt sich kurz, die Kumpel klatschen laut, ein paar pfeifen, alle schreien: »Huaaarrrrrr! Huaaarrrrrr! Huaaarrrrrr!« Loisl möchte noch etwas sagen, aber ausgerechnet jetzt versagt seine Stimme. Er kann die Tränen kaum mehr halten und verlässt das Wirtshaus.

»Irgendwann wird der Loisl noch die goldene Kralle kriegen«, meint der Bürgermeister glückselig, ohne wirklich nachzudenken. Plötzlich wird es empfindlich leise, als hätte er sich über die Menschen hier lustig gemacht.

»So, nächster Programmpunkt, die Nachfolge von Loisl ist zu klären!«, versucht Hubert die Situation zu überspielen.

»Ja genau. Gibt es hier Vorschläge?«, fragt der Bürgermeister nach.

Stille. Getuschelt wurde ja viel in letzter Zeit. Doch jetzt halten alle die Gosch'n, wie es hier so schön heißt. Auch der Fremde bleibt verhalten. Kurz sieht man ihn die Zähne fletschen. Das ist aber alles.

»Der Vorstand hat diesbezüglich getagt und macht euch nun einen Vorschlag. Einen würdigen Nachfolger, einen Mann aus unserer Mitte haben wir gefunden. Wir im Vorstand waren uns sofort einig!« Der Bürgermeister macht es spannend und nimmt tatsächlich ein verschlossenes Kuvert heraus und öffnet es langsam. In Kevin brennt das Herz. Er will das jetzt, er braucht das jetzt. Gott, mach das möglich, du ersparst dem Ort viel Kummer! Sollte den Lauf jemand anderer bekommen, der lebt nicht lange! Es muss sich etwas BEWEGEN. Jetzt schluckt er. Ein kurzer Blick nach links und rechts. Die Gedanken bleiben in seinem Kopf, er wird sich nicht aufhalten lassen. Denn er weiß – sollte den Lauf jemand anderer bekommen, würde derjenige nicht mehr lange leben! Er atmet durch. Seine Schläfen pochen. Keiner soll seine Wege kreuzen.

»Kevin, du bist es. Steh auf und sag was!«, ruft der Bürgermeister.

Applaus und Gejohle. Kevin rutscht sein Herz in die Hose. Schlussendlich doch er!

Seine drei Freunde schauen ihn entgeistert an.

»Du hast unser Versprechen gebrochen!«, faucht ihn Jenny an.

»Jenny pass auf, irgendetwas stimmt mit meinem Magen nicht!«, flucht Kevin.

»Lenk jetzt nicht ab! Verräter!«

»Jenny, ich habe das auch für uns gemacht! Aber mein Magen!«

»Ja, sicher. Wer's glaubt, wird selig!«

»Kevin, was ist jetzt, musst du erst mit deiner Frau diskutieren, ob du darfst, hö, hö?«, fragt der Bürgermeister nach, schaut sie süffisant an und weiß natürlich, dass er absolut richtig liegt. Er weiß, dass Kevin hier die Hausaufgaben nicht gemacht hat und das ärgert ihn.

Die Jungs lachen. Kevin steht auf und verbeugt sich.

»Ich hab kurz Jenny fragen müssen, ob sie mich so lange entbehren kann, die ganzen Sitzungen und so. Die vielen Biere! Sie kann das und sie freut sich mit mir!«

Klatschen. Kevin klatscht mit, ohne zu seinen drei Freunden zu schauen. Es reicht ihm, dass ihre Blicke ihm Löcher in den Rücken brennen.

»Das eine sag ich euch: Ich bin mit Stolz erfüllt! Und natürlich nehme ich die Wahl an, sofern mich die Versammlung hier will.«

Applaus, Applaus. Kevin setzt sich und will gerade zu Jenny etwas sagen, als es dunkel wird. Dieses Mal jedoch ungeplant. Sie glauben jedoch, es sei geplant! Diese Idioten, denkt sich Kevin. Alle beginnen zu klatschen. Die ersten Rufe sind zu hören. »Kevin! Kevin!« Nun klatschen sie im Takt und dazu rufen sie seinen Namen. »Kevin! Kevin! Huaaarrrrrr! Huaaarrrrrr! Huaaarrrrrr!« In Kevin leuchtet es. Das Herz pocht. Sein Adrenalin fährt Achterbahn. Er wird den Lauf rocken! Er rockt ihn schon jetzt! Wenn nicht sein Magen – er drückt den Schließmuskel eng zusammen. Wird wohl der ganze Stress sein. »Huaaarrrrrr! Huaaarrrrrr! Huaaarrrrrr!«

Plötzlich wieder Licht. Vor ihnen steht der Fremde aus der letzten Reihe. Die Leute schauen ihn verwundert an. Was will er? Und, wer ist er?

»Lust auf einen Gegenkandidaten?«, eröffnet der Fremde das Gespräch.

Stille.

»Ich danke für Ihre Aufmerksamkeit!«

Stille.

»Riechen Sie das?«

Der Fremde rümpft die Nase.

»Das ist der Geruch der Verwesung. Eure Stadt stirbt.«

Die Leute glauben nicht, was sie hören. Wut steigt auf. Hinter der Wut steckt jedoch tiefe Trauer. Irgendwie stimmt das schon, was der dort vorne sagt, auch wenn sie ihn dafür hassen!

Kevin steht auf. »Wer sind Sie überhaupt?«

»Entschuldigung, dass ich mich nicht vorstellte, aber ich fand die Inszenierung so vollkommener. Man nennt mich Mr. Clever, Clever mit C wie Caesar.«

»Also, Mr. Wichtig«, Kevin setzt kurz ab, die Jungs lachen, auch er weiß, wie man sich inszenieren kann, »wer hat Sie eigentlich eingeladen?«

»Kein Mensch, aber gebt mir bitte zwei Minuten eurer wertvollen Zeit«, antwortet Mr. Clever.

Kurzer Blickkontakt zwischen dem Bürgermeister und Kevin. Der Bürgermeister nickt ihm zu.

»Na dann!«, fordert ihn Kevin auf.

»Danke, sehr nett. Euer Lauf ist so wie 1000 andere auch. Das ist langweilig. Um ihn einzigartig zu machen, braucht er ein neues Wesen, einen Wettkampf. Die Krampusse aus der Umgebung messen sich in einem Lauf mit den Krampussen von hier. Der Lauf endet vor dem Rathaus. Die Krampusse, die als erstes das Rathaus erreichen, haben gewonnen.«

»Und was hat das alles noch mit unserem Krampuslauf zu tun?«, fragt Kevin nach.

»Der Krampus ist böse, vor dem muss man Angst haben. So wie früher einmal«, antwortet Mr. Clever

»Und was haben wir davon? Ein paar Anzeigen und kaputte Fenster! Wir haben da etwas aufgebaut, wissen Sie?!«, poltert Alois zum Gefallen des Publikums, welches ihn anfeuernd unterstützt.

Mr. Clever klopft behutsam mit seinen Lederhandschuhen gegen das Mikro. Der samtene, kostbare Klang lässt die Anwesenden verstummen: »Fernsehen, Radio, soziale Medien, überregionale Bekanntheit, Nächtigungszahlen. Ein modernes Image ohne viel Aufwand.«

»Vielen Dank, Herr Clever!«, schaltet sich nun der Bürgermeister ein. »Zu uns sind schon viele Menschen mit Ideen gekommen und ebenso viele sind wieder abgezogen. Schlussendlich läuft es immer auf die gleiche Frage hinaus. Was kostet der Spaß?«

»Eine Kleinigkeit, Herr Bürgermeister. Die Idee läuft unter meinem Patent, dafür beanspruche ich 10 Prozent vom Reingewinn.«

»Das klingt machbar. Wer für den neuen Lauf ist, der hebe die Hand«, setzt der Bürgermeister routiniert nach.

Langsam heben sie die Hände, einer nach dem anderen traut sich. Ein neuer Lauf bringt neue Hoffnungen. Eine kleine Minderheit enthält sich der Stimmabgabe, unter anderem die vier Freunde. Kevin geht zur Ausgangstür, er hat genug für heute.

»Eisenhagel hat entschieden!«, antwortet der Bürgermeister. »Ich kann dem aber nur zustimmen, solange Kevin mit der obersten Verantwortung betraut bleibt. So hat der Verein das zuvor entschieden.«

Die Hände nach oben! Applaus! Alle reden durcheinander. Endlich herrscht Aufbruchsstimmung! Endlich hat man zu Hause wieder einmal etwas zu erzählen! Goldgräberstimmung! Der Geruch von Abenteuer liegt in der Luft. Wieder klopft Mr. Clever in seine Hände. Alle halten inne und sind ganz Ohr. Der Mann mit den noblen Handschuhen soll sein Wort verkünden.

»Ich freue mich sehr auf den Auftrag, ich arbeite gerne mit Herrn Kevin zusammen.«

»Für Sie noch immer Kevin Fetz«, weist ihn Kevin zurecht.

»Alles klar, Herr Fetz. Eines habe ich vergessen. Der Gewinner sollte nicht mit leeren Händen dastehen. Im

Rathaus erwartet ihn eine große Feier. Ich bräuchte jetzt ein hübsches Mädchen, eine Dame, die im Rathaus den Gewinnern Speis und Trank kredenzt, eine Art ›Krampusprinzessin‹.«

»Das mache ich!«, antwortet Jenny laut und deutlich.

Geil!

Applaus. Kevin schaut sie überrascht an. Tust du mir, so tu ich dir, denkt sich Jenny und spürt, dass etwas WEITERGEHT. Endlich wieder einmal eine Überraschung. Sie steht im Mittelpunkt, das freut sie besonders. Das macht ANGSTFREI! Zumindest im Moment. Jetzt schaut sie zu Kevin. Er schaut sie ebenso an. Es ist etwas passiert, was sie nicht lenken haben können. Sie wissen es. Ihre Augen erzählen sich das, voller Entsetzen. Der Krampuslauf-Macher und die Krampusprinzessin. Ein erfolgreiches Paar! Das ist die Sicht von außen. Doch so wie Kevin wäre auch Jenny mit der Idee, sich als Prinzessin aufstellen zu lassen, die sinngemäß den Krampussen geopfert wird, bei ihren Freunden nicht durchgekommen. Finger weg von dem Lauf, hat es noch am Vortag geheißen. So schnell ändern sich die Dinge – wenn jemand mit aller KRAFT daran schraubt. Von nun an trennen sich ihre Wege.

»So, jetzt Handshake zwischen Kevin und Mr. Clever. Ernst, mach ein Foto! Mit mir in der Mitte! Jenny, komm auch her! Du schaust ja was gleich!« Der Bürgermeister nimmt beide an den Armen, als ob sie dünnarmige Marionetten wären. »Wir schauen alle in die Kamera. Und ihr zwei schaut's euch in die Augen und gebt's euch die Hand.« Der Fotograf macht ein Foto, greller Blitz, erste Gesichter, wie Boxer, die in Kürze gegeneinander antreten. Der Bürgermeister klopft den beiden auf die Schultern, schnappt sich Jenny, redet sie auf ihre Arbeit im Spital an und geht mit ihr raus an die Bar. »Bier für alle!«, bestellt der Bürgermeister, die Wahl gewinnt er an solchen Abenden. Die Leute lachen. Sie bekommen vom Match, das gerade stattfindet, nichts mit. Kevin will gehen, er muss jetzt endlich austreten, doch Mr. Clever hält seine Hand fest und lächelt. Kevin muss weg. Er spürt den Druck in sich. Sein Herz flattert, seine Augen quellen fast heraus und er sieht wie eine Karikatur von Manfred Deix aus. Er fühlt sich auch so. Plötzlich kann sich Kevin nicht mehr zurückhalten und macht sich an, für alle sichtbar. Ihre Lippen bewegen sich, sie rümpfen die Nase, bis plötzlich einer loslacht, als würde ein Vakuum platzen, beginnen die Mitglieder ausgelassen zu lachen und schneiden unbeabsichtigt satte Grimassen, ganz einfach wie Menschen, die es nicht anders gelernt, haben, dessen Großväter und Väter noch in der Kohlengrube waren, die sich in ihrem Leben nicht verstellen müssen, echte Eisenhagler eben, harte Schale, noch härterer Kern. Kevin bekommt einen roten Kopf.

»Der Kevin scheißt sich schon jetzt an!«, dröhnt es in seinem Ohr. Mr. Clever lässt die Hand nicht aus. Ein verzweifelter Blick zu Jenny. Sie starrt auf seine angemachte Hose. Das Lachen hallt in Kevin nach. Ein furchtbares Echo! Dazu sieht er die grinsenden Gesichter der Vereinsmitglieder. Sie zeigen auf ihn. Mr. Clever lässt Kevins Hand plötzlich aus. Er stolpert und fliegt gegen die Tür, wie ein angezählter Boxer, der die Runde nicht überstehen wird. Wieder Lachen. Wieder ein Haken. Kevin spürt alten Lärm, von weit her. Ein Lärm wie vor 100 Jahren, als der Hanswurst noch auf der Bühne am Marktplatz war, der Kasperl, wie sie hier sagen, und die Anwesenden sich bei seinen üblen Späßen in einen brüllenden Haufen verwandelten, der nur schwer zu zähmen war. Das Lachen ist nicht gemein, es ist einfach dumpf und brachial, ohne Verständnis für die Vorgänge, dafür nicht gespielt und ehrlich. Dennoch und gerade deshalb: Das ist großes Theater, so gut kann nur großes Theater funktionieren. Jenny schnappt den vollkommen benommenen Kevin. »Rache! Das schwör ich dir!«, lallt Kevin unverständlich in Mr. Clevers Richtung, der ihm vornehm zuwinkt, als Jenny ihn vor die Tür zerrt und sie beide von Daniel und Annika als Nachhut abgesichert werden.

Jenny sitzt bereits wieder im Zimmer des Doktor Traisen und lacht ihn an, als würden vor ihnen die Filmkameras surren.

»Was gibt's?«, fragt der Doktor nach.

»Ich fühle mich einfach gut, jetzt, ohne weitere Ursache«, antwortet ihm Jenny.

Der Doktor steht nun von seinem PC auf und geht zu ihr hinüber. »Hypnose gefällig?«

»Gerne!«, antwortet Jenny mit wachen Augen. Einen Moment später sickert sie auch schon wieder in ihre Traumwelt.

Der Doktor geht auf sie zu, bleibt knapp vor ihrem Sessel stehen und bestaunt sie. »Ihr Lippenstift ist wieder äußerst bezaubernd, Jenny.«

»Ja, freut mich, dass er Ihnen gefällt«, antwortet Jenny.

»Finden Sie nicht auch, dass es hier sehr heiß ist?«, fragt sie den Arzt und befreit sich von ihrer Jacke.

Doktor Traisen hält den Kopf leicht schief, sodass seine Sehnen am Hals zu sehen sind und schaut sie mit großen Augen an.

»Jenny, wollen Sie mich provozieren? Ich glaube, Sie haben schon mit genug Problemen zu kämpfen. Nicht zuletzt durch Ihre allzu große Vertrautheit.«

Er wischt ihr kurz über ihr Gesicht. Keine Reaktion. Nach wie vor ist Jenny in ihrer eigenen Welt. Sie schaut ihn an, als wären ihre Augen in Unschuld getränkt. »Aber es ist heiß, Herr Doktor«, spricht sie und öffnet ihre Bluse am Ansatz, sodass der BH sichtbar wird.

Des Doktors Hände beginnen zu zittern, fast unmerklich, aber durch die gestärkten Ärmel seines Kittels gut sichtbar. Der Doktor weiß, wie er die Situation tatsächlich abkühlen kann. »Es kommt gerade eine Wolke, es wird gleich kühler. Schließen Sie bitte wieder ihre Bluse, sonst verkühlen Sie sich.«

Jenny gehorcht ihm und schließt ihre Bluse.

»Also, Jenny, wir sind nun in Eisenhagel, im Sommer. Sie gehen die Treppen zum Bahnsteig hinab und steigen in den Zug ein.«

»Der Zugführer wartet schon!«, trällert Jenny unbekümmert. »Sie sind es, Herr Doktor«, antwortet Jenny.

»Wie bitte?«, fragt Doktor Traisen erstaunt nach.

»Ja, Sie sind der Zugführer. Das sagte ich doch gerade, oder?!«, beschimpft sie ihn und schaut ihn düster an.

»Ja, ja, schon gut, ich verstehe«, antwortet der Doktor. »Fahren Sie dorthin, wo Sie mit ihm das erste Mal so wirklich zu tun hatten.«

Jenny beginnt zu zittern. Könnte Doktor Traisen nun sehen, was in ihr abgeht, würde er staunen: Beschleunigung, Urknall und PENG! Jenny rast durch die Zeit, es sieht aus, als würden sich die Farben um sie herum in bunte Stränge verwandeln, an denen sie vorbeirauscht, für das Auge nur als leuchtende Striche bemerkbar, wie auf Fotos, die lange belichtet wurden und so die roten Bremslichter der Autos wie Striche sichtbar machten. Jetzt bremst der Doktor runter. Stille.

»Schon angekommen?«

»Ja. Sie öffnen mir die Tür, ich steige gerade aus und gehe zur Kirche. Ich habe ein weißes Kleid an. Heute ist Firmung und alle sind lustig. Es sind alle da. Die Eltern, die Angehörigen, bei mir meine Großeltern.«

Der Doktor notiert einige Sachen. Er sieht, wie sich ihre nun geschlossenen Augen bewegen. Nun öffnet sie sie wieder und starrt ins Leere. »Wir sind bereits wieder in der Kirche und es ist deutlich kühler«, antwortet Jenny und verschränkt ihre Arme. »Dann sehe ich ihn! Er ist es! Er hat mir das angetan! Der Vergewaltiger! Als Frau weiß man das.«

»Jenny, wer?«

»Wir schauen uns an. Er weiß, dass ich es weiß, was er vor einem halben Jahr getan hat. Am Anfang will ich weglaufen, ganz weit weg, aber dann stelle ich mich um die Kommunion an.«

Der Pfarrer! Es ist der Pfarrer! Traisen bleibt die Luft weg.

»Er ist es, der fickende Krampus, ich erkenne ihn an der eigenwilligen Halskette. Jetzt, da auch, in der Kirche. Ich stehe vor dem Pfarrer. Er zeigt keine Reue, er will mir den Leib Christi in den Mund schieben. Ich verweigere. Er drückt ihn mir widerwillig in die Hand. Ich sage kein Amen. Ich stecke ihn mir in den Mund, laufe aus der Kirche und erbreche den Leib Christi.«

Jennifer schaut in die Ferne. Sie ist zwar da, aber ihr Blick geht in eine andere Welt. »Es ist alles so schwer begreifbar zu machen, wie kann ein Mensch so sein. Wie kann ein Mensch einem anderen so etwas antun und dann so tun, als ob nichts wäre. Und mir schaut das ganze Dorf nach, wenn ich weglaufe, als ob ich das Problem wäre. Dabei riecht ja auch noch alles nach Problem, wenn ich aus der Kirche gelaufen komme. Das Problem ist ja in der Kirche, aber das wollen sie nicht wahrhaben. Ich habe einem bösen Menschen in die Augen geschaut. Ich konnte nicht anders, als die Hostie zu erbrechen.«

»Ist er nun *er?*«, fragt der Doktor nach.

Jenny lächelt. »Nein, *er* ist jemand anderes, er vergewaltigte keine Mädchen, er ist viel stärker. Er ist mir gefolgt.«

Jenny schließt die Augen und fährt mit ihren Fingern durch die Haare, so als ob sie gedanklich eine Furche zieht, das Land gerade neu bestellt.

»Ich liege im weißen Firmungskleid alleine auf dem dunklen Holzboden in der Hütte. Die oben im Wald. Der dunkle Holzboden und das weiße Gewand. In dem Moment tun mir meine Großeltern wahnsinnig leid. Ich bin voller Ekel. Sie tun alles für mich und haben sogar das weiße Kleid gekauft, damit ich dazugehöre und dann das. Es quietscht. Jemand öffnet die Tür. Es ist ER. Im ersten Moment bin ich erleichtert, ich dachte schon die Großeltern. Ich drehe mich weg. Ich bin nicht auf Quatschen aus. Ich will meine Ruhe. Ich frage ihn, was er will. Er meint, er weiß, dass ich hier bin, weil ich immer hier bin, wenn ich Probleme habe. Ich fordere ihn auf zu gehen, aber er bleibt.«

Jenny dreht sich von Doktor Traisen weg. Er lässt sie einen kurzen Moment in Ruhe. »Jenny, sind Sie noch auf der Hütte?«

»Ja sicher, glaubst du, ich lasse mich vertreiben?! Er ist ja auch noch da. Ich befürchte schon, dass er gleich zu nerven beginnt, wie das Jungs in seinem Alter machen, aber dem ist nicht so. Er stellt nüchtern fest, dass der Pfarrer mich vergewaltigt hat. Von wo weißt du das, frage ich ihn. Und er antwortet mir: Ich sehe es in deinen Augen. Aus denen rinnt gerade dein gesamtes Leben. Ich habe diesen Satz nie vergessen: AUS DENEN RINNT GERADE DEIN GESAMTES LEBEN. Nächsten Sonntag, bei der Messe will er mich rächen, sodass meine Unschuld wiederhergestellt ist. Das ist sehr wichtig, meint er.«

Jenny dreht sich in einem Schwung zu Doktor Traisen, sodass dieser einen Schritt zurückgeht.

»Und?«

»Ich habe Angst.«

»Warum? Er will Sie ja retten.«

»Genau deshalb!«

Doktor Traisen schaut auf die Uhr.

»Der Fahrdienstleiter wartet. Wir sollten zurückfahren.«

Jenny nickt.

»Ich zähle bis zehn, der Zug bleibt stehen und ich öffne Ihnen die Tür.«

Jenny nickt. Der Arzt kommt seiner Pflicht nach und verabschiedet sich von Jenny in der heutigen Welt.

Jenny erwacht. Sie sieht, wie ihre Bluse schlecht zugeknöpfelt ist und schenkt Dr. Traisen einen neckischen Blick. Er errötet. Jenny verlässt das Zimmer.

Doktor Traisen schenkt sich einen Cognac ein, er lässt den Schwenker einige Male kreisen. Die schweren Aromen entfalten sich und steigen ihm sogleich in den Kopf. Er holt tief Atem, wirft einen Blick aus dem Fenster und spricht in sein Memo: »Ich kann Jenny schwer einschätzen. Die Geschichte, die sie erzählt, ist für sie ein Schutzschild. Ein Schutzschild wovor? These, OA Dr. Georg Traisen, LKH Eisenhagel, 02.11.2018: *Ihn* gibt es nicht. *Er* ist ihr erstmals erschienen, als sie ihre Eltern beim Autounfall verlor – gäbe es ihn wirklich, wäre Jenny in großer Gefahr!«

Jenny geht zurück in den Aufenthaltsraum. Vor der Zimmertür geht Kevin energisch auf und ab. »Wo warst du so lange, ich habe auf dich gewartet«, empfängt er sie eher unfreundlich.

»Ich war beim Oberarzt. Besprechung nach der Visite«, antwortet Jenny knapp.

»Deine Bluse ist schlecht zugeknöpft«, bemerkt Kevin.

»Und jetzt? Ist das ein Verhör?«

»Hey, tut mir leid, ist nicht so gemeint«, antwortet Kevin. Er hält ihr eine gelbe Flüssigkeit in einem Schraubglas entgegen. »Das ist meine Pisse von heute Morgen. Kannst du mir das zur Analyse ins Labor schicken lassen? Ich will wissen, ob mir da gestern wer ein harntreibendes Mittel in mein Getränk gegeben hat.«

»Hey, klar, mache ich«, antwortet Jenny und nimmt ihm das Glas ab. »Die Hoffnung ist aber gering, da der Körper versucht, giftige Substanzen sofort abzubauen. Und das mit gutem Erfolg. Für einen Nachweis wird es kaum reichen, aber einen Versuch ist es wert!«

Kevin nickt und will sie an sich ziehen, Jenny hält ihn auf Distanz.

»Pfoten weg, ich bin im Dienst!«, antwortet Jenny. Von der Schärfe ihrer Stimme selbst überrascht, gibt sie ihm einen Klaps auf den Hintern, um die Situation zu überspielen.

»Mädel, soll ich dir von den Bergen ein Edelweiß holen?«

»Du bist so crazy«, antwortet Jenny, drückt ihm die Hände und beißt ihm leicht in den Hals. »Heute am Abend pflücke ich mir dich«, flüstert sie in sein Ohr und macht sich auf den Weg. Kevin bleibt wie angewurzelt stehen und lächelt ihr nach, das Lächeln hat aber auch etwas Gieriges, Gefährliches an sich, wie die Lefzen eines aufgeregten Hundes. Entgegenstellen sollte sich ihm niemand, wenn es um Jenny geht, seine Jenny. Die Betonung liegt auf »seine«. Das war schon immer so.

Am Schießstand. Jenny nimmt ihre pinke Glock aus dem Halfter.

Annika nimmt aus ihrem Halfter ebenfalls eine Pistole und dreht sie kurz um ihren Zeigefinger im Kreis. Nicht dass sie das tun hätte müssen, denn von der ersten Minute an klebt Jennys Blick auf der Waffe. Ihre Pupillen vergrößern sich. »Die neue 17er«, stellt Jenny trocken fest.

»So ist es«, antwortet Annika. »Magst du sie einweihen?«, fragt sie Jenny.

Jenny lächelt und nickt, sie zieht dabei die Augenbrauen hoch. Sie greift nach der Pistole. »Sehr geil!«, antwortet sie und fährt über den Lauf.

Jenny setzt ihren Gehörschutz auf, drückt die neuen Patronen ins Magazin, bringt die Waffe in den Anschlag und bedient mit der rechten Hand den Abzug. Sie schließt das Magazin leer, sieben Mal peng! Sie blickt zur Standaufsicht. Teddy nickt anerkennend. »Mit dir muss man sich keine Sorgen machen.« Sie holt die Schießscheibe ab und schaut durch ein klaffendes Loch. Jetzt lächelt sie Annika an, glücklich und intensiv. »Komm heute Abend zu mir, unsere Jungs sind eh beim Eishockey.« Jenny nickt und gibt Annika die Pistole zurück. Annika lädt nach. Der Schießwart bewundert die beiden. Solche Damen hätte er gerne öfter am Stand.

Kevin geht eine enge Gasse entlang, alles grau und dunkel. Er denkt an Jenny, an die sonderbare Befangenheit im Spital. Der Himmel ist düster, Kevin kann den Himmel kaum von den dunklen Häusern unterscheiden. Es riecht nach Sturm und Schnee, aber noch ist es nicht so weit. Er geht um die Ecke und alles leuchtet. Die Schneebars haben seit heute geöffnet. Wie kleine helle Inseln stehen sie vor den Cafés und Kneipen und trotzen der Dämmerung. Hier muss das Feuer erfunden worden sein, denkt sich Kevin, und der Schnaps.

Schon von Weitem sieht er den dicken Herrn Summer, wie er auf Daniel einredet. Das muss sich gleich ändern, sie müssen Summer den Lauf verkaufen, nicht der Summer ihnen seine Würsteln. Kevin kommt näher, jetzt leuchten ihm die roten Köpfe entgegen. Summer hat Daniel also schon kräftig eingeschenkt. Mit dem Training nachher wird es wohl nichts werden, aber was tut man nicht alles für den Lauf. Geld muss her, und dafür ist Herr Summer, der Selchfleisch-Kaiser, genau der Richtige. Aus ihren Bechern dampft heißer Most. So glühen an der Winterbar nicht nur die Mostbecher, sondern auch die Köpfe, um nicht zu sagen die Mostschädel. Herr Summer zündet sich seine kalt gewordene Zigarre aufs Neue an. Kevin versucht ruhig zu wirken, seine Finger zittern jedoch ein bisschen, also hält er den Mostbecher fest, als würde dieser ansonsten wegfliegen. Und Kevin weiß, dass er Gas geben muss. Einmal noch durchstarten, es den Menschen hier beweisen und den sonderbaren Mr. Clever vergessen, aus seinem Kopf schießen. Er stampft ungeduldig auf den Boden und krallt sich für niemanden sichtbar in die Eisbar fest. Eis bröckelt ab und fällt ihm genau ins Schuhwerk. Er spürt die Kälte als kurzen Stich im Herz. Der kurze Kälteschock lockert ihn auf.

Er tänzelt vor sich im Kopf herum, als Bach-Surfer, wo seine Balance entscheidet, wo ihm keiner etwas erzählen kann. Also legt er los. »Am liebsten habe ich Ihr Geselchtes mit frischem Kren, Gurkerln und einem Stück frischen Brot von uns hier. Das Geselchte darf aber nicht siedend heiß sein, sonst kommt nicht der ganze Geschmack zum Vorschein. Und dazu ein kleines Bier, nie große, die werden beim Essen zu leicht schal. Sollte eine Schwarte bleiben, kocht man die am nächsten Tag im Ritschert.«

»Sehr gut. Wer ist er?«

»Das ist Kevin. Er macht den Lauf.«

»Ah, Sie sind das. Na schau.«

Summer legt seine Zigarre in den Aschenbecher.

Kevin schließt kurz die Augen, er weiß, der Zug geht nun in die richtige Richtung.

»Herr Summer, Sie bekommen die Bandenplätze hier vor der Kurve. Beim Recheis um die Ecke muss ein jeder vorbei und dort sind dann die Summer-Fleischwaren positioniert«, quatscht Kevin auf ihn ein.

»Und, was kostet mich das?«

»10.000 Mäuse«, antwortet Kevin trocken.

»Bewegte Bilder kosten Geld, Herr Summer. Beim Recheis kommt keine TV-Kamera vorbei«, wassert Daniel nach.

Summer nimmt seine kalte Zigarre aus dem Aschenbecher, zündet sie an und nimmt einen Zug. Er bläst den beiden ohne Absicht Zigarrenrauch ins Gesicht.

»Dafür haben Sie auch die Garantie. Dass sie ins Fernsehen kommen, ins Fernsehen, Herr Summer!«, ist nun wieder Kevin an der Reihe.

Summer schnalzt mit der Zunge. Der Groschen ist gefallen. »Fernsehen?«

Beide nicken idiotisch.

»Hühner?«, fragt der Fabrikant nach.

Kevin staunt.

»Die Krampusmiezen sind wichtig. Die mit den Hörnern und mit den Titten wackeln«, stellt Summer trocken fest.

Kevin schaut Daniel an, Daniel nickt. »Genau um das geht es bei uns. Wir sind so etwas wie der Karneval in Rio unter den Krampusläufen. Shake your Money Maker, shake your Money Maker!«, lässt Daniel ein bisschen James Brown anklingen. Kevin schaut kurz gegen die Wand und grinst, als gebe es dort etwas zu entdecken. Für diese Momente liebt er Daniel. Wenn Daniel plötzlich die Deckung verlässt und aus sich herausgeht. In diesen Momenten gehört Daniel für ihn zu den ganz Großen, auf ewig verbunden.

»Wir haben genug von denen. Und nach dem Lauf knabbern die sogar noch an Ihren, ich meine, an den Summer-Würstchen«, geht nun Daniel aufs Ganze.

»Der war gut, hä, hä, war der gut«, antwortet ihnen Herr Summer. »Dazu noch das Rezept mit meinem Geselchten. Gekauft! Aber wehe, die Dinge funktionieren nicht, wie ihr sie mir schmackhaft gemacht habt!«

Herr Summer unterzeichnet mit einem Gekritzel, als ob er das Papier abstechen will, schiebt einen Fünfziger unter den Aschenbecher und verabschiedet sich. In dem Moment, als er um die Ecke geht, fallen sich Kevin und Daniel um den Hals. Sie umarmen sich, als hätten sie gerade das letzte Spiel im Eishockey gewonnen. Einen Sieg, den sie ganz dringend brauchen, um überleben zu können. Es geht etwas weiter. Endlich geht etwas weiter.

Gar nicht weit weg davon riecht es nach Schweiß, Fell, Leder, Bier und Zigarettenrauch. Metall wird poliert, Nieten werden gestanzt. Es sind diese sonderbaren Gerüche, die bis zum Krampuslauf nicht vergehen, sondern zunehmen, sich in den Krampusköpfen ausbreiten und ein Hochgefühl auslösen werden. Ein kleines Vorbeirauschen an der Hölle.

Ein Krampus schaut auf und grunzt glücklich. »Und was ist, wenn wir den Lauf gewinnen?«

»Die Kleine vernaschen wir«, antwortet der zweite Krampus, »die hat uns eh noch nie rangelassen.«

»Am besten von hinten und wir alle nacheinander, sodass die Kleine auch etwas davon hat.«

»KRAMPUS, KRAMPUS, KRAMPUS«, schallt es bis auf die Straße hinaus, eine Bugwelle voller Geräusche und Kraft, könnte man sagen. Die Stimmung passt, doch noch bleiben die Fäuste unten. So lange, bis sie ihre Masken aufgesetzt haben. Dann sind sie anonyme Jäger und alle anderen Freiwild. Für einen Tag und vor allem für eine Nacht. Bis die Sonne wieder aufgeht.

Jenny macht sich auf den Weg zu Annika. Sie läuft das Stiegenhaus hinunter und schaut dabei immer für den Bruchteil einer Sekunde aus dem Fenster. Zuerst sieht sie noch die ganze Straße, unten angekommen schaut sie in die Fenster der Autos. Es ist nichts Auffälliges zu erkennen. Es ist wie jeden Tag, trotzdem tut sich etwas. Sie spürt die Kräfte, die um sie herum sind, wenn der Krampuslauf naht. Aber sie ist stark und das weiß sie. In ihr pulsiert es. Sie sieht das Schwarz, das Rot, das Gelb, die Farben der Krampusnacht leuchten. Wie leuchtende Energiestränge sausen sie an ihr vorbei. Dazu mischen sich die Autolichter. Es ist alles ein Strom und Jenny tanzt durch ihn durch, während die Menschen um sie respektvoll einen Schritt zur Seite gehen. Der Doktor nährte sie mit Energie. Es ist, als sei sie ein Kind und würde mit Lebertran großgezogen werden. Sie spürt ihr Tattoo. Es gehört so zu ihr.

I
WANNA
FREAK
OUT!

Sie nimmt die Energie wie eine nahrhafte Masse auf, die verdaut werden muss. Dabei kribbelt es. Immer, wenn sie Doktor Traisen verlässt, kribbelt es. Und sie zählt mit, eins, zwei, drei, vier. In vier Schritten über den Zebrastreifen gehüpft. Nun ist sie in Sicherheit. Geschafft. Die Vier: Die Zahl des Gleichgewichts. Die Zahl der Elemente. Luft, Feuer, Wasser, Erde. Aber es stört jemanden und das spürt sie, eine fremde Kraft. Sie spürt ihre Lady. Jenny hat nun den Weitblick und eine Waffe. She can see for miles. Let's go. Jetzt geht's los.

Und jetzt steht Mr. Clever vor ihr. Als ob sie das nicht gewusst hätte.

»Wohin des Weges?«

»Das geht Sie gar nichts an«, antwortet Jenny und weicht einen Schritt zurück.

»Haben Sie einen Plan?«

»Was jetzt?«

»Sie wollen wirklich die Krampusprinzessin machen?«

»Ich habe mich nicht zum Spaß dazu gemeldet.«

»Hören Sie, darf ich Jenny zu Ihnen sagen?«

Jenny nickt.

»Jenny, machen Sie das nicht. Sie bringen sich in höchste Gefahr!«

»Was haben Sie in Kevins Getränk geschüttet?«

»Hier geht es um Ihre Sicherheit. Je früher Sie aus dem Lauf entfernt sind, desto eher sind Sie gerettet. Entfernt! Haben Sie mich verstanden?«

Jenny geht noch einen Schritt auf ihn zu. Mr. Clever hat eine helle, glatte Haut, als ob er geliftet wäre, als hätte er ein Gesicht aus Kunststoff. Eigentlich ein vornehmer Mann, wenn nicht auch massiv gefährlich.

»Jenny, die Zeiten in Eisenhagel ändern sich immer schlagartig.«

»Ja?«

»Das alles ist hier kein Spiel mehr.«

Jenny schaut ihn fassungslos an und raucht sich eine an.

»Sie sind nicht mehr alleine hier«, fährt er fort.

»Ich bin nie alleine.«

Mr. Clever schaut sich blitzschnell um. »Jenny, ich dürfte gar nicht hier sein und mit Ihnen reden.«

»Dann gehen Sie!«

»Ich wollte Sie gewarnt haben.«

Du bist nicht mehr alleine hier, hast du gehört?

Ein Motorrad knattert vorbei, Jenny platzt fast der Schädel, als würde der Nachtzug nach Graz über ihren Schädel rattern. Einige Typen gehen bei ihr vorbei. Einer will ihr zum Spaß auf den Arsch klopfen. Eins! Eine Sekunde ist nicht alles, aber manchmal ist die Eins lebensrettend. Sie schnappt nach seiner Hand. »Aufpassen!«

»Oh Prinzessin, es saß eine Fliege auf Ihrem Allerwertesten«, flüstert ihr der Typ ins Ohr. Ein Geruch zwischen billigem Fett und Bier macht sich breit. »Einmal noch und du kriegst einen Tritt in die Eier!«, warnt ihn Jenny und lässt seine Hand aus. Die Typen lachen tieflagig und gehen weiter. Jenny schaut sich um. Mr. Clever ist wie vom Erdboden verschwunden.

Annika öffnet die Tür und führt Jenny in die Küche. Jenny lächelt Annika an. »Wir werden stärker und stärker.«

Annika lacht. »Meinst du wirklich? Ich habe manchmal so ein ungutes Gefühl.«

»Das brauchst du nicht haben«, antwortet Jenny und nimmt sie an der Schulter. »Wir rocken das alles. Also, was hast du für mich?«

Vor ihnen steht ein Laptop. Auf dem Bildschirm hat Annika ein Klassenfoto hochgeladen. Sie vergrößert einen Jungen auf dem Bild. Er ist einen halben Kopf größer als die anderen, schwarzes Haar, Scheitel, ein halb geöffneter Mund, es wirkt alles so grobkörnig, ein grüner Sweater, auf dem in schwarzer Schrift »Beat Club« steht, zumindest irgendetwas mit »Club«, da liegt gerade eine Falte, nicht gut erkennbar. Er steht am Rande, hinten links, möglichst weit weg von Kevin, Daniel, Annika und ihr. Sie konnten wieder einmal nur schwatzen, wie üblich. Erst jetzt schaut sie ihm in die Augen. Die Augen sind schwer zu erkennen, da das Bild zu grobkörnig ist, aber der Gesichtsausdruck. So wie immer. So hat sie ihn in Erinnerung. Dieser ganz bestimmte Blick, aus Einsicht, leicht fordernd, leicht vorwurfsvoll. Scheiße! Sie bekommt wieder das Gefühl, an etwas schuld zu sein, das sie nicht begreift. Sie schaut Arnold nochmals ins Gesicht und ist irritiert, es ist, als ob sie ihm wirklich in die Augen schauen würde. Scheiß drauf, manche Dinge sind so, wie sie sind.

Drauf g'schissn!

Annika drückt auf eine Taste, es braucht einen Moment.

Jenny zählt mit. Eins, zwei, drei Sekunden. Drei ist eine gute Zahl. Arnold verwandelt sich zum erwachsenen Mann.

Jenny pfeift anerkennend durch ihre Lippen.

»Na schau einmal, kantiges Gesicht, leicht gefährlich, nicht schlecht, oder?«

»Geiler Hund!«, kommt es aus Jenny wie aus der Pistole geschossen und Benko klopft mit dem Schwanz.

Annika gibt ihm ein Leckerli, öffnet nebenbei einen Schnaps und und hält ihn zu Benkos Nase. Benko beutelt es und er verduftet. Annika schenkt zwei Stamperln ein. Sie stoßen an.

»Was nun?«, fragt Jenny nach.

»Pass auf, ich bestelle seit zwei Jahren meine Haschischsamen im Darknet. Nie ein Problem. Ich will Arnold von einem Informanten suchen lassen. Und den bekomme ich aus dem Darknet.«

Jenny rückt etwas ab. Die negativen Schlagzeilen über das Darknet sind ihr nicht entgangen. »Und das funktioniert?«, bleibt sie skeptisch.

»Ja, die finden so sogar Terroristen! Glaubst du, die Bullerei benützt das nicht? Denen schickst du ein Foto und die finden alle. Die Jungs werden staunen, was?«

»Ich weiß nicht ...«, blockt Jenny ab und dreht sich bewusst von Arnolds Blick weg. Schau mich nicht immer an!

»Was jetzt?«

»Wie früher, Jenny! Wir haben immer alles zusammen gemacht. Da haben wir auch nicht gefragt. Und jetzt ziehen wir beide das durch! Wie früher, Jenny! Wie früher!«

»Meinst du das gute Früher?«, platzt es aus Jenny heraus.

»Bitte, ich muss ja nicht«, antwortet ihr Annika, ohne Jennys Frage zu beantworten und rollt dabei ihre Augen nach oben. Auch sie raucht sich nun eine an und kippt das Fenster, wo der Rauch nun zitternd ins Freie entfleucht. »Verstehst du mich nicht?«

Hey Prinzessin, warum so vorsichtig?

Annika lupft die Schultern. »Müssen ist sterben, verstehst du?«, fährt sie fort und bekommt einen Hustenanfall. Jenny klopft ihr auf den Rücken und nimmt ihr die Zigarette ab. Sie öffnet das Fenster ganz und raucht weiter. Müssen ist sterben, der Satz ist ihr nicht entgangen. Jedoch übersetzt sie ihn anders. Im Grunde ist alles null und nichtig, so banal wie der letzte Exzess. Annika hat sich wieder beruhigt und Jenny schnippt ihre Zigarette aus dem Fenster.

»Also gut!«

»Was jetzt?«, fragt Annika mit geröteten Augen nach.

»Wir ziehen das durch!«

»Darauf trinken wir jetzt einen!«

»Rrrröstfrisch!«, kommt es aus Jenny geschossen, in der Anspielung auf eine alte Kaffee-Werbung, die sie immer verarscht haben.

Nun lachen sie beide. Alles vergessen, alles eitel Wonne. Sie stoßen an und trinken einen Schnaps. Und noch einen zweiten. Jetzt befinden sie sich im Darknet und Jenny hat Arnolds verfolgenden Blick verdrängt, zu spannend ist das, was jetzt passiert. Dabei wäre das die Zauberformel gewesen, verdrängen und vergessen, ein stinknormaler Mechanismus, ohne den der Mensch nicht überleben könnte, zumindest nicht in dieser Qualität, wie er es landläufig tut. Jenny leckt sich unbewusst den Schnaps von den Lippen und raucht sich eine an. So einfach kann das Leben sein. Annika beobachtet sie dabei und denkt sich ihren Teil

– Mädel, wenn du nur wüsstest. Sie greift kurz nach der Flasche Schnaps, lässt sie aber dann doch stehen. Noch soll gearbeitet werden. Annika klickt einige Symbole an und es erscheint eine dunkelrote Seite, mit einem Butler, der das Dunkelrot wegwischt und hellleuchtend erstrahlt. In der einen Hand hält er ein Tablett, in der anderen eine Kalaschnikow. Er verbeugt sich fromm und bietet so seine Dienste an.

»Schau, Austrian Whistleblower. Klingt doch gut, oder?«, freut sich Annika.

»Also gut!«, antwortet Jenny und gibt Annika grünes Licht.

»Na schau, da hätten wir ihn schon. Jetzt werden wir ihn einmal mit Informationen füttern und dann werden wir schon wissen, was der Arnold so macht.«

Annika klickt ihn an. Der Whistleblower verbeugt sich: »Stets zu Ihren Diensten.«

Die Mädchen nicken ihm zu. Die Spiele haben begonnen.

Kevin, Daniel, Mr. Clever und einige andere gehen die Route des Krampuslaufs ab. Sie bleiben vor dem Krampushaus stehen. Jeder weiß, wer in diesem Haus seinerzeit wohnte. Arnolds Familie. Der Name ist dem Haus geblieben, das Krampushaus. Hier lebte der, der damals abgefackelt wurde. Das ist nun einmal so.

Kevin bleibt stehen und zeigt auf das Krampushaus. »Hier um die Kurve und dann gerade bis zur Fußgängerzone. Das ist der Zieleinlauf für unsere Krampusse. Hier sind die Straßen und vor allem die Kurven breit genug, wenn Sie bedenken, dass links und rechts Zuschauer auch noch Platz haben müssen.«

Mr. Clevers Pupillen verkleinern sich, sein Blick wirkt hart. »Finden Sie das wirklich notwendig? Nach dem, was hier stattfand? Der abgefackelte Krampus?«

Kevin läuft rot an, genau diese Scheiße hat er sich erwartet. »Es hat Tradition, dass wir hier laufen.«

Mr. Clever schüttelt den Kopf. »Finden Sie nicht, dass hier aus Respekt eine Kursänderung sinnvoll wäre?«

»Wegen einem verkohlten Krampus? Was ist ein brennender Krampus gegen mich? Ich bin jeden Tag Feuer und Flamme!« Kevin öffnet seine Jacke und überrascht alle mit einem T-Shirt der Marvel-Comic-Figur »Brennende Fackel« an seinem Körper. Allgemeines Gelächter. Schulterklopfen, der Kevin ist einer von uns. EINER VON UNS!

Mr. Clever macht schmale Augen. »Nehmen Sie den Mund nicht zu voll, sonst werden Sie wieder nervös.«

»Der Lauf findet hier statt. Wie jedes Jahr. Tradition lässt sich nicht kaufen, Mr. Clever.« Die Jungs klatschen, solche Sätze hören sie gerne. Clever soll die Oberhand haben, aber Kevin erklärt ihm, wie die Dinge hier so laufen.

»Ihr letztes Wort?«

Kevin bleibt cool. Er hat auf diese Anspielung nur gewartet. »Warum stellen Sie sich gegen die Stadt und wollen hier einen Lauf machen? Da passt ja etwas nicht zusammen.«

»Der Wahrheit zuliebe, Herr Fetz«, antwortet Mr. Clever und tritt ab. Kevin bleibt wie angewurzelt stehen. Er spürt die Blicke auf sich. Dieses Match geht an Mr. Clever.

Der Oberarzt macht eine Bewegung mit seinen Händen. Sofort ist Jenny in Trance, das flutscht, als ob sie in diesem Moment füreinander bestimmt wären. Es zeugt von einer großen Natürlichkeit, von gegenseitigem Respekt und Vertrauen. Dr. Traisen kann sich an diesem Bild nicht sattsehen. Könnte dieser Moment ein unendlicher sein. Alles leuchtet. Wie hellgelber Marmor aus Carrara. Schaut man jedoch unter die Oberfläche, ist es auch hier ein Match. Wer schlägt wen? Wer frisst wen? Wer zerspring in 1000 Stücke?

»Und Jenny, wir sind in der Kirche, oder?«

Das Gesicht von Jenny wird eisern, ihre Augen strahlen Kälte aus. Ihr Körper erstarrt zu einer barocken Statue.

»Wir sitzen in der Kirche. Der Pfarrer kann mich nicht sehen. Ich bin wahnsinnig wütend. Der Junge hat mir versprochen, dass etwas passiert. Gerade enttäuschte Menschen brauchen Gewissheit.«

Jenny blockt ab. Doktor Traisen will mehr. Er steht auf, blickt auf sie runter. Wie eine schützende Gestalt über der barocken Figur, dem barocken Engel. Aber auch fordernd. Er will die Story. Er will die Story, die wie ein Schatten auf ihrer Seele liegt.

»Jetzt komm schon!«, fährt Jenny unbeeindruckt fort. »Wann passiert jetzt endlich etwas?! Jetzt kommt schon die Kommunion und noch immer ist nix passiert!«

Als ob sie den Arzt ärgern will, verstummt sie plötzlich. Sie lässt ihn zappeln. Der Arzt schenkt ihr einen verzweifelten Blick. Er hat genug. Hat er das nötig? Er geht zurück zu seinem Schreibtisch, bekommt einen Rappel und zischt nun wie eine Schlange durch ein Dickicht hindurch auf sie zu. »ZSSSSSSSSZ!«

Und nach einer kleinen Pause: »Was war dann!«

Ein kurzes Lächeln zuckt um Jennys Lippen. Eines, das man aufsetzt, wenn man sein Gegenüber mit einem kleinen feinen Stich zur Weißglut bringt.

»Denn dein ist das Reich und die Kraft und die Herrlichkeit in Ewigkeit. Amen. Dem Pfarrer wird nun der Wein gereicht, er nimmt einen Schluck. Nichts passiert. Er geht zum Altar, bekreuzigt sich, kniet sich hin. Daraufhin steht er auf, macht große Augen, ein erstaunter Blick genau in meine Richtung. Dann sackt er zusammen – er hängt jetzt wie ein geschlachtetes Schwein über dem Altar.« Mord. Schlussendlich geht es hier um Mord. Aus dem barocken Engel tropft Blut. Der Auftrag macht den Mörder.

»Und dann war alles gut?«

»Fast. Bei dämonischem Kerzenlicht auf der Hütte trinken wir billigen Vodka und rauchen Zigaretten. Ich fühle mich sehr geborgen. Ich liege in seinem Schoß. Seine Hände berühren vorsichtig meine Brüste.«

»Und? War dann alles gut?«

»Es ist nie alles gut, Herr Doktor. Sonst würde ich Sie nicht brauchen.«

»Du brauchst mich also.«

»Ja, ohne Sie wäre ich ihm ausgeliefert.«

»Wer ist er?«

»Das kann ich Ihnen nicht sagen.«

»Hörst du auch den Zug?«

»Nein, der ist noch in weiter Ferne.«

»Okay?«

»Wir sind noch immer auf der Hütte. Es ist nun kalt und wir zittern. Es ist, als wäre plötzlich aller Zauber vorbei. Er verspricht mir, dass keiner etwas erfahren wird. Der Tod des Pfarrers bleibt unser Geheimnis. Auch dass mich der Pfarrer geschändet hat. Kein Wort zu niemandem.«

Der Arzt macht sich Notizen. »Warum darf niemand etwas wissen?«

»Weil es unser Geheimnis ist.«

»Jenny?«

»Unser Geheimnis.«

»Jenny.«

»Weil meine Freunde ihn nicht akzeptieren.«

»Gibt er sich damit zufrieden?«

Doktor Traisen sieht, wie es in Jenny abgeht. Unter ihren Wangen bebt es. Ihre Augen bewegen sich so wild wie im Traum. Das Tor zu ihrem Innersten ist noch nicht ganz verschlossen. Ein kleiner Spalt ist noch geöffnet, durch den fällt mächtig viel Licht. Traisen weiß, er muss es riskieren. Auch wenn sie ihm abspringt. Er wischt sein verschwitztes Haar aus dem Gescht.

»Und?«

»Jetzt nicht!«

»Oh doch!«

Fotze, halt's Maul!

»Er schenkt mir etwas. Die Taschenuhr. Er meint, sie ist von seinem Großvater. Auf der Rückseite ist etwas eingraviert.«

»Und was, Jenny?«

Schweißperlen bilden sich auf ihrer Stirn.

Sie räuspert sich und fährt sich mit der Hand über ihr Gesicht, als ob sie sich von etwas befreien müsste. Plötzlich ist sie gelassen, fast heiter.

»Auf der Uhr steht geschrieben: Freunde sind wie Sterne. Man sieht sie nicht immer, aber sie sind immer da.«

»Hast du die Uhr noch?«

»Ich habe sie ihm zurückgegeben und dann haben wir geschmust.«

Doktor Traisen atmet durch. Schlussendlich siegt die Banalität. Wie immer. Er macht einige Notizen in seinen Block und kümmert sich nicht mehr weiter um sie.

»Freunde sind wie Sterne«, spricht Jenny weiter, »man sieht sie nicht immer, aber sie sind immer da. Da sind Augen, die einen sehen. Die einen immer beobachten. Dann ist man nie mehr alleine. Ob man will oder nicht.«

»Zu was entwickelt sich die nicht erwiderte Liebe?«

»Zu einer Obsession. Der ist man dann ausgeliefert.«

»Verrate mir seinen Namen.«

»Nein.«

»Warum nicht?«

»Weil er gefährlich ist. Weil er wieder da ist. Den ruft man nicht zu sich.«

»Und wenn du mir seinen Namen ganz leise flüsterst? So hört er es nicht.«

»Hm … vielleicht.«

»Dann ist es unser Geheimnis. Er weiß nichts davon. Wir machen die Augen zu. Dann sieht er uns nicht.«

»Na gut, aber pssst …«, flüstert Jenny.

Der Arzt nähert sich. Jenny spricht nun leise in sein Ohr. Ihm stellt es dabei die Nackenhaare auf. Er bleibt daraufhin neben ihr in der Hocke.

»Aaaarnold«, antwortet sie in einer rauchigen Stimme, die in sein Knochenmark geht und zugleich Panik auslöst.

»Danke, liebe Jenny. Das war sehr nett von dir!«

Doktor Traisen beugt sich nun über sie. Er zieht vorsichtig die Taschenuhr aus ihrer Hose. Er betrachtet sie, inklusive Gravur. Unwillkürlich beginnt er zu zittern. Er steckt die Uhr wieder vorsichtig in ihre Hose zurück. Plötzlich stockt er und bewegt sich nicht mehr weiter. Er bleibt über sie gebeugt. Sie schauen sich beide an. In dem Moment ist schwer zu sagen, ob Jenny wach ist oder unter Hypnose.

»Sie sind wach, Jenny. Warum spielen Sie mit mir? Das macht man nicht. Ich könnte Ihnen Dinge sagen, die …«

Jenny starrt ihn weiterhin regungslos an. »Aber Aaaarnold«, kommt es nun bedrohlich aus ihrem Mund, das Rauchige in ihrer Stimme ist verschwunden.

»Warum hast du Angst vor Arnold?«

»Es ist eine Rechnung offen und die ist unbezahlbar.«

»Außer mit Liebe?«

»Oder mit Hass.«

Hinter Kevin an der Schneebar stehen zwei Typen. Bis jetzt war sein Interesse eher gering, aber sobald der die Leute über »den Lauf« reden hört, wird er hellhörig.

»Hey, ich freue mich schon auf den Lauf. Machst auch mit?«, quatscht der eine, der vielleicht gerade erst einmal 16 ist, mit einer hellen Stimme.

»Ja klar. Endlich ist was los, in dem Kaff! Nehmen wir unsere Verkleidungen aus dem letzten Jahr?«

»Klar, die sind noch gut. Die Rasierklinge in der Pranke muss ich noch auswechseln. Die ist leider stumpf geworden.«

Beide lachen höhnisch und bestellen sich zwei Vodka Bull. Es ist immer dieselbe Leier mit denen, denkt sich Kevin. Jetzt groß reden und dann haben sie die Hosen voll. Berichten aber tags darauf bei ihm im Café über die glorreichen Taten. Kinder halt, aber auch die gehören dazu.

»Mr. Clever ist cool, oder?«

»Ja voll! Der Kevin kann sich putzen!«

So Kevin, jetzt ruhig bleiben, Alter. Das wird dir noch öfter passieren. Und jetzt geht's weiter, ja, er ist der volle Loser, klar. Wie die Kinder das schon alles wissen, dabei waren sie ja nicht einmal dabei. Und dass er sich vor allen angepisst hat, na klar. Das werden sie ihm noch das halbe Leben hier nachsagen. Vielleicht sollte er verschwinden, einfach so.

»Ja, die volle Pussy, hey! Der kann abtreten!«

Na bitte, da haben wir es ja. Das sagen sogar die Lausbuben. Aber er muss ruhig bleiben. Er leitet jetzt den Lauf. Er kann sich keine Schlägerei leisten. Das spricht sich gleich schnell herum, wie die angemachte Hose bei der Versammlung.

»Und dann nageln wir seine Alte! Die ist oben im Spital Krankenschwester.«

»Ja voll geil, hä, hä!«

Ihr werdet …, ihr werdet gar nichts, denkt sich Kevin. Wer so über seine Frau redet, der hat nichts als seine Fäuste verdient. Aber er muss da durch, cool bleiben, es hilft nichts. Er verlässt mit eiserner Miene und geballten Fäusten die Bar. Er hat schon genug Baustellen, aber ihre Visagen behält er im Hinterkopf.

Der Oberarzt recherchiert. Er sitzt am Gemeindeamt und scrollt am Computer durch die eingescannten Zeitungsartikel. Bei einem bleibt er hängen: »Unser Pfarrer Helmuth stirbt während der Messe. Todesursache vermutlich Herzversagen, Fremdverschulden ist auszuschließen, er wurde von allen geliebt.«

Bange Blicke des Oberarztes folgen. Er hat damals alles mitbekommen, er war noch jung, gerade mit dem Turnus fertig. Aber er muss nun nochmals durch die Situation. Der Blickwinkel hat sich geändert. Er scrollt sich weiter durch die Artikel. Der Pfarrer litt schon länger unter Herzrhythmusstörungen, heißt es weiter in einem anderen Artikel, Fotos von der Aufbahrung. Im Hintergrund steht das ganze Dorf. Er ertappt sich dabei, wie er die junge Jenny sucht. Die Jenny, die früh ihre Eltern verlor, bei den Großeltern groß wurde und jetzt für sich selber stehen muss und dazwischen schnell mal, berechtigt oder nicht, den Pfarrer abmurksen ließ. Er findet sie! Dazu klatscht er mit der flachen Hand auf den Tisch, sodass er sich einen Moment über sich selbst wundert. Neben ihr ist Kevin. Er kennt ihn, weil jeder Kevin kennt. Ein zielorientierter junger Mann. Einer der Eier hat, würde man hier sagen. Und außerdem ein Guter. Kevin war schon bei ihm oben. Er hat sich um Jenny gekümmert, als sie den Unfall hatte. Er war jeden Tag bei ihr im Spital. Jetzt muss er nur noch nach diesem Arnold suchen. So lange Kevin die schützende Hand über Jenny hält, könnte er zwar beruhigt sein, aber er darf sich dennoch nicht aus seiner Verantwortung stehlen. Er ist Arzt. Jenny hat sich ihm anvertraut, sie hat sonst niemanden. Auch keine Eltern. Im Grunde ist sie alleine, überlegt er, schon längst zurückgekehrt ins Spital, bei geöffnetem Fenster und einer Zigarillo in der Hand. Dieses Mal mit dem Cognacschwenker, gefüllt mit dem goldbraunen Cognac. Warum auch nicht? Man gönnt sich ja sonst nichts, denkt er sich, schwingt das Glas und beobachtet die dicken Schlieren, wie sie der Erdanziehungskraft ausgeliefert abwärts fließen und in ihrer eigenen Dunkelheit münden. Jenny macht ihn fertig. Er will mehr Sitzungen. Er will den Anblick ihres Innersten erspähen und ihn einfrieren. Für immer.

Die vier Freunde sind Eisstockschießen. Jenny schießt gut, schießt einen anderen Eisstock weg und kommt ganz nah an die Daube.

Kevin nickt ihr zu. »Cool, heute hast aber einen Lauf, gell?«

Jenny kommt zu ihm zurück und schmiegt sich an seinen Hals. Annika schießt weit am Ziel vorbei und macht ein verzwicktes Gesicht. Sie ruft ihre Mails am Handy ab, während die anderen weiterspielen. Annika gibt Jenny ein Zeichen. Kevin beobachtet Jenny und Annika misstrauisch. Er spürt, dass die beiden ein Geheimnis haben.

»Kinder, paaah! Ich glaube, ich bekomme Migräne, Jenny, begleitest du mich nach Hause?«

Jenny versteht den Wink und schaut auf die Uhr. »Wann müsst ihr zum Training?«

»Eh schon bald«, antwortet Daniel.

Kevin und Daniel verabschieden sich zum Eishockeytraining. Kevin schaut den beiden Damen misstrauisch nach. Wenn zwei Menscha tuschelnd um die Ecke zischen, kommt dabei selten etwas Gutes heraus.

Annika hat den PC aufgeklappt. Jenny kommt gerade aus der Küche und setzt sich dazu.

»Ich muss dir vorlesen, was unser Informant über Arnold zu berichten hat! Hör zu: Arnold ist wortkarg, respekteinflößend, trägt teure Sakkos, Marke kennt hier keiner. Lebt zurückgezogen, keine Lokale, keine Vereine, keine Beziehung, keine Nutten. Sein Beruf ist nicht genau zu eruieren. Es scheint etwas mit beratenden Tätigkeiten zu tun zu haben, auf alle Fälle freiberuflich. Die Deko im Appartement deutet auf Auslandsaufenthalte hin. Vielleicht sind es auch lukrative Geschäfte, über die man nicht so gerne in der Öffentlichkeit spricht. Er muss mit seinen 25 Jahren zumindest zu Geld gekommen sein. Ideales Zeitfenster zum Schnüffeln, zwischen 13 und 15 Uhr. Er lebt in Graz.«

Annika hält kurz inne. Genüsslich zündet sie sich eine Zigarette an. Triumphierend schießt sie den Rauch aus ihrer Lunge in die Luft. Ihr bereitet diese Situation Spaß, zumindest einen Nervenkitzel. Jenny wittert die Gefahr. Irgendetwas stimmt nicht. Alarmglocken schrillen. Sie lehnt diesen Informanten aus dem Darknet ab. Sie fürchtet sich vor ihm nicht weniger als vor Arnold. Diese Erkenntnis macht sie stutzig. Sie fürchtet sich vor Arnold. Nicht vor einem weit entfernten Arnold. Aber vor einem leibhaftigen. Warum eigentlich? Ihr fehlt die Antwort.

»Resümee: Oberflächlich geht es Arnold gut. Schaut man genauer, scheint Arnold etwas ›zu fehlen‹. Der fixe Tagesablauf scheint wie ein Sicherheitskorsett zu sein. Als Informant erlaube ich mir Ihnen zu sagen, dass ich die Finger von ihm lassen würde. Ich glaube manchmal, dass er nicht er selber ist. Dann bekommt er einen Blick aus einer anderen Welt. Das macht ihn unberechenbar. Ich habe hier kein gutes Gefühl und ich weiß, wovon ich rede. Aber, wenn Sie wollen: Für weitere 250 Euro wäre der Code zu Arnolds Wohnungstür zu haben. Ich stehe zu Ihrer Verfügung.«

Annika strahlt: »Arnold wohnt in Graz, rund 45 Minuten entfernt! Das geht sich cool aus. Sogar in einer Mittagspause!«

»Brauchst ja nicht gleich so jubeln. Weitere 250 Euro sind auch ein Geld.«

»Aber wir haben Gewissheit, verstehst du?!«

»Und wenn uns der linkt?«

»Was hast du zu verlieren?«

Na komm doch! Hör doch einmal auf, graue Maus zu sein, hö, hö!

Im Stiegenhaus geht die Tür. Bei dieser Lautstärke ist nicht schwer zu erraten, wer jetzt kommt. Annika verdreht ihre Augen und kippt das Fenster. »Die Jungs sind im Anflug.«

Jenny ist ganz froh darüber. Es gibt zwar keinen Weg zurück, aber überstürzen muss man jetzt auch nichts. Jenny macht ihnen auf.

Daniel und Kevin stehen mit roten Köpfen vor ihnen.

»Servus Menscha!«, freut sich der aufgedrehte Kevin.

»Servus Buama!«, antwortet Jenny.

Daniel steht glücklich daneben und vergisst auf seine Zigarette im Mundwinkel, die ihm Annika abnimmt und weiterraucht.

»Mei, wie ihr stinkt's! Bier, Schnaps und Zigaretten«, regt sich Annika auf, ohne wirklich böse zu sein. Warum auch? Immerhin sausen sie im Darknet herum und machen Faxen. Sie zwinkert Jenny heimlich zu.

»Bisserl unterwegs gewesen?«

»Melde mich gehorsamst vom Rekrutieren zurück. Wir haben für unseren Lauf Krampusmiezen organisiert. Echte Prachtweiber, die machen alles, was wir wollen.«

»Na hoffentlich nicht alles. Und, wo findet man solche Prachtweiber?«, fragt Jenny nach.

»Die haben uns beim Training zugeschaut, so wie sich das für echte Fans eben gehört. Und was macht's ihr die ganze Zeit?«

»Nichts. Nur tratschen«, antwortet Annika beiläufig.

»Ja, so wie Weiber halt sind, eine Ratscherei bis in die Nacht!«, überspielt Jenny die Situation.

»Weiberkram, hm? Ihr zwei heckt etwas aus, oder?«, kontert Daniel.

»Wir doch nicht!«, bleibt Annika kess, zwickt ihm in den Arsch und dämpft die Zigarette aus. Fünf Kippen im Aschenbecher, fünf Farben, fünf Sinne, fünf Tugenden, fünf Elemente, fünf Finger, das passt. Es wird alles richtig sein, give me five, denkt Jenny. Es ist der richtige Weg.

Kevins Blick ist auf den aufgeklappten Laptop gerichtet. Er kennt diese Seite nicht. Er hat einen guten Instinkt und ihm ist klar, irgendwo lauert hier die Gefahr. Daniel mag das nicht begreifen, aber hier läuft irgendetwas. Er bekommt ein nervöses Flackern in den Augen. Da nimmt etwas Fahrt auf. Jenny geht auf ihn zu und beißt ihm in den Hals. »Du schmeckst heute saugut.« Noch einmal. BISS.

Hypnose, 5. Sitzung. Dr. Traisen spricht in sein Memo, als ob er selber eine Therapie bräuchte. »Ich muss die Sitzung unterbrechen, mit ihr reden, zur Polizei gehen. Aber ich unterliege der ärztlichen Schweigepflicht. Irgendwie muss ich dem Mädchen helfen, verdammt!«

Jenny kommt rein, sie strahlt. Der Raum wird sichtlich heller. Der Arzt strahlt auch, die Sorgen scheinen verflogen.

»Mit Jenny geht die Sonne auf.«

»Wie bitte?«, fragt Jenny nach. Es kam ihr so vor, als ob er ihren Namen genannt hätte.

»Ähm nichts. Ich freue mich über das Wetter. Erstaunlich hell dieser Winter. Können wir beginnen?«, antwortet Doktor Traisen und richtet seine Brille.

»Ja, gerne«, antwortet sie und strahlt.

Aber irgendwie scheinst du das zu brauchen, denkt sich Doktor Traisen immer wieder, während Jenny in die andere Welt hinüberkippt und hypnotisiert auf dem Stuhl sitzt.

»Wo befindest du dich, Jenny?«

»In der Schule, im Pausenhof. Ich bin bei den anderen und Arnold gafft mich immer an. Dann passt er mich wieder am Schulweg ab. Er ist überall.«

»Seid ihr kein Paar mehr?«

»Waren wir nie.«

»Auch kein heimliches?«

»Nein!«, antwortet sie gereizt, »seine, seine Liebe war zu stark. Erdrückend stark. Das hat alles verschissen.«

»Ist das alles, Jenny?«

»Ja.«

»Willst du noch etwas sagen?«

»Nein.«

Der Doktor macht ein paar Notizen. Er spürt, dass Jenny an einem Endpunkt angelangt ist, zumindest will sie darüber hinaus nichts erzählen.

»Aber ist er jetzt da, Jenny?«

»Ja, verdammt noch einmal!«

Jenny stockt. Man sieht, wie ihr Herz pocht, wie sich die Schweißperlen auf der Stirn sammeln. Ihre Finger krallen sich in den weichen Lederüberzug des Stuhls. Und der Arzt ist bereits wieder hingerissen. Dieses plötzliche Umstellen von Totenstille, Zurückgezogenheit und Isolation in einen Sturm der sagenhaften Offenheit zieht ihn magisch an. Er nimmt ihre rechte Hand und fühlt den Puls. Er könnte etwas höher sein, aber prinzipiell scheint alles in Ordnung zu sein.

»Was nun, Jenny?«

»Ich kann nicht mehr. Ich schöpfe hier gerade mit meiner Kelle den Grund meines Sees aus, obgleich der See gerade Dammbruch erleidet. Irgendwann hat alles sein Ende.«

Schweigen. Der Arzt kann seine Enttäuschung nicht verbergen. Dabei hat es so gut begonnen.

»Seien Sie mutig Jenny und gehen Sie einen Schritt zurück. Noch sind Sie eine Schülerin und Arnold ein Klassenkollege.«

Jennys Puls steigt wieder an. Sie nimmt also Fahrt auf, notiert der Arzt.

»Arnold passt mich am Durchgang vor dem Wald ab. Er kommt plötzlich hinter einem Baum hervor. Sein Gesicht ist schneeweiß, gegensätzlich zum dunklen Wald. Seine Augen sind fast schwarz. Das gibt Arnold etwas Dämonisches und zugleich Blutleeres«, führt Jenny das Gespräch fort. »Arnold hält mich an beiden Händen fest. Entweder sind wir zusammen, oder ich sag der Polizei, dass wir beide den Mord am Pfarrer geplant haben.«

Jenny schaut Doktor Traisen schockiert an. »Oder er macht etwas mit meinen Freunden. Etwas Böses.« Sie verstummt.

»Jenny, hörst du mich?«

»Der Damm bricht, hören Sie, wie die Betonblöcke aneinander reiben?«

Aus dem Hintergrund kommt tatsächlich Gewittergrollen. Vor dem Fenster des Arztes spielt sich eine Apokalypse ab, Blitze, Eis- und Schneeregen, dunkle Wolken. Jenny beginnt zu zittern, sie öffnet ihre Augen, alles weiß.

»Jenny, hören Sie mich?!«

Jenny lächelt ihn mit dem Weiß ihrer Augen an, daneben krachen die Blitze.

»Jenny, ich zähle bis zehn und Sie sind wieder bei mir. Eins, zwei, drei … sieben, acht, neun, zehn! Sie öffnen jetzt ihre Augen.« Jenny befolgt seine Aufforderung. Sie wirkt abgekämpft, aber nicht unglücklich. Überrascht schaut sie aus dem Fenster.

»Also, Gewitter war vor der Hypnose noch keines«, meint sie und lacht ihn erschöpft an, wie nach der erfolgreichen Teilnahme an einer Sportveranstaltung.

»Nein«, antwortet der Arzt und wischt sich seine Locken aus der Stirn.

»Kann ich vielleicht einen Kaffee haben?«

»Das ist eine gute Idee«, antwortet ihr der Arzt.

Der Arzt lässt zwei Espresso runter.

»Sie wirken angespannt, Herr Doktor.«

»Der Tag war lang«, antwortet Doktor Traisen und schaut sie prüfend an. Er kippt die Espressos nun in einen Shaker, nimmt einige Eiswürfel aus seinem kleinen Kühlschrank, fügt etwas Zuckersirup hinzu und zwei Spritzer Vodka. Er schüttelt sie nun durch.

»Herr Doktor, was wird das?«

Er seiht sie nun in zwei Coupettes ab und stellt Jenny eines hin. Nun richtet er sein Interesse wieder auf Jenny.

»Ich wollte einen Espresso?«

»Und nun habe ich einen Espresso und ein bisschen mehr herbeigezaubert.«

»Herr Doktor, Herr Doktor, trotzdem sollten wir das nicht.«

»Dann hätten wir gar nicht anfangen dürfen. Ich habe Sie von Anbeginn an darauf hingewiesen.«

»Ich weiß.«

Sie stoßen an.

»Schmeckt gut. Was ist das?«

»Das ist ein Espresso Martini.«

»Na, Sie kennen ja Sachen!«, antwortet sie ihm. Er ist sich noch immer nicht sicher, ob sie ihn nicht momentan total verarscht. Sie wird von mehr Dingen eine Ahnung haben, als sie ihm außerhalb der Hypnose sagen wird.

Jenny zählt die Zutaten. Drei Zutaten, wenn sie das Eis nicht mitrechnet. Darf sie das Eis als Inhaltstoff mitrechnen, oder nicht? Sie denkt schon. Macht vier. Die Zahl vier ist eine Tetrade, die Zahl des Gleichgewichts, des Wesens der Natur. Der Drink wird sie also harmonisch stimmen. Warum auch nicht. Sie stoßt mit Doktor Traisen an.

Doktor Traisen spürt, wie sich Jenny langsam entspannt und sich ihre Glieder lockern. Ein guter Drink in der passenden Atmosphäre erspart jedes Beruhigungsmittel. »Wovor haben Sie Angst?«

»Dass eintritt, was eintreten muss, aber nicht eintreten darf.«

Stille im Raum. Regen prasselt gegen das Fenster. Jenny hält seinem Blick stand. Plötzlich steht sie auf, geht zu ihm hin und fährt mit ihrem Zeigefinger von seinem Ohrläppchen bis runter zum Kinn.

Doktor Traisen schnappt ihre Hand. »Jenny, was wird das?«

»Willst du mich vögeln? So richtig von hinten?«

»Das ist nicht eine Sache des Wollens. Ich bin Ihr Therapeut. So gesehen ist das eine Sache der Unmöglichkeit.«

»Sehr gut. Ich wollte nur wissen, ob ich Ihnen noch trauen kann«, antwortet Jenny, stellt das Glas ab und verlässt ohne erkennbare Regung den Raum.

Zu Hause ist, wo Arnold ist. Jenny und Annika fahren mit Kevins Auto. Jenny sitzt am Steuer. Jenny bietet Annika eine Marlboro Rot an. Annika nimmt eine. Beide rauchen.

»Und das Auto hast du so einfach bekommen? Find ich cool.«

»Der Quattro steht so und so die ganze Zeit in der Garage. Seit dem Wildschweinangriff lehnt Kevin das Auto ab.«

»Hast du ihn gefragt?«

»Nein«, antwortet Jenny genervt, »und er wird es auch nicht merken! Ich wollte einfach ein Auto fahren, mit dem wir heute zur Not auch beschleunigen können!«, ergänzt sie und tritt das Gaspedal durch, dass es Annika in die Sitzschale presst.

»Ist ja schon gut, ich glaube dir ja«, beruhigt Annika sie und beobachtet, wie Jenny an ihrer Zigarette zieht. Es bleibt ziemlich viel pinker Lippenstift oben.

»Seit wann rauchst du eigentlich wieder?«

»Seit das mit unserer Schwangerschaft nicht funktioniert hat, rauche ich wieder, zumindest gelegentlich«, antwortet Jenny trocken.

»Oh, ich wollte dich nicht in Verlegenheit bringen, tut mir leid.«

»Ist kein Thema. Vielleicht war es der falsche Zeitpunkt, oder es soll zwischen Kevin und mir einfach nicht passieren. Wie schaut es denn bei euch damit aus?«

»Also, wir haben uns gesagt, zuerst müssen wir beide so richtig im Sattel sitzen und dann schauen wir weiter«, antwortet Annika.

»Als Beamtin und Lehrer wäre es ja jetzt so weit, oder?«

»Ja eh, aber ich weiß nicht … wir fahren auch gerne in ferne Länder und wir werden das jetzt einmal mit Benko versuchen«, antwortet Annika. Benko liegt nur auf der Rückbank und interessiert sich für nichts.

»Was machen wir eigentlich, wenn wir auf ihn treffen?«, fragt Annika.

»Einen flotten Dreier, was sonst, du Pflaume! Jetzt hast du original eine halbe Stunde Zeit und kannst dir überlegen, was wir machen, wenn wir ihn treffen. Du wolltest ja alles sofort arrangiert haben«, faucht Jenny leicht gereizt und dämpft die halbe Zigarette aus. Sie bremst und fährt an eine Tankstelle. »Ich tank eine Runde und kaufe einen Kuchen, das könnte uns ja aus der Peinlichkeit befreien, wenn er in seiner Wohnung vor uns steht«, antwortet Jenny und zwinkert Annika zu.

Jenny ist sich sicher, ihn nicht zu anzutreffen, schon gar nicht in seiner Wohnung.

Ach ja?

Der Tankwart hält den Anzeiger von Eisenhagel in der Hand. In ihm ist Jenny in einer Fotomontage als zukünftige Krampusprinzessin abgebildet. Sie sieht aus, als wäre sie einem Marvel-Comic entsprungen. Das Bild scheint ihm zu gefallen. Ausgerechnet in diesem Moment schaut er aus dem Fenster und sieht Jenny tanken. Er zeigt seinem Kumpel Ferl das Foto in der Zeitung.

»Das ist ein Witz, oder?«, fragt er Ferdl und wirft einen Blick auf Jenny.

Sein Kumpel schaut noch einmal nach, das gibt's ja nicht! »Nein, Alter, die beim Quattro an der Zapfsäule, die ist das!«

»Na dann!«

Eine Hand greift um den Zapfhahn, sodass Jenny aufschreckt.

»Volltanken, Gnädigste?«

»Ja genau«, antwortet Jenny und ist verwundert, überhaupt ein Wort herauszubringen. WAS IST DA LOS?! Der Tankwart hat eine ledrige, rostbraune Haut, seine Ohren bewegen sich beim Kauen, aber ihr Hauptaugenmerk gilt seiner Augenklappe.

»Ich habe Sie noch nie hier in der Gegend gesehen, Gnädigste«, hält er die Konversation aufrecht.

»Bin ich auch selten«, antwortet Jenny.

»Von irgendwoher kommen Sie mir aber bekannt vor«, quatscht der Tankwart weiter.

»Das kann ich mir nicht vorstellen«, winkt Jenny ab und denkt sich, dass die freundliche Masche noch immer funktioniert hat. Fast immer.

Ferdl kommt raus und hat den Anzeiger dabei. Jenny beißt sich auf die Unterlippe und beginnt, mit ihrem Schuh nicht vorhandene Zigarettenstummel auszudrücken.

Jenny sieht, dass die Tankuhr stoppt, der Tankvorgang also beendet ist, der Schlauch jedoch im Auto stecken bleibt. 37 Liter. Punktgenau. Summenzahl ist 10. Zehn bedeutet zwei Hände, zwei Mal fünf. Fünf Sinne, dazu fünf Elemente, zehn Finger, zwei Hände. Sie wird beide Hände brauchen, um mit dieser Situation fertigzuwerden.

Ferdl legt die Zeitung hin. Der Tankwart blättert darin und pfeift ein Liedchen. Sein Kumpel reinigt noch die Scheiben. Alles ziemlich gelassen. Jenny schielt ins Auto. Annika schnallt gar nix, sie schreibt konzentriert Mitteilungen in ihr Handy und der Hund schaut auch nur vertrottelt.

»Wir müssen weiter. Die Fenster machen wir ein anderes Mal«, versichert sie ihnen.

»Doch, doch, oder, Ferdl? Muss man ja alles saubermachen, oder?«

Der Kumpel grunzt zufrieden. Der Tankwart zeigt Jenny ihr Bild in der Zeitung.

»Die Krampusprinzessin braucht saubere Fenster, ist ja klar.«

»Danke«, antwortet Jenny und schluckt.

»Der den Lauf gewinnt, bekommt sie serviert. Lecker. So steht's geschrieben«, grinst Ferdl und schaut zu seinem Kumpel.

»Heute ist aber nicht Krampustag!«

»Wann Krampustag ist, entscheiden wir, Prinzessin!«, antwortet der Tankwart und lässt den Tankschlauch im Auto stecken. Der Tankwart und der Kumpel kommen von beiden Seiten auf sie zu. Jenny hat einen Flash in die Vergangenheit. Sie wird wieder in der Kraxen herumgeschupft. Überall gellende Fratzen. Dazu viel dunkelrotes und grellgelbes Licht. Jenny zählt bis drei und schiebt die Bilder aus ihrem Kopf. Sie schaut ins Auto. Annika verschickt unterdessen munter WhatsApp-Nachrichten. Beide Hände, Mädel, beide Hände, du musst beide Hände verwenden, um da aufzuräumen.

»Hören Sie, hier haben Sie 50 Euro, der Rest ist Trinkgeld«, macht Jenny dem Tankwart ein großzügiges Friedensangebot. Sie geht mit dem Geld auf Ferdl zu, zeigt den Schein her und überrascht ihn mit einem wuchtigen Tritt in die Eier. Sie springt ins Auto und fährt los. Der Tankschlauch kracht dabei aus der Tankvorrichtung und touchiert mit dem Heck. Durch den Rückspiegel sieht Jenny, wie die Typen hüpfen und ihnen nachschimpfen.

Geil! So muss die Prinzessin sein!

»He, was war das denn?«, fragt Annika, wie aus einem Traum gerissen.

»Vielleicht schaust du einmal aus dem Auto, wenn ich tanke und nicht nur auf dein Handy, du blöde FOTZE!«

»Spinnst jetzt?! Was war denn los, verdammt! So redet man nicht mit der besten Freundin!«

»Die wollten mit mir Prinz und Prinzessin spielen! Haben aber vergessen, dass ich die Krampusprinzessin bin und mit der spielt man eben nicht!« DON'T TOUCH ME! I'M ON FIRE!

Stille. Der Autoschlüssel baumelt und der Schlüsselanhänger stößt an Jennys Knie. Sie schaltet das Radio ein, öffnet das Fenster einen Spalt. Frische Luft tut immer gut.

»Willst du zurückfahren, nach Hause? Mir wäre fast danach«, räumt Annika ein.

»Glaubst du, ich mache den ganzen Scheiß durch, damit ich dann kneife? Rauch mir bitte eine an.«

Annika zündet zwei Zigaretten an und reicht eine weiter.

»Annika, reden mit dir auch manchmal Stimmen?«

»Nein, Jenny, warum?«

»Das Problem daran ist, dass du nie weißt, woran du bei ihnen bist. Verarschen sie dich, oder haben sie recht«, meint Jenny nachdenklich.

Ach, ich bin so böse, böse, böse!

Jenny und Annika fahren durch Graz, während das Navi ihnen den Weg vorgibt.

»Wo ist die Bude?«, fragt Annika, um das Schweigen zwischen ihnen zu brechen.

»Beim Hilmteich«, antwortet Jenny.

»Gibst du mir noch eine Zigarette, ich besorge nachher welche.«

»Nimm so viele du willst«, antwortet Jenny. »So schön wie hier haben wir es bei uns nirgends, oder?«, stellt sie eine belanglose Frage zur Versöhnung. Aber tatsächlich ist es hier wunderschön. Villen aus der Gründerzeit grenzen an moderne Neubauten. Daneben fällt das Laub in großzügige Gärten, ein roter Ball liegt verlassen im matten Gras. Es ist Winter, hier erscheint er jedoch einen Deut wärmer als in Eisenhagel.

Das Navi piepst.

»Hier wohnt Arnold Resch – Sie haben den Zielort erreicht«, imitiert Annika die männliche Stimme des Navi. »Hey Babe, wir sind so geil!«, jubelt sie dann und reißt ihre Hände in die Luft. Sie klatschen ab.

Trotzdem, irgendetwas in Jenny weigert sich. Tu das nicht, meint es. Lass es gut sein. Du gehörst hier nicht her. Lass den Scheiß und mach Meter!

Jenny schluckt und geht voraus. Langsam können sie bald alle am A… lecken.

Annika nimmt einen zusammengefalteten Zettel aus ihrer Handyhülle, auf ihm steht der Zahlencode aus dem Darknet. Sie tippt in ein Display unter der Gegensprechanlage den Zahlencode ein und die Tür öffnet sich. Gedämpftes Licht schaltet sich ein und es riecht nach tropischen Blumen. Im Hintergrund läuft klassische Musik. An den Wänden hängen Aquarelle aus der Toskana. Die Mädchen schauen sich an.

»Denkst du das, was ich denke?«, bricht Annika das Schweigen.

Jenny nickt. »Diese Welt ist eine Nummer über unserer?«

Annika bekommt ein Strahlen in ihren Augen. »Und genau darum sind wir jetzt hier, sonst kommen wir ja nie aus unserem Scheiß raus!«

Sie nehmen die Stiegen in den ersten Stock doppelt. Das Messinggeländer ist frisch poliert, am Ende des Flurs stehen an den Fenstern großzügige Vasen mit exotischen Schnittblumen. Es riecht nach einer Mischung aus Dschungel und Treibhaus. Das bringt sie im Geiste in den Blumenladen mit der alten Frau zurück, dort wo alles begann. Schon wieder schließt sich ein Kreis. Jenny macht das gar nicht glücklich.

»Da sind wir!«, flüstert Annika ehrfürchtig.

»Tür Nummer 9«, bekennt sich Jenny erstmals laut zu ihrem Spleen mit Zahlen.

»Und?«

»Neun, verstehst du?«

»Nein, neun ist neun.«

»Neun steht für Vollkommenheit, Liebe, Weisheit und Selbstlosigkeit, wenn du es genau wissen willst«, antwortet Jenny.

»Oide!«

»An irgendetwas muss man ja glauben, es kann nicht jeder so eine gottlose Kanaille sein wie du«, verteidigt sich Jenny. Trotz ihrer Coolness liegt ein Hauch Verletztheit in ihrer Stimme.

Annika holt wieder den Zettel hervor und gibt den nächsten Code ein. Nichts tut sich. Entgeistert schaut sie zu Jenny. »Und wenn ich das falsch aufgeschrieben habe?«

»Annika bitte, gib mir den Zettel mit dem Zahlencode.« Sie nimmt ihn und berührt dabei Annikas Hände. »Mensch, du zitterst ja. Beruhig dich bitte. Es ist ja nichts passiert. Jetzt habe ich geglaubt, nur ich schieb die Panik!«

»Die Jungs wissen nichts davon und …«

»Was und?«

»Jenny, ich muss dir etwas gestehen: Ich war noch nie im Darknet, ich habe das nur auf YouTube gesehen, wie das geht und es dann einfach mit dir gemacht.«

»Meine Liebe, für das warst du aber brillant! Also, Konzentration, bitte: 250 … 394 … 000.« Annika tippt die Zahlen ein und die Tür springt auf. »Bingo!« Jenny schluckt. Sie kennt die Zahlenkombination, es kann ein Zufall sein, es wird kein Zufall sein, was keiner sein darf, doch kann sie später noch genug darüber nachdenken. Sie huschen hinein in die Wohnung und Jenny verdrängt ihre Gedanken.

Die Eleganz des Stiegenhauses setzt sich im Appartement fort. Jacken und Mäntel geordnet, die Schuhe poliert. Auf den Millimeter genau gerichtet, eine Truhe, vermutlich eine antike, ein heller Wandschrank säumt den Weg ins Wohnzimmer. Ein niedriger Steintisch mit einem weißen Stein in der Mitte, eingesäumt von einem mit Leder überzogenen weißen Sofa, einem blauen und einem beigen Sessel gegenüber und ein Gemälde, das sie noch nie gesehen hat. Woher auch? Aus Eisenhagel? Dort, wo sie herkommt, hängen ausgelatschte Fußballschuhe an den Wänden und Eishockey-Schläger über dem Fernseher. Es wirkt alles beruhigend beruhigend. Es passt alles zusammen, es ist alles aufeinander abgestimmt, wie aus einem Journal. In Eisenhagel gibt es nicht so viele Wohnungen, die so eingerichtet sind. Woher denn auch, sie sind eben gerade erst der Kohlengrube entfleucht. Da hat es der Junge ja weit geschafft! Sie schüttelt ihren Kopf, verwirft ihren kurzen Anflug von Neid und konzentriert sich auf die Wohnung. Annika öffnet die Schubaden, als wäre sie hier zu Hause. Alles ist wunderbar geordnet. Hemden, Pullover, Krawatten. Nach Farbton.

Annika kratzt sich hinter dem Ohr. »Ich glaube, ich muss zu Hause wieder einmal Ordnung schaffen«, unterbricht Annika das Schweigen.

»Als ob die Wohnung nicht bewohnt wäre, da fehlt alles Persönliche, wie ein Hotel«, antwortet Jenny.

»Richtig«, antwortet Annika, »daran habe ich gar nicht gedacht!«

Sogar die afrikanischen Voodoo-Masken an der Wand sind zwar sicher massiv und echt, haben jedoch nichts Persönliches an sich. »Nichts weist auf die Existenz von Arnold hin, das ist eine Tatsache«, antwortet Jenny, die keine große Lust mehr hat, in einer fremden Wohnung herumzugehen. Es war ein gottverdammter Unfug, hierher zu kommen.

»Genau! Unseren Arnold gibt es gar nicht, da spielt uns nur wer in Eisenhagel übel mit. Kevin hat recht!«, antwortet Annika.

»Und wenn das eine Falle ist?«, fokussiert Jenny die neue Lage. »Wie naiv sind wir eigentlich!«

»Und nicht einmal die Jungs wissen, wo wir sind!«

Plötzlich nähern sich Schritte am Gang. Die Hobbydetektive verschanzen sich im Bad. Sie hören ein dumpfes Aufsperren. Die Person sperrt die Wohnung neben ihnen auf. Jenny und Annika atmen auf.

»Wahnsinn, so ein Glück musst du erst einmal haben«, antwortet Annika, »stell dir vor, da kommt der Irre rein.«

Jenny hört ihrer Freundin jedoch nicht mehr zu. Ein BILD. Sie sieht sich tanzen. Wild in Ekstase. Sie wirft ihre Haare zurück und gibt sich voll das Leben. Sie ist außer sich, sie lässt sich gehen. Sie ist offen wie selten zuvor. Es ist ihre Tanzfläche. Sie kennt jeden Millimeter Boden. Am liebsten würde sie in das Bild zurück, hineinsteigen. Da hat alles begonnen. Es war der Abend, als sie von Sven in die Disko eingeladen wurden. Die Vergangenheit rinnt in ihr Leben. Man hat sie fotografiert, er hat sie fotografiert. Kurz bevor Marilyn Manson gespielt wurde. Aber diese Spule gehört nicht mehr zu ihrem Film. Man hat ihr etwas entrissen. Jemand hat ihr etwas entrissen. Ihr Leben. Wie sie es gerne lebte. Dafür hat er sie hierher getrieben, in diese Wohnung. Arnold war das. Er hat es auf sie abgesehen. Aber warum? Was zur Hölle ist vor zehn Jahren passiert? Sie sieht sich nochmals, wie sie in Ekstase die Haare zurückwirft, mit entschlossenem Blick, mit leicht geöffnetem Ausschnitt, alles hatte seine momentane Richtigkeit. Poesie in Eisenhagel. Dort, wo sie hingehört. Dort, wo er nicht hingehört. Auf sie haben die Leute geschaut, wie ihre Eltern starben, wie sie im Koma lag. Sie ist ein Teil von Eisenhagel. Sie gehört hierher und nicht der Eindringling. Dafür gehört sie nicht in dieses Appartement. Aber: Das BILD macht mächtig DRUCK.

»Komm. Gehen wir. Das war eine Schnapsidee und wir hauen ab. Noch ist nichts passiert«, will Annika die Flucht nach vorne ergreifen.

Jenny nimmt Annika an den Schultern.

»Was hast du vor?«

Sie dreht Annika um, als sei sie ein Korken in einer Flasche Wein und Annika schaut nun auch auf die Wand.

»Das, das bist ja du!«

»Richtig, derjenige, der hier wohnt, hat ein großes Poster von mir in seinem Bad hängen. Warum auch immer, das hängt da! Wer auch immer hier wohnt, mein Bild ist bei ihm. Und wahrscheinlich noch viele mehr. Wie findest du das?«

»Komm mit raus da!«, befiehlt ihr Annika.

Annika stößt sie regelrecht aus dem Bad. Jennys Blick bleibt auf der Wohnungstür kleben. Puls 180. PUSH! 10, 9, 8, 7, 6, 5, 4, PUSH! Puls auf 9! Neun kann sich in alle Zahlen verwandeln, sie braucht die drei. Mit Annika ab durch die Mitte, zu zweit den Weg zurück rocken! Sie hört erneut Schritte. Wenn das keine Schritte sind, dann wirst du irre! Jetzt kommt der Mann!

»Lass uns gehen, komm!«

»Warum?«

»Glaub mir, wir müssen weg hier!«

»Dein Lippenstift ist verwischt.«

»Wir sind nicht bei Falco, sondern im Leben.«

»Sag mir, was mit Arnold war! Mir fehlt hier etwas!«

»Frag das deinen Macker, verdammt!«

An der Tür sperrt es.

»Was soll er mir erzählen?«

»Was los war! Also ich hau ab!«

Mit einem Ruck öffnet sich die Tür. Sie flüchten auf die Terrasse.

»Ja scheiße, da runter?«

»Ja, was sonst!«

»Fünf Autos vor unserem!«

»Bis was?«

»Bis zur unserem, du Pfeife!«

»Du mit deinen scheiß Zahlen!«

»Bitte, fünf ist immerhin die Zahl der Leidenschaft.«

»Aber auch den Fleck in der Schularbeit! Also, komm, spring!«

Sie springen.

Jenny kommt auf wie ein Frosch, aber nichts passiert. Annika jault auf. »Au!«

»Scheiß dich jetzt nicht an, renn weiter!«

Nur nicht zurückschauen!

Sie springen ins Auto. Jenny tritt das Gaspedal durch. Das Quietschen der durchdrehenden Reifen hört man bis zum Schlossberg rauf. Auf und davon.

Die Blicke aus dem 1. Stock sind ihnen gewiss. Und derjenige weiß ganz genau, dass jemand da war, da Annika den Zettel mit dem Zahlencode ausgestreut hat.

Eisenhagel wartet schon.

Rückfahrt. Gedrückte Stimmung. Beide halten die Schnauze. Annika betrachtet ihren lädierten Arm.

»Kannst du den Arm etwas anheben?«

Annika macht es.

»Das ist jetzt kein Bruch. Du hast eine arge Verstauchung, oder Prellung. Tut zwar höllisch weh, vergeht aber bald. Wir fahren im Spital vorbei, bevor ich dich zu Hause abliefere.«

Annika nickt.

Jenny raucht sich eine an und schiebt die Schachtel Zigaretten über das Armaturenbrett zu Annika.

»Scheißaktion, hey.«

»Wahnsinn, ja!«

»War aber auch deine Idee!«, kommt es aus Jenny heraus, die den Sager bereits im selben Moment bereut.

»Schuld bin jetzt ich, oder so?«

»Scheiß drauf! Sorry, Annika, war nicht so gemeint. Ich darf mir überlegen, warum der Arnold mich definitiv sowas von stalkt.«

»Und wenn wir zur Bullerei gehen?«, spricht Annika, deren Blick noch immer am pulsierenden Arm hängt.

»Genau, ja. Dass uns unsere Männer gleich den Schädel einschlagen! Der Bullerei dürfen wir als Erstes erklären, warum wir in Arnolds Appartement herumtanzen.«

»Ja eh.«

Manchmal glaubt Jenny, sie ist die Einzige, die in dem scheiß Kaff denkt, aber sie hält sich zurück. Sie bekommt das Gefühl nicht los, dass sie alle anderen in das Schlamassel mit reingezogen hat, zumindest Annika und Daniel. Kevin hat mehr damit zu tun, als es ihnen beiden recht ist, so schätzt sie die Lage ein, aber in Arnolds Wohnung prangt alleine ihr Poster an der Wand. Sagenhaft! Arnold ist tatsächlich zurück. Ein kalter Schauer läuft über ihren Rücken. Gleichzeitig fühlt sie sich MÄCHTIG angezogen. Die Welt ist verrückt und sie ist ein Teil davon.

Jenny schaltet ihr Handy ein, es tutet einige Male. »Drei versäumte Anrufe von Kevin«, war zu erwarten.

»Hi Kevin, ja das Auto haben wir. Erzähle ich dir nachher. Mach dir jetzt bitte nicht ins Hemd! Tut mir leid. … Was? … ich muss vorher mit Annika ins Spital, die hat eine Prellung. Das geht sich aber aus.«

Jenny legt auf.

»Was ist los?«

»Mr. Clever will uns treffen. In der Kirche! Laut Mr. Clever ein Ort der Begegnung.«

»Und jetzt?«

Jenny wirft die Kippe aus dem Fenster und raucht sich eine weitere an. Sie überholt die Pfeifen vor ihr. Kommen alle aus der Stadt. Können am Land nicht Auto fahren … ihr gefällt das alles nicht, sie wird hier hübsch in die Enge GETRIEBEN. Sie bestimmt zurzeit nicht. Sie tritt das Gaspedal durch und überholt. Energie. Es wird Zeit.

»Ich habe die Kirche immer gemieden. Aber, wo man nichts mehr vermeiden kann, muss man durch.«

Siehst du, kleine Maus?

Jenny geht mit Annika direkt zum Röntgen. Sie schenkt Dr. Traisen, der gerade mit einigen jungen Kolleginnen einen Rundgang macht, einen verstohlenen Blick. Dr. Traisen bekommt einen roten Kopf und die Turnusärztinnen um ihn herum kichern. Langsam kommt sie sich tatsächlich wie in einem Dschungelspital vor, wo gekichert wird, wenn ein Arzt und eine Krankenschwester sich länger als eine Sekunde in die Augen schauen.

Von Annikas Hand wird gerade eine Röntgenaufnahme gemacht. Mit Daniela hat sie tatsächlich eine umsichtige Arzthelferin erwischt. Jenny schaut weiter Doktor Traisen nach, wie er mit den Ärztinnen um die Kurve geht. Ob er mit ihnen auch eine Runde Hypnose machen wird? Ertappt sie sich dabei, eifersüchtig zu werden? Die Sache wird so und so bald ein Ende finden, denkt sie sich. Am 5. ist alles vorbei. Am 5. war schon immer alles vorbei. Das regt sie gar nicht auf. Was auch immer passiert, am 5. hat sich die Sache erledigt. An gewissen Dingen kommt man in Eisenhagel nicht vorbei. Die Sau wird nicht älter als 18 Monate, sonst wird der Speck zu hart. Mit 12 raucht man seine erste Zigarette, mit 13 hat man seinen ersten Vollrausch, mit 16 hat man sich das erste Mal eingeraucht und zwischen den Jahren die Jungfräulichkeit verloren und am 5. ist alles vorbei. Vielleicht hat sie daher ihren Hang zu Zahlen. Sie fühlt sich sicherer, wenn die Dinge zwischen Zahlen genormt sind, das war schon immer so. Annika kommt ihr entgegen, nicht unstolz, einen dicken Verband zu tragen. Na bitte, haben wir unsere Annika also versorgt. Das trägt sicher zu Annikas Wichtigkeit bei und sie kann wieder stundenlang Geschichten erzählen. Aber sie will nicht unfair sein, Annika wurde von ihr in die Sache hineingezogen.

»Und?«

»Das ist nun ein Sportverband, der mich nur wenig einschränkt. Den muss ich zehn Tage tragen, dann bin ich zur Kontrolle eingetragen.«

»Na siehst du. Ist ja alles halb so schlimm.«

»Aber es hätte auch schiefgehen können, hat die Frau Doktor gesagt. Wer ist eigentlich dieser Doktor Traisen?«, fragt Annika Jenny, während sie gerade das Spital verlassen.

»Ein Arzt hier, warum?«

»Man sagt, er macht dir schöne Augen, habe ich zumindest aus dem angrenzenden Raum gehört. Da waren die Türen offen.«

Jenny lupft die Schultern. »Keine Ahnung. Da siehst du einmal, wie wenig ich mir aus dem Tratsch mache. Keine Ahnung, was da bei den Kaffeerunden gequatscht wird. Wir beide haben bekanntlich Wichtigeres zu tun, zum Beispiel nach Graz zu fahren, oder?«

Annika nickt leicht geknickt. Jenny zündet sich eine an und setzt sich Sonnenbrillen auf. Dass sie von oben von Dr.

Traisen beobachtet werden, ist ihr sonnenklar. Dass sie ein Stück weiter oben noch von jemandem beobachtet werden, ahnt sie nicht. Es wird Zeit, denkt sie sich. Da ist sie nicht die Einzige.

Jenny parkt den Quattro vor der Kirche. Kevin und Daniel warten schon. Jenny bleibt kurz sitzen und lehnt sich zurück. Muss das jetzt wirklich sein? Kevin inspiziert sein Auto. Sie steigen aus. Kurze Begrüßung, eher förmlich und kühl. Kevin betrachtet die Kratzer auf dem Lack beim Tankstutzen, poliert mit seinem Jackenbund einmal darüber, geht aber nicht näher darauf ein. Die vier Freunde schauen sich an. Sie stehen zusammen wie früher, aber trotzdem ist es nicht früher. Jetzt gleich wird Kevin mit der Moralpredigt beginnen, ist ihr klar. Als er zum Sprechen beginnt, steigt in Jenny eine unglaubliche Wut empor.

»Und, was macht der Arm?«

»Er pumpt«, antwortet Annika.

»Dann würde ich die nächsten Tage einmal keine überflüssigen Ausflüge machen«, ätzt er. »Ich stell mir nur vor, wie ihr von dem abgeschlachtet werdet. Und wir wissen von nichts!«, beginnt Kevin mit der Moralpredigt.

»Ich hab gedacht, du bist ein Typ und keine Tussi, die immer zickt«, kontert Jenny.

»Und, Arnold getroffen?«, schaltet sich Daniel ein.

»Sweet dreams are made of this«, summt Jenny die Melodie und lächelt dabei Daniel an. Dabei flackern ihre Augen.

»I travel the world and the seven seas … everybody's looking for something«, singt sie nun lauter und voller Häme.

»Wenn ich dich so höre, könntest es sogar du gewesen sein, die das alles arrangiert hat«, unterbricht sie Daniel.

»Ich? Willst du wissen, wen dieser Arnold als Pin-Up-Foto ins Bad gehängt hat?«

»Dich?!«, japst Daniel, fast erfreut, dass es Arnold vielleicht gar nicht auf ihn abgesehen hat.

»Ja, von dem Abend, als wir gedankenlos in der Disko abfeierten. Als dein Lied gespielt wurde.«

»Okay. Und sonst?«

»Was sagt euch eigentlich die Zahlenkombination 250 … 394 … 000.«

»Ja, keine Ahnung«, schaltet sich Kevin ein.

»Das ist der Zahlencode an Arnolds Wohnungstür. Den richtet man sich bekanntlich selbst ein. Ich kann die Zahl aber auch anders betonen: 25-03-94. Das ist mein Geburtstag.«

»Mist!«, antwortet Kevin und schüttelt seinen Kopf.

»Und da soll ich nicht aufgebracht sein? Arnold will mich und nicht euch.«

»Ja, Mist! Der Typ ist dermaßen krank …«

»Und warum?«

Stille.

»Ihr seid wirklich gute Freunde. Vielen Dank!« Jenny hat genug. Sie geht zur Kirche voraus und öffnet die schwere Kirchentür. Sie treten in das dämmrige Innere. Es donnert und kracht. Die Kirchenorgel faucht aus allen Löchern, durch die Fenster dringt grelles Licht herein, alle vier halten sich die Ohren zu und sind vom Licht geblendet. Mr. Clever schwebt gefesselt durch die Kirche. Er rast nun auf den Altar zu und klatscht auf dem Altar auf. Er bleibt an derselben Stelle liegen, wo der Pfarrer starb. Die vier starren auf eine Krampusmaske, die auf Mr. Clever befestigt ist. Dazu noch die laute unausstehliche Musik.

»Kann wer die scheiß Musik ausmachen?!!!«, brüllt Jenny. Kevin gibt Daniel ein Zeichen. Daniel läuft zur Orgel in den ersten Stock. Unterdessen läuft Kevin durch die Reihen und schaut ob sich jemand verschanzt. Jenny und Annika spurten aus der Kirche, umrunden sie in entgegengesetzte Richtungen. Jenny fühlt sich plötzlich wie ein Kind in einem Abenteuer. Auf dem Rücken fühlt sie ihre Schultasche und durch die Nase zieht der Geruch von Großmutters Wohnung. Griesnockerlsuppe und Apfelstrudel. Großvater kehrt unterdessen das angefrorene Laub von den Waschbetonplatten. Jennys Augen flackern, sie spürt durch das schnelle Atmen ihre Lunge, und plötzlich sind sie wieder ein Team! Sie will sich an Kevin schmiegen, aber das ist jetzt nicht möglich. Jenny und Annika klatschen ab, nichts Auffälliges war zu bemerken. Sie kommen gerade zurück in die Kirche, als Kevin und Daniel über die Orgel gebeugt stehen. Nun fahren sie alle Register auf einmal hinunter. Es hallt einen langen Moment nach. Stille. Alle stehen nun um den massakrierten Mr. Clever. Das Gefühl der Bedrohung von außen, die den Zusammenhalt schafft, hat die alte Zeit überlebt, wenn auch nur für Minuten ist es jetzt zurück.

»Welches Zeichen schickt uns Arnold? Was hat Mr. Clever mit dem toten Pfarrer zu tun?«, fragt Jenny.

»Er war sein Handlanger. War, wohlgemerkt«, antwortet Kevin. »Und so ganz nebenbei, ich war das nicht.«

»Wie kommst du überhaupt auf die Idee?«, fragt Daniel sporadisch nach.

»Die Leute hier werden mich verdächtigen, weil ich als Einziger ein Motiv habe. Wir sind uns permanent in die Quere gekommen! Die Menschen unten in der Stadt wissen das. Zuerst kommen die Verhöre aus dem Revier und dann nimmt mir der Bürgermeister den Lauf weg.«

»Jetzt warte einmal ab«, unterbricht ihn Jenny. »Du kennst einen jeden bis rauf zur Einöde. Abgesehen davon hat der Bürgermeister kein Interesse daran, dass der Lauf scheitert, nur weil du kein Alibi hast.« Kevin ist anderer Meinung, lässt es aber fürs Erste gut sein, momentan hätte ihm so und so keiner zugehört. Sie nimmt Mr. Clever vorsichtig die Krampusmaske ab. Mr. Clevers Augen starren in die Welt, Mr. Clever ist tot. Sein Mund ist mit einem Gafferband zugeklebt. Jenny reißt es, ohne die andern zu fragen, mit einem Schwung ab. Es bleibt ein rosaroter Abdruck auf seinen Wangen zurück. Dennoch hat seine gesamte Erscheinung etwas Künstliches, etwas Inszeniertes. Mr. Clevers Kopf kippt zur Seite, seine Kinnlade öffnet sich und aus seinem Mund fällt eine Metallkapsel zu Boden. Sie rollt zu Jennys Füßen. Jenny hebt sie auf. Sie zeigt sie den anderen.

»Die Kapsel hat eine Naht.«

»Na dann mach sie auf!«, antwortet ihr Kevin.

Jenny liest die Nachricht und wird weiß im Gesicht. Sie geht einige Meter zurück.

»Hey, Jenny, komm, sprich mit uns«, versucht Annika die Stille zu durchbrechen und geht langsam auf Jenny zu.

»Ihr seid SCHULD!«, lüftet Jenny das Geheimnis. »SSSCCHHULD!«, wiederholt sie es nochmals, in Gedanken fügt sie hinzu, dass sie sich schon länger so fühlt und wahrscheinlich nicht nur sie.

Für einen Moment schauen alle betroffen auf den Boden. Kevin will seine Stimme erheben, um sich zu rechtfertigen, dazu kommt es jedoch nicht mehr, denn der Gottesdienst wird eingeläutet. Schritte sind zu hören. Menschen, die lachen. Die vier Freunde schauen sich kurz an und ihre Blicke sagen mehr als 1000 Worte. Sie hieven die Leiche vom Altar und verlassen im nächsten Moment das Gotteshaus.

Die Leiche von Mr. Clever geht in einer dunklen Jauchengrube unter. Um die Jauchengrube herum ist weißer, fleckiger Schnee, als ob die Landschaft einen Ausschlag hätte. Alles dampft, man sieht Maske und Hände von Mister Clever verschwinden. Kevin reicht eine Flasche Schnaps herum, alle trinken. Keiner redet ein Wort. Noch eine Runde. Darauf lässt Kevin seine Marlboro die Runde machen. Jetzt rauchen sie alle. Das Ritual entspannt Kevin aber nicht. In seinem Kopf wummert es. Irgendwie würde er gerne einen Schlauch in sein Ohr stecken und das andere Ende in die Jauchengrube halten. Vielleicht würde die auch das Wummern ableiten. Okay, die Blicke treffen ihn jetzt gerade nicht zufällig. Er räuspert sich. Es folgt die kurze Erklärung zur langen Schweigsamkeit: »Also, am Krampuslauf vor zehn Jahren habe ich den Böller abgefeuert, der Arnolds Vater traf. Ich habe durch einen Leichtsinn Arnolds Vater getötet und bin nie verurteilt worden. Als ob er darauf gewartet hat, schwört er nach zehn Jahren auf Rache.« Er schaut Jenny direkt ins Gesicht. So viel Stolz und Ehre muss sein.

Jenny weiß nicht, ob sie die Runde verlassen soll, oder ob sie Kevin alleine in die Jauchengrube stoßen sollte. Oder soll sie einfach gehen? Sie schaut in den dunklen Tümpel und versucht cool zu bleiben. Weglaufen gilt nicht, vor den Freunden schon gar nicht.

»Und warum erfahre ich das erst heute?!«

Weil du das vorher nicht wissen wolltest, hm?

»Ich bin sehr oft, stundenlang an deinem Krankenbett gestanden und habe mir geschworen, dir alles zu erzählen, wenn du wieder erwachst. Dann findet man den richtigen

Zeitpunkt nicht und irgendwann sagt man nichts mehr. Weil es ja nicht wirklich etwas mit dir zu tun hat, das muss auch gesagt werden. Das ist ein Ding, das spielt sich zwischen mir und Arnold ab«, sprudelt es aus Kevin, fast freudig, mit einer Art Erleichterung. Er atmet tief durch, plötzlich überlegt er sich sogar, Nichtraucher zu werden, wenn das nicht so was von lächerlich wäre. Kevins, die 25 Jahre alt sind, rauchen. Das ist nun einmal so. »Das werden Arnold und ich klären müssen«, bestärkt er seinen Entschluss.

Jenny schaut ihn giftig an. »Willst du mir den Arnold jetzt auch noch abspenstig machen, du blödes Arschloch du? Du hast mit ihm Nüsse zu tun. Einen Scheißdreck wirst du! In seinem Appartement war kein Pin-up von dir, da erinnerte überhaupt nichts an dich.«

»Und was war das im Café?«

»Da hat er dir einfach gezeigt, dass du gegen ihn eine Micky Maus bist!«, faucht ihn Jenny an. »Du hast das Problem noch nicht beseitigt. Oder?«

»Könnt's ihr jetzt bitte aufhören!«, fährt Daniel dazwischen. »Das ist ja mehr als lächerlich. Wenn uns Arnold so sehen könnte! Alle streiten sich – wegen ihm.«

Stille und Einsicht.

»Samma wieder gut?«, fragt Kevin nach.

Jenny nickt. Sie umarmen sich. Annika schaut sie an. Am liebsten würde sie die beiden zusammen ins Gefängnis stecken, sodass ihnen nichts passieren kann. Zumindest bis zum 5. Unweigerlich hat sie Tränen in den Augen und dreht sich weg.

»Trotz allem, Kevin. Das hättest du mir schon lange erzählen müssen. Einfach der Form halber. Hier haben wir nun einen Toten und einen bedauerlichen Unfall vor zehn Jahren. Die Dinge sind nun in Bewegung. Nicht regulierbar.«

»Ja, Mist! Es tut mir leid. Aber ich bin jetzt froh, dass das draußen ist. Ich spüre, wie die Luft reiner wird, wirklich.« Er grinst Jenny an. Wie ein Junge, der seiner Mama einen Streich gebeichtet hat.

»Ich weiß nicht warum, aber ich fühle eine Verbindung zu Arnold und das ist nicht gut. Der Arnold von damals war einfach ein lieber Kerl«, fährt Jenny bekümmert fort. Sie fühlt, wie Kevins Blick auf ihr verweilt, ignoriert ihn jedoch. »Der Arnold von damals war ein lieber Kerl, er war gescheit und ein Stück zu nett für uns alle«, sie schaut nun zu Kevin, sie hat ihn noch nicht aus der Verantwortung entlassen, oh nein, »heute jedoch ist er ein Killer, und Killer sind zwar spannend, aber auch böse Menschen.«

Die anderen schauen sie erstaunt an. So direkt hatten sie Jenny nicht erwartet. »Außerdem glaube ich, dass das alles hier wegen mir passiert. Warum das auch immer so ist, ist jetzt nicht wichtig. Es besteht auch die Möglichkeit, dass ich etwas getan habe, von dem ich nichts mehr weiß. Egal, die Dinge passieren wegen mir und da müssen wir durch. Oder ich!«, beendet Jenny ihren Monolog.

»Weil du so geil bist?«, lockert Kevin die Stimmung auf und tatsächlich grinsen jetzt wieder alle, sogar Jenny.

»Idiot. Das bin ich auch, wenn niemand stirbt«, antwortet Jenny.

»Stimmt!«, grinst Kevin erfreut, in der Hoffnung, dass Jenny ihm verziehen hat oder die Sache zumindest für erledigt erklärt. Ihm wäre beides recht.

»Also, ich mache am 5.12. die Krampusprinzessin, aber ich brauche ein neues Versteck. Das Rathaus ist zu riskant«, antwortet Jenny. »Ich weiß auch schon wo. Aber egal. Hauptsache, Mr. Clever ist weg.« Jenny nimmt nun Kevin die Flasche Schnaps aus der Hand, trinkt einen Schluck und schnepft die fertiggerauchte Kippe in die Jauchengrube. »Eisenhagel steckt voller Geheimnisse. Das war schon immer so. Nun hat es eines mehr«, fasst Jenny die Situation feierlich zusammen. Mr. Clever ist weg und Arnold ist kein Gespenst mehr. Das ist sehr viel für einen Tag. »Ich glaube, wir sollten jetzt gehen. Auf uns wartet genug Arbeit«, fordert sie die anderen auf und geht zum Auto vor. Kevin trottet hinter ihr her. Er hat plötzlich den Gang eines Willenlosen. Kevin hat gebeichtet, aber auch die Vorherrschaft in der Runde verloren. Nun hat Jenny das Sagen.

Sie gehen in Richtung Jennys Wohnung. Kevin weiß nicht warum, aber er verspürt den Drang, die Konversation aufrecht zu halten, so, als ob ihm Jenny ansonsten entgleiten würde. Für immer weg sein würde. Einmal mehr. Er hat eine Ahnung, was damals war. Damals. Noch weiß sie ja nicht alles. Und er weiß, wie die Situation im Spital war. Nicht zu ihr durchdringen zu können. Trotzdem war er bei ihr. Jeden Tag. Sie gehört zu ihm. Sein Blick streicht durch die Gassen und über die Dächer. Er merkt wie seine Halsschlagader pocht und sein Mund austrocknet. Er räuspert sich. »Ich habe gehofft, dass es keinen Arnold mehr in unserem Leben gibt und jetzt stehen wir vor einem Monster.«

»Ja, aber es hilft nichts«, antwortet Jenny und nimmt ihn an der Hand.

»Was?«

»Man kann sich nicht das ganze Leben lang vor etwas fürchten und davonlaufen. Ist ja kein Leben«, antwortet sie ihm, schenkt ihm einen herausfordernden Blick und öffnet ihre Wohnungstür.

Jenny kommt mit einem Glas Wasser zurück und stellt es Kevin zum Sofa. Sie streichelt ihm kurz übers Haar.

»Sag einmal, wie schaut denn der Arnold als Erwachsener aus?«

»Ich habe keine Ahnung, aber am Schreibtisch liegt ein Bild, wie Arnold aussehen könnte. Du kannst es haben, wenn du willst. Ich habe von diesen ganzen Aktionen genug.«

Jenny verlässt den Raum und Kevin nimmt sich das Bild. Schaut er wirklich so aus? Er dringt nicht durch zu ihm, was ihn verwirrt. Schlussendlich sind das alles Computerspielereien, wer sagt, dass Arnold nicht eine Narbe im Gesicht oder ein lahmes Bein haben kann?

Jenny kommt mit zwei Whiskey zurück und legt sich zu Kevin.

»Und wenn das alles du warst?«

»Was jetzt. Spinnst du?«

»Überleg einmal: Du machst Mr. Clever kalt und lenkst den Verdacht direkt auf dich. Keiner von uns wird glauben, dass du das warst. Was ist, wenn du jemanden engagiert hast, der mich fotografiert?«

»Aha. Und wie soll das gehen? Wir waren zusammen in der Kirche und im Vorfeld war ich mit Daniel unterwegs. Ich habe also ein Alibi.«

»Dann hast du einen Verbündeten, wie im Horrorfilm. So wie der im Darknet.«

Kevin schaut sie kurz fragend an.

»Wie der, der uns zur Grazer Wohnung führte. Du hast einen Hawie arrangiert, der nach und nach alle killt, und das letzte Opfer übernimmst du.«

»Dann fang ich gleich mit dir an, oder?«

Jenny schaut ihn überrascht an, gibt ihm einen kurzen Schlag in den Bauch und er lässt los.

»Du bist mein letztes Opfer.«

»Und warum?«

»Weil du mir die größte Lust bereitest«, funkelt er sie an, dabei ist ihm die Lust in die Augen geschrieben.

Sie fasst ihn kurz an. Seine Erektion ist jetzt nicht schwer zu erkennen.

Sex. Sie verschlingen einander. Mehr als sonst. Viel mehr als sonst. Vielleicht, weil sie auch wissen, dass es einen Rand gibt, über den einer kippen kann und dann … Kevin krallt sich in ihr fest, Jenny beißt ihm in den Hals, er nimmt sie von hinten. Aber sie sind nicht alleine. Sie sind schon lange nicht mehr wirklich alleine. Jemand beobachtet sie. Jenny sieht niemanden, aber weiß, dass noch jemand im RAUM ist, obwohl NIEMAND außer ihnen im Raum ist. Sie versteht das selber nicht, warum das so ist, wie das so geht, das verstehen nur Menschen wie Dr. Traisen, aber jemand beobachtet sie beim Ficken. Na dann! Sie drückt Kevin ihren Arsch entgegen, dass sein Schwanz aber so in sie hineinpasst, dass alles passt. Sterne über Jenny, Vulkane über Kevin.

Jenny raucht sich eine Zigarette an und bläst den Rauch gegen das Licht. »Ich muss mit dir reden.«

»Geh scheiße, was ist jetzt schon wieder?«, antwortet Kevin.

»Auf Mr. Clevers Zettel steht ›Schuld‹. Schuld bist du. Du hast Arnolds Vater auf dem Gewissen.«

»Willst du jetzt eine Minute nach dem Sex diskutieren, oder so? Das war ein Unfall. Es hätte jeden treffen können, aber auch niemand.«

»Nein, ich will einfach die nächsten Tage alleine mit mir klarkommen. Getrennt.«

»Wie jetzt?«

»Ich brauche Zeit für mich.«

»Klingt wie ein schlechter Film.«

»Manchmal ist das Leben auch nicht besser. Von irgendwo müssen die blöden Ideen ja auch kommen«, antwortet Jenny und kippt das Fenster.

Kevin steht auf und schnappt seinen Anorak. »Wenn du meinst. Aber pass gut auf, auf dich. Arnold ist unterwegs. ARNOLD!« Kevin lässt die Tür hinter sich lautstark ins Schloss fallen.

Jenny schminkt sich nach. Sie zündet sich erneut eine Zigarette an. Sie hat nun die große Traurigkeit der Trennung in den Augen und zugleich die brutale Offenheit nach allem Neuen. Wie Moos am Morgen in einem neuen Land, ohne Schuhe. Dessen ist sie sich bewusst. Auch dass die Mischung aus allem unmöglich Möglichen sie für alles offen erscheinen lässt. Dessen ist sie sich bewusst. GIRLS DON'T CRY.

Plötzlich so alleine, hm? Nice.

Jenny steht vor dem Spital. In einigen Zimmern brennt noch Licht. Fünf an der Zahl. Die Fünf ist die Zahl des Helfens und des Heilens und immer auch der Liebe. Ihr gefällt die Zahl fünf nicht, aber es sind nun einmal fünf Zimmer beleuchtet. Letztens, als es dunkel und sie nach der Flucht vor der Blumenhändlerin war, hielt sie vor dem Spital an. Da war nur ein Licht. Zeit ist seit damals vergangen. Viel Zeit.

Plötzlich fühlt sich Jenny befangen. Sie schaut durch ihre Finger, als ob sie die verlorene Zeit in einer Ecke erspähen könnte. Plötzlich verdunkelt im dritten Stock ein Zimmer. Jetzt sind es nur noch vier. Die Vier ist die Zahl des Gleichgewichtes und für Selbstbewusstsein. So schnell kann es gehen.

Sie klopft an Dr. Traisens Zimmertür. Dr. Traisen ist überrascht, gleichzeitig scheint er sich über den späten Besuch zu freuen, zumindest sagen ihr das seine Augen.

»So spät am Abend? Kommen Sie rein.«

»Ich hoffe, ich störe Sie nicht bei etwas Wichtigem«, antwortet Jenny. Sie wirft einen kurzen Blick durch das Zimmer. So viel Vertrautes beinhaltet es für sie, als ob sie es schon ein Leben lange kennt.

»Nein, nein, keinesfalls«, antwortet der Arzt und stellt seinen Kaffee ab. »Darf ich den Grund Ihres Besuchs erfahren?«

»Eine Sitzung?«, fragt Jenny fast unschuldig nach. »Hey Mann, ich brauche Stoff, verstehst du? Bin voll drauf! Gib mir ne Sitzung!«, kommt es aus ihr raus, ganz unbedacht, bringt aber beide zum Lachen. Nicht ohne ernsten Hintergrund. Diese Sitzungen machen tatsächlich süchtig und Jenny spürt, dass auch diese Sitzungen schon bald ein Ende haben werden, wenn nicht irgendetwas PASSIERT. Irgendetwas müsste passieren, denkt sie sich und findet keine Antwort. Je näher die Krampusnacht kommt, desto mehr vermisst sie die Antworten – auf alles. Das kann nicht gut gehen, denkt sie sich und erschrickt vor sich selbst.

»Also, gehen wir's an!«, fordert der Doktor sie auf.

»Gut«, denkt sich Jenny. Du weißt vielleicht mehr über mich, aber das Große und Ganze bleibt dir doch verborgen, denkt sich Jenny, in der Gewissheit, dass es sich ihr einmal offenbaren wird, oder doch nicht?

Schon bald!

Jenny ist in Trance. »Jenny, hören Sie mich?«, fragt der Arzt routiniert nach.

»Ja«, antwortet Jenny.

Doktor Traisen steckt sein Notizblock in den Kittel und konzentriert sich nun auf Jenny. »Heute haben Sie einen anderen Lippenstift als die letzten Male.«

»Gefällt er Ihnen nicht?«, kommt es abrupt aus Jenny. Sie runzelt dabei die Stirn wie ein trotziges Mädchen.

»Doch, doch, sehr sogar!«, antwortet Doktor Traisen und bestätigt dies noch gestikulierend. »Ich wollte nur haben, dass Sie wissen, dass Sie mir nicht gleichgültig sind. Sie sind mir wichtig, um ehrlich zu sein.«

Dr. Traisen nähert sich ihrem Gesicht. Er will sie anfassen, anfassen, wie man einen Menschen anfasst, der einem sehr vertraut ist. Er zieht sich rasch zurück, als er merkt, dass Jenny zu unruhig für die Hypnose ist. Hoffentlich hat sie nichts von seinen Anwandlungen bemerkt. Jennifer öffnet ihre Augen, sie glänzen, fast, als ob sie zum Weinen gerührt wäre. »Das haben Sie sehr schön gesagt, Herr Doktor«, antwortet Jenny.

»Oh, Sie sind wach?«, antwortet Dr. Traisen. Dabei ist ihm durchaus bewusst, wie schwachsinnig er sich anhören muss.

»Ja und ich habe mir erlaubt, zu lauschen, wie Sie es mit der Hypnose angehen.«

»Oh«, antwortet der Arzt und spürt, wie ihm die Röte ins Gesicht steigt. »Sind Sie jetzt entsetzt?«

»Nein, gar nicht«, antwortet Jenny und kommt sich so albern vor, als ob sie in einer Werbung für einen Schokoriegel mitspielen würde. »Es ist nur – ich habe mich von Kevin getrennt. Es ist nicht so, dass ich Kevin nicht mehr mag, aber ich bin auf alle Beziehungen wütend. Ich weiß auch nicht, woran es liegt. Es scheint, Ihre Hypnose aktiviert mich.«

»Haben Sie Hunger?«

»Jetzt, wo Sie es sagen!«, antwortet Jenny und trägt dabei wieder dieses beschwingte Lachen im Gesicht, diese sorglose Unbefangenheit, die so ganz und gar nicht zu ihrer Situation passt und den Arzt auf eine sonderbare Weise schlicht und ergreifend fertigmacht.

Zurückhaltendes Licht bei einem Italiener. Man sieht sie lachen und scherzen. Beide essen Spaghetti. Sie verstehen sich wunderbar. Doktor Traisen sprüht nur so vor Elan und Jenny lässt die letzten Minuten des Tages verstreichen. Kurz vor Mitternacht, an einem Tag wie diesem, was soll da noch Großes passieren? Immerhin standen sie schon vor einer Leiche und sie schickte Kevin in die Wüste. Das alles sieht sie mit einer gewissen Distanz, als ob die Trennung von Kevin so und so überfällig gewesen wäre und sich nun in einer innerlich großen Entfernung niederschlägt. Dazu lenkt sie in diesem Moment Dr. Traisen ab, seine Geschichten sind wirklich abwechslungsreich. Abgesehen davon fühlt sie sich in der Umgebung von Dr. Traisen erwachsen.

»Der Elefant war ganz spitz auf mein Eis. Ich habe es ihm dann gegeben, aber der ist mir trotzdem nachgelaufen! Also bin ich zum Eisverkäufer hin, habe mich hinter einem Baum versteckt, dann ist der Elefant dem Eisverkäufer nachgelaufen und hat mich in Ruhe gelassen.«

»Sie haben ja wirklich schon viel erlebt.«

»Und bald wieder. Ich gehe zu den Ärzten ohne Grenzen. Ich will wieder weg.«

»Und wohin?«

»In den Sudan.«

»Zu den ganzen Schwarzen?«, fragt Jenny nach. Sie bereut sofort ihre Skepsis, aber das ist nun mal so.

»Ja, aber das macht auch die Herausforderung aus. Ein Unfallspital mitten in den Tropen. Im Grund sollte es eine professionelle Erstversorgung sein, aber natürlich wird es um alles gehen. Ich hätte gerne eine Krankenschwester, die mitgeht. Nämlich Sie.«

Einige Sekunden, bevor er sie ins Spiel bringt, kann sie sein Ansinnen bereits erahnen. Trotzdem spürt sie die Spannung. »Ui, das kommt jetzt sehr überraschend, obgleich ich mich geehrt fühle, das muss ich Ihnen ganz ehrlich sagen«, antwortet sie ihm.

»Sie müssen sich ja nicht sofort entscheiden. Ich schätze Ihre sorgsame Arbeit und hätte Sie gerne als Oberschwester dabei. Das wäre für Sie auch ein beruflicher Aufstieg«, antwortet ihr der Arzt mit viel Zuversicht.

Ihr Verstand sagt ihr, dass sie mit Doktor Traisen mitgehen sollte, in den Urwald. Mitgehen muss. Ihr Verstand hat sie zu ihm gebracht. Ihr Verstand bescheißt sie nicht. Ihr Verstand ist ein Guter. Sie kann aber nicht. Sie weiß, dass Doktor Traisen die Rettung ist. Sie könnte weggehen und alles stehen lassen. Aber es wäre ein eingefrorener Zustand. Ein Zustand, der erst wieder weitergeht, wenn sie hierher zurückkehrt. Aber er würde wieder Fahrt aufnehmen. Wie eine alte, ächzende Dampflok, die sich aber dann doch in kurzer Zeit in einen sehr flinken E-Zug verwandelt. Ein ganzes Leben lang. Sie kann sich davor nicht drücken. Auch bei 40 Grad im Schatten wäre ihr klar, in Eisenhagel wartet der Frost.

»Was bedrückt Sie wirklich?«

»Rede ich in der Hypnose über einen Fremden?«

»Oh ja.«

»Von wem?«

»Sagt Ihnen der Name Arnold etwas?«

»Ja – ist er gefährlich?«

»Ja. Soll ich die Polizei einschalten?«

»Nein, niemals. Die Dinge müssen zwischen uns geklärt werden, sonst enden sie nie.«

Und jetzt ist sie wieder zurück, die Eiseskälte.

Jenny schläft alleine in ihrem Zimmer. Sie hält die Uhr in der Hand. Der Mond zeichnet ihr Gesicht nach, als wäre sie in einem Schwarzweißfilm. Wolken ziehen an ihr vorbei. Ein Schatten ist über ihr. Der Schatten verschwindet. Scheinbar. Vielleicht war alles nur eine eigenwillige, verspielte Wolke, die eigentlich nichts anderes wollte, als kurz über Jenny zu verweilen. Ei, ei, alles eitel Wonne, oder nicht?

Jenny erwacht schweißgebadet und kann sich an nichts mehr erinnern, in ihr ist aber ein Gefühl. Ein Gefühl der Unruhe. Dass etwas war. Ihre Augen tasten das Zimmer ab. Sie springt auf und holt ihre Lady aus dem Schrank. Die Eingangstür ist von innen verriegelt. Küche, nichts als die tickende Uhr. Ein Krachen, ein Surren. Mit gestreckten Armen, mit beiden Händen am Abzug steht sie vor dem lärmenden Kühlschrank. Es ist niemand hier. Der Kühlschrank, ihr letzter Freund, und den knallt sie ab?

Jetzt lacht sie selber, über sich, über Eisenhagel und die Welt. Sie lässt sich einen Kaffee runter. Mädel, was ist nur los mit dir. Willst den Kühlschrank durchsieben? Sie sieht ihr halbes Gesicht im Schminkspiegel. Siehst leicht fertig aus, warum die Buben auch darauf stehen, es ist so.

Ein harscher Windzug, das Fenster springt auf. Wie hat sie das nur übersehen können! Ihr Fenster ist nur angelehnt. Seit wann? Heute am Morgen hat sie rausgeraucht. Manchmal drückt sie danach das Fenster nur zu. Plötzlich sieht sie die frischen Regentropfen auf ihrem Leintuch. Perlen einer bösen Überraschung oder doch die Morgenröte? Sie greift darüber, die Perlen zerplatzen. Ihr wird ganz anders. Es riecht nach Jauche. Ihre Schuhe? Von gestern? War da wer? Oder bildet sie sich alles nur ein? Sie wirft einen Blick auf die Straße. Es dämmert. Der Himmel hebt sich langsam von der Häuserfront ab. Keine Sau irgendwo. Einzig ein zunehmender Sturm.

Sie streckt ihren Kopf aus dem Fenster. Kein Licht irgendwo. Sogar der Mond versteckt sich. Ihre Panik, ihr Groll, alles zerfließt zu nichts. Plötzlich hat sie das Gefühl, der letzte Mensch auf Erden zu sein. Der letzte Mensch stirbt weinend. Aus Einsamkeit.

Anmeldung zum Krampuslauf. Turnsaal, schlechte Luft, flackernde Neonröhren. Halbverkleidete Gestalten aus fernen Welten, denen man auch tagsüber ungern begegnet. Sie rauchen und trinken Dosenbier, tratschen und lachen. Kevin sitzt inmitten von zwei weiteren Vereinsmitgliedern an einem länglichen Tisch. Computer, Notizblöcke, inklusive dem Schild »Krampuslauf Anmeldung«. Würde rund um ihn nicht der Wahnsinn ausbrechen, also der volle, wäre es ein Tag zum Feiern, auf den er stolz sein könnte, an dem ihn vielleicht sogar seine Freundin bewundert hätte. Aber die hat ihn ja gestern vor die Tür gesetzt. Er hat den Vorsitz und darf die Entscheidungen treffen, wer beim Lauf mitmacht und wer nicht. Und das ist viel wert, in einem Ort wie Eisenhagel.

»Die Nächsten, bitte. Nummer 63«, ruft Kevin die nächste Gruppe auf.

Ein verwegener KRAMPUSMANN kommt auf ihn zu. Er ist als Krampus verkleidet, aber jetzt nicht mit schweren unhandlichen Fellen, sondern in dunklen Jeans, Springerstiefeln, einer Bomberjacke und einer enganliegenden Gummimaske mit Hörnern.

Kevin nimmt keine Notiz von ihm. Er schaut nicht einmal auf, so sehr ist er mit seiner inneren Welt beschäftigt. »Keine Bengalos, keine Gewalt am Publikum, jegliche Übergriffe in nicht markierte Bereiche werden ausnahmslos zur Anzeige gebracht.«

»Jep!«

»Wenn Sie das alles gelesen haben, dann unterzeichnen Sie.«

»Jep! Ich hab da noch eine Frage. Die lebende Fackel ist erlaubt?«

Kevin reagiert nicht. Plötzlich speit der Krampusmann aus dem Nichts Feuer. Die Stichflamme streift fast Kevins Kopf.

»Aufwachen!«

Der Krampusmann tritt zurück und zeigt das Victory-Zeichen. Die Krampusse im Hintergrund lachen. Kettenrasseln und tiefes Glockengeläute schallen aus dem hinteren Teil der Turnhalle nach vor.

»Seid's geisteskrank?!« Kevin greift sich auf die Stirn. Spinnen die jetzt alle?

Der Krampusmann dreht sich auf dem halben Weg zu Kevin um. »Und für die Prinzessin haben wir noch eine besondere Überraschung!« Er drückt auf seinen Gürtelvorbau und daraus springt ein steifer Eisenpenis heraus.

»So kann sie sich ein Leben lang an uns erinnern. Wir sind ja auch in Eisenhagel!«

Der Krampus lacht böse. Kevin zeigt Nerven. Er steht auf und zerreißt die Anmeldung. »Du nimmst an dem Lauf nicht teil! Und an alle andere! Alle sexuelle Perversionen sind zu streichen! Sonst werdet ihr ebenfalls von der Liste gestrichen! Ihr seid ja alle geisteskrank!«

Der Krampus bleibt cool, verharrt inmitten des Turnsaals und dreht sich um. »Hey Clown!«

Kevin schaut ihn verwundert an.

»Du bist der Pausenclown, verstehst du? Wer hier mitmacht, entscheidest schon lange nicht mehr du. Du Clown, du!«

Plötzlich beginnen im hinteren Ende der Halle alle Krampusse im Takt »CLOWN!« zu schreien und rasseln rhythmisch mit den Ketten.

»CLOWN, CLOWN, CLOWN!«

Es hallt unglaublich. Kevin greift sich an die Stirn, hält sich die Ohren zu und verlässt den Saal.

Eine Runde im Bürgermeister-Büro. Rauchende Köpfe, alle quasseln durcheinander, Lebkuchen, Kaffee, Tee, Bier und Wein. Jetzt ist es bald soweit. Der Krampuslauf muss besprochen werden. Kevin und Annika sind dabei. Annika teilt einige Unterlagen aus. Vor ihnen der verwaiste Platz von Mr. Clever. Ihre Blicke treffen sich kurz. Kevin zwinkert ihr zu. Nein, sie haben nicht geträumt. Sie haben Mr. Clever nicht direkt getötet, aber ohne sie würde er noch leben. Dafür gibt es keine Beweise. Beweise gibt es in Eisenhagel selten. Aber Gefühle sind oft stärker als Fakten. SCHULD.

»Wo ist Mr. Clever?«, fragt der Bürgermeister. Sein Blick trifft Kevin.

»Was fragst du mich? Keine Ahnung.«

»Ich habe geglaubt, du weißt es.«

Kevin schüttelt den Kopf. »Ich weiß vieles, aber nicht, wo sich Mr. Clever versteckt.«

Der Bürgermeister rümpft die Nase. »Jetzt ist es 10 nach 9. Fangen wir bitte an, weil die Zeit drängt. Wenn der nicht kommt! Dampfplauderer haben wir ja schon viele gehabt.« Blickkontakt mit den anderen. Bis jetzt läuft alles gut. Er gibt Kevin ein Zeichen.

»Danke, Bürgermeister! Ich habe euch den Streckenverlauf im Zeitraffer mitgebracht, damit ihr seht, wo der verläuft. Die Bandenwerbung habe ich übrigens bereits verkauft, das bringt uns Einnahmen in fünfstelliger Höhe. Die schwarze Null haben wir bereits sicher eingefahren!«

»Das ist mein Kevin. Bravo!« Der Bürgermeister beginnt zu klatschen, die anderen klatschen mit. Kevin strahlt, verbeugt sich kurz und zeigt das Video her. Daneben sieht man, wie der Bürgermeister telefoniert.

»Eine gute Route, Kevin, keine Frage. Nur bei der steigenden Teilnehmerzahl, ist hier die Kohlengasse nicht zu eng?«, fragt einer der Mitglieder nach.

»Das haben wir vom Amt berechnen lassen. Das geht sich aus, da es in der Kohlengasse heuer auch keine Standln gibt, haben wir also in der Breite fünf Meter mehr Platz«, antwortet Annika.

»Wir sind den Lauf einige Male abgegangen. Aufpassen bitte! Hier jetzt bei der Schellenwiese kommt der Wendepunkt, dann über die Kornstraße weiter und schließlich läuft alles in der Fußgängerzone aus. Da bist du in einer halben Stunde durch«, erklärt Kevin und beendet den Zeitraffer. Sensible Punkte wie die Apotheke zur Eisernen Kralle hat er zur Sicherheit gar nicht gezeigt. Anerkennendes Nicken und Murmeln. Die beiden haben sich etwas dabei gedacht. Passt!

Kevin schaut auf sein Handy. »Ich erlaube mir noch zu verkünden, dass wir soeben Adventure-TV als Exklusivpartner bekommen haben«, gibt er noch eines drauf. »Das bringt uns weltweit Zuseher«, verkündet Kevin. Er zelebriert es und stapelt dabei unglaublich tief. Jetzt tragen sie ihn durch die Straßen, jetzt ist er ihr größter Mann. Alle stehen auf klopfen kurz anerkennend auf den Tisch und machen ihr Krampusgeheul. »Huaaarrrrrr! Huaaarrrrrr! Huaaarrrrrr!« Dieses gilt alleine Kevin. Kevin ist so stolz auf sich. Endlich, endlich! Jenny hätte es sehen sollen und Daniel auch. Aber wenigstens ist Annika da. Sie kann es dann den anderen berichten.

Plötzlich sieht er den Bürgermeister in der Ecke telefonieren. Der Bürgermeister wirkt nervös und nimmt zu Kevin Blickkontakt auf. Kevin geht zu ihm hin. Der Bürgermeister zeigt Kevin das Handy. Sie tuscheln etwas. Kevin nimmt das Handy und steckt es am PC an. Er atmet drei Mal tief durch. Jetzt geht es ans Eingemachte.

»Herrschaften, ich brauche eure Aufmerksamkeit. Da ist etwas passiert.«

Im nächsten Moment ist der tote Mr. Clever auf seinem PC zu sehen. Kurzes Raunen. Blickkontakt zwischen Annika und Kevin. Das ist nicht der Ort, wohin sie Mr. Clever verfrachtet haben. Mr. Clever liegt aufgebahrt vor der Kirche, nackt, nur mit einem Laken bedeckt. Da hat keiner der vier Freunde Regie geführt. Das war eindeutig ARNOLD IS BACK! Leck fuck!

»Nicht unschwer zu erkennen, das ist Mr. Clever. Was auch immer hier passiert ist, ich will nicht haben, dass das mit unserem Lauf in Verbindung gebracht wird. Ich werde sofort zur Polizei gehen und mich der Sache annehmen!«, behält Kevin die Kontrolle über die Situation.

»Das wird gut sein, weil mit unserem Lauf hat es seit Gottesgedenken keine Probleme gegeben. Zumindest seit zehn Jahren keine«, verschafft sich einer der Gemeinderäte Luft.

»Eben, die Sache steht und macht's ihr hier bitte weiter! Annika, du weißt eh Bescheid, jetzt leitest du!«, gibt Kevin noch eines drauf. So macht man das. Im Krisenmanagement war er schon immer gut.

Kevin arbeitet im Café. Fast hätte er seine Schicht versäumt. Das Gespräch auf der Wachstube war nicht zielführend, dafür zeitraubend. Er hatte sich nie um die Personalien von Mr. Clever gekümmert, das war nicht sein Job. Aber: Arnold ist zurück, und das volle Kanne! Ein Gast kommt durch die Tür, den hat er hier noch nie gesehen. Aber er kommt ihm bekannt vor, sehr sogar. Er vergleicht ihn mit Arnolds Bild. Er pickte es heute morgen auf den Dunstabzug. Es ist eine gewisse Ähnlichkeit mit Arnold vorhanden. Er nimmt mit Elli Blickkontakt auf, er hat Elli eingeweiht. Elli kommt unauffällig zurück und vergleicht. Sie nickt. Kevin geht zum Gast.

»Guten Morgen, was darf's sein?«

»Einen Caffè Latte bitte.«

Kevin durchfährt ein Schauer. Jede Körperzelle wird aktiviert. Er spürt jeden erdenklichen Muskel. Es ploppt in seinem Schädel. Es dauert keine Sekunde und er ist sich sicher: Das ist Arnolds Stimme! Arnold! Jetzt, wo er es weiß, na klar das ist er! Er ist bereit. Er weiß nicht woher diese Abneigung kommt, aber das Gefühl kommt von weit her und ist alt, älter als zehn Jahre, darauf verwettet er seinen Arsch. Wie oft haben sie sich schon wegen Jenny bekämpft?

Das ist die Stimme! Er geht zurück hinter die Bar. Kevin bereitet den Kaffee zu. Erst als er den Milchschaum ins Glas laufen lässt, merkt er, dass er zittert. Er schenkt Arnold einen feindseligen Blick, am liebsten würde er ihn sofort stellen! Er wird nochmals in den Kampf müssen. Er muss jetzt cool bleiben. Kevin dreht sich weg, schließt die Augen und trinkt ein Glas Wasser. Jetzt musst du einfach die Nerven bewahren und so tun, als ob nichts wäre. Kein Zittern mehr. Er hat sich wieder unter Kontrolle. Kevin verlässt die Bar und serviert dem Gast den gewünschten Latte. »Bitte sehr. Darf's noch etwas sein? Frische Kipferl hätten wir.«

»Vielen Dank, im Moment nicht.«

Kevin geht hinter die Bar, die Blicke der beiden treffen sich immer wieder. Sie sind jetzt nicht freundlich. Elli beobachtet dies mit zunehmender Besorgnis und greift zum Telefon. Der Gast ruft Kevin zum Zahlen, ohne den Kaffee auszutrinken.

»Zahlen bitte.«

»Hat etwas nicht gepasst?«

»Ich muss weiter. Die Zukunft wartet«, antwortet der Fremde mit einem leicht arroganten Grinsen auf dem Gesicht.

Kevin kassiert ab. Der Gast steht auf, will rausgehen. Kevin verstellt ihm freundlich, aber bestimmt den Weg.

»Arnold?«

»Ich verstehe Sie nicht.«

»Hey, Arnold?!«

Der Gast nähert sich einen Schritt, bekommt einen ganz klaren Blick, mit großen Pupillen. »Wir sehen uns am Fünften«, raunt er, gerade so laut, dass ihn nur Kevin hören kann. In Kevins Unterleib beginnt es zu rumoren. Einfach den Schließmuskel zuhalten. Jetzt nur nicht kacken! Nicht schon wieder! »Kevin, Menschen mit Panik neigen zum Schweißgeruch und das ist unangenehm. Wenn du mir bitte den Weg freigibst, du Versager.«

Kevin schaut ihn fassungslos an.

»Wenn Sie so nett wären?«, fragt Arnold, doch Kevin bleibt wie gelähmt stehen. Arnold schiebt Kevin nun leicht, aber bestimmt zur Seite. Mit Kevin gehen die Nerven durch. Er packt den Gast am Arm. Die Kaffeehausbesucher staunen. So kennen sie ihren Kevin gar nicht.

»Leute, das ist der Arnold Resch! Brandgefährlich!«, schreit er.

Beim Wort brandgefährlich flackern die Augen beider Kontrahenten für einen Bruchteil von Sekunden auf.

»Ich würde es begrüßen, wenn Sie mich jetzt gehen lassen würden, oder ich rufe die Polizei.«

Der gerade ankommende Chef klopft an die abgesperrte Eingangstür. Mit dabei ist der Oberarzt, der ebenfalls nicht schlecht staunt. Wie zwei Fische schauen sie in ein Aquarium. Der Gast nimmt von ihnen keine Notiz. Arnold mobilisiert abermals seine Kräfte, packt Kevin an den Schultern und schiebt ihn zur Seite, als wäre das ein Kinderspiel.

»Und Jenny?«, kommt es aus Kevin, als würde sich in ihm ein Vulkan lösen.

Der Gast antwortet nicht, er schenkt ihm einen abgrundtiefen Blick, in eine eiseskalte Welt, die zugleich an allen Ecken und Enden brennt. Schwarz und weiß, gut und böse,

Liebe und Hass. Manchmal ist die Welt eine Pizza, die man vergisst aus dem Ofen zu holen.

Kevin weiß nicht, wie es ihm geht. Es ist, als ob alle Befürchtungen in einem Moment wahr werden, alles Aufgebaute in seinem Leben im selben Moment vernichtet wird, es ist, als ob in ihm eine H-Bombe detoniert. Oder eher noch, als ob ein schwarzer Punkt, weit oben am Himmel, kleiner als eine Fliege, seine Luken öffnet, und eine Bombe runterlässt, von der momentan nur Kevin etwas weiß. MOMENTAN NUR KEVIN!

Der Fremde wendet sich ab, sperrt die Tür auf und geht. Er lässt Kevins Chef und Doktor Traisen grußlos stehen.

Unterdessen wird Kevin von zwei Kumpels auf die Seite gedrängt, doch er reißt sich los und fegt dabei alle Gläser vom Tresen. Dazu gehen die Sicherungen. Kein Licht, keine Musik. Alle Aufmerksamkeit ist auf Kevin gerichtet.

»Ihr Arschlöcher, ihr lächerliche Bagage! Ihr wisst's rein gar nix! Ihr seid's ja depperter als alle Berg' um uns herum!«, brüllt er.

»Kevin, bist deppert worden?! Was ist denn los mit dir?«, flucht der Chef. »Weißt was, du gehst jetzt nach Hause und beruhigst dich!«, poltert er.

»Verstehst du denn nicht, das war der Arnold!«, versucht Kevin, alles zu erklären.

»Und ich bin der Kaiser von China! Du hast die Woche unbezahlten Urlaub, und wenn da noch irgendein Glas fliegt, bekommst die Fristlose.«

Kevin lässt noch ein Glas fallen, nimmt seine Jacke aus dem Spind und geht.

Der Chef begutachtet den Laden. »Ist eh nichts passiert, aber trotzdem. Geht ja nicht, wir haben Gäste«, wendet er sich an den Arzt. Er schaltet sich die Musik wieder ein, die

Lichter flackern, Elli kehrt auf und Doktor Traisen schaut nachdenklich dem Fremden nach, von dem es nichts mehr zu sehen gibt. Er wendet sich an Elli.

Kevin steht auf dem Hauptplatz. Die Stände für den Christkindlmarkt werden gerade aufgestellt. Jedes Jahr freut er sich auf diesen Moment. Der schiebt in der Stadt etwas an. Er kommt sich wie ein Fremdkörper dazu vor. Er stagniert, er bremst, er rinnt aus. Er hat das Auftaktspiel gegen Arnold verloren. Er stolziert mit einer Dose Bier über den Platz und monologisiert, mit einem dumpfen Herz und einem Schädel voller Scheiße.

»Ich warne euch alle: Der Lauf wird zur Katastrophe! Und, wollt ihr auch wissen warum? Weil das Böse zu Gast ist. Das Böse!«

Die Eisenhagler klopfen ihm auf die Schulter oder ignorieren ihn. Sie wissen, dass er ziemlich viel für die Stadt getan hat, dass er einer von ihnen ist, aber sie haben jetzt ums Arschlecken keine Zeit, dass sie das mit ihm aussprechen oder ihn zurück in die Spur bringen könnten. Das merkt auch Kevin. Er spürt, dass er vom Ganzen kein Teil mehr ist. Etwas drängt ihn ab. Innerlich. Kevin geht in eine Gasse und steht vor der Apotheke »Zur Eisernen Kralle.«

Vom Ende der Gasse kommt viel Licht hinein, dort klafft der leere Platz, wo einst das Haus von Arnolds Eltern stand. Hier werden bald hunderte vollgedröhnte und nicht vollgedröhnte Krampusse vorbeilaufen. Seine Organisation, seine Wege. Er schluckt und zündet sich eine an. Nun nimmt er einen neonpinken Spray aus seinem Rucksack und sprüht in Großbuchstaben auf die steinerne Wand unter die Fenster der Apotheke: ARNOLD IS BACK!

Er betrachtet sein Meisterwerk, zeigt seine Zunge, macht ein Selfie und stellt dies auf Facebook. In dem Moment kommen zwei Polizisten des Weges. »Kevin, was soll das?«

Kevin kennt einen von ihnen, es ist Dieter, mit dem war er einmal auf der Schule. »Dieter, ich muss euch vor Arnold warnen, der ist gefährlich!«, antwortet Kevin und fuchtelt dabei mit der Spraydose herum.

»Kevin, das musst du uns erklären. Komm am besten mit. Hm?«

Plötzlich bäumt sich Kevin auf. »Nix muss ich, ihr Vollidioten! Den Arnold sollt's einkastln und net mich! Dieter, du bist so ein fester Tuscher! Schon in der Schule warst du keine Leuchte, aber jetzt! Ich sag dir einmal was.«

Dieter geht auf Kevin zu. Er sprüht einem Polizisten auf seine Brillen.

»Jetzt ist's aus, komm!«, antwortet der andere Polizist.

»Arschlecken gibt's!«, gibt sich Kevin nochmals alle Ehre. Ohne weiteren Widerstand lässt er sich abführen.

Kevin steht nun dem Kommandanten gegenüber.

»Spinnst jetzt schon total, Kevin?«

»Behalte mich die nächsten Tage hier.«

»Ja spinnst du. Was ist mit deinem Lauf. Der Bürgermeister macht mich fertig.«

Kevin schaut ihn schweigend an.

»Wie lange willst du bleiben?«

»Bis zum 5. Dezember. Es gibt momentan keinen Ort, wo ich sicherer bin.«

1. Dezember. Christkindlmarkt. Es riecht nach Gemütlichkeit. Menschen trinken Glühwein und Punsch, Kinder laufen zwischen den Ständen herum. Der Bürgermeister verteilt Zuckerwatte. Vom heutigen Tag soll jeder etwas haben.

In fünf Tagen ist Krampus. Das Fernsehen kommt, die Zeitungen berichten. Der Bürgermeister schüttelt den Kopf. Das hätte der Kevin wirklich gut gemacht. Aber wenn er so ein Heißläufer ist? Die Lorbeeren wird nun er einkassieren. Wenn alles gut geht, lässt sich der Bürgermeister nochmals zur Wahl aufstellen. Keiner kann den Job so gut wie er. Der Boss bleibt eben der Boss. Er reicht einem weiteren Kind Zuckerwatte. »Willst haben, dass ich weiter Bürgermeister bleibe?«

»Nein«, antwortet das Kind. »Ich will, dass der Krampus kommt!«, schimpft es.

Jenny und Annika begrüßen sich. Sie fallen sich um den Hals, wie zwei Freundinnen, die sich schon lange nicht mehr gesehen haben.

»Arnold ist hier«, flüstert Jenny ihr ins Ohr.

»Ja, wahrscheinlich«, antwortet Annika.

»Sicher sogar!«, gibt sich Jenny leicht entrüstet, dass Annika an Kevins Aussage zweifelt. Sie löst die Umarmung und raucht sich eine an. »Kevin hat an unsere WhatsApp-Gruppe eine eindeutige Nachricht geschickt:

»WARNUNG! ARNOLD IST IN DER STADT!«

»Die Welt ist verrückt«, bleibt Annika eher einsilbig.

Daniel kommt gelaufen und kann sein Anliegen nicht in Worte fassen. Er japst herum. Annika klopft ihm mit ihrem Handschuh auf seinen Arsch. »Also, Bambi, was gibt's?«

»Kevin haben sie in die Ausnüchterungszelle gesteckt. Da Seppi hat mich angerufen.«

Jenny reißt ihre Augen auf und bringt ihren Mund nicht zu. Kaum glaubt sie, die Situation wäre nun klar und unter Kontrolle, passieren wieder einmal Dinge, auf die sie keinen Einfluss hat. »Ja spinnt der! Bevor der Bub sich jemals wieder bei mir blicken lässt, muss er mir erklären, auf welchem Trip er zurzeit unterwegs ist!«

»Einfach macht er es uns nicht!«, pflichtet ihr Annika bei.

»Spätestens nach dem Lauf ist er wieder normal, ihr werdet sehen!«, versucht Daniel die Situation zu beruhigen.

»Pass auf, einmal: Arnold ist da und Kevin steckt im Bau. Das ist eine Kombi, die mir nicht gefällt«, antwortet Jenny.

WARNUNG! ARNOLD IST IN DER STADT!

Diese Mitteilung hat etwas Definitives. Jetzt ist es soweit. Die Tafeln sind gereinigt. Tabula rasa. Arnold ist hier. Sie wird Krampusprinzessin. Er ist ein Krampus. Er wird den Lauf gewinnen und sie holen. Zumindest wird er es versuchen. Aber niemand sollte Kevin unterschätzen. Niemand darf Kevin unterschätzen. Dass er jetzt gerade im Knast sitzt, macht ihn interessanter als noch zuvor. Der Kampf um die Prinzessin kann beginnen.

Ich hole dich jetzt heim. Geile Sau!

Auf einer Anhöhe sieht man einen Krampus. Er sitzt auf einer Harley-Davidson Softail Breakout, ein Motorrad wie aus einem Marvel-Comic. Hinter ihm sieht man die Fichten und Tannen wie gezackte Drachen aus dem Boden schießen. Er hat eine Krampusmaske auf, startet das Motorrad und schaut auf Eisenhagel hinunter. Von oben betrachtet herrscht in Eisenhagel ein beschauliches Treiben, als wäre es eine Märchenstadt für Kinder, oder eine vorweihnachtliche Briefmarke. Ein Klick und der Auspuff dröhnt. BAH, BAH, BAH, BAH. BAH, BAH, BAH, BAH. BAH, BAH, BAH, BAH. Das Vehikel nimmt Kurs auf die Serpentinen. Mit jeder Wende nähert sie sich dem Zentrum. Vorbei am Spital, die lange Gerade zum Friedhof, die ungeschminkte, verrußte Erzgebirge-Allee entlang, die noch nie einen Baum sah, an der Siedlung, in der Jenny groß wurde, an Annikas Altbauwohnung, wo die Stadt plötzlich etwas mehr als eine funktionsreduzierte Einrichtung für Bergarbeiter ist und nichts mehr mit den Baracken und den Bergbausiedlungen zu tun haben will. Vorbei an Daniels Schule fegt der Mann auf der Maschine, ohne dass jemand von ihm Notiz nimmt. Der Krampus gibt Gas. Unbeirrt nimmt er nun Kurs auf den Krampuslauf. Er rauscht durch die engen Gassen, vorbei am Frisiersalon Leopold, an der Blumenhandlung und der Apotheke zur Eisernen Kralle. BAH, BAH, BAH, BAH. BAH, BAH, BAH, BAH. BAH, BAH, BAH, BAH. Wie in einem Computerspiel taucht die Fußgängerzone als Siegesallee auf. Der Krampus legt an Geschwindigkeit zu. Er will seinen Lauf machen. Er macht seinen Lauf. Menschen bersten auseinander, bringen sich in Sicherheit. Jenny sieht ein Kind zu knapp bei einem Stand stehen, packt es an der Hand, zieht es zu sich an die Hauswand und geht mit ihm in Deckung. Der Krampus weicht einer Unebenheit aus, lenkt nach links, es wirbelt zwei Stände in die Luft, zwei Verletzte liegen auf dem Kopfsteinpflaster. Die Maschine hält die Balance. So schnell sie da war, ist sie auch wieder verschwunden.

Das Kind neben Jenny hat gar nicht mitbekommen, was hier los war. Jenny zwickt ihm in die Wange und gibt ihm einen Klaps. Das Kind läuft lachend weg. Jenny geht zu dem einen Verletzen. Er hält sich den Kopf. Sein weißer Sweater ist am Ärmel voll Blut und hängt unförmig vom Arm. Jenny kann die Lage noch nicht wirklich einschätzen, aber dass er sitzt, ist einmal ein gutes Zeichen. Neben ihm am Boden liegt eine alte Frau.

»Annika, ruf die Rettung! Daniel, ich brauch' hier eine Absperrung. Hol die Polizei her!«, reagiert Jenny sofort und kümmert sich um die Frau. Sie fühlt ihren Puls und zählt kurz mit. Herzschlag passt, der Atem ebenso. Sie ist bewusstlos, wahrscheinlich eine Gehirnerschütterung. Jenny streckt die Beine der Frau, bringt sie in die stabile Seitenlage. Sie geht einige Schritte weiter zu dem Burschen in ihrem Alter, mit der Platzwunde am Schädel. »Hallo, ich bin Jenny, und wer bist du?«

»Ich bin der Gernot«, antwortet der Junge.

Jenny faltet ein Taschentuch zusammen und drückt es ihm an die Stirn. »Das sieht schlimmer aus, als es ist. Halte das Taschentuch drauf, das wirkt wie ein Druckverband. Es kommt eh gleich die Rettung.«

»Scheiß drauf«, antwortet der Kerl.

Jenny ist überrascht und weicht einen Schritt zurück.

Der Typ steht taumelnd auf. »Das auf der Maschine, das war der Pötscher aus Harnbluten. Harnbluten hat sich nicht an die Abmachung gehalten, wir haben gesagt, bis 5. ist eine Ruhe. Die werden am 5. büßen.«

»Welche Abmachung?«

»Bis zum 5. ist Waffenruhe und dann wird das Land neu aufgeteilt. Und wer gewinnt, bekommt dich, Prinzessin.«

»Das habe ich in letzter Zeit schon öfters gehört.«

»Von den Schwachköpfen an der Tanke, ich weiß, hö, hö. Die bringen aber nichts zusammen. Du bleibst bei uns in Eisenhagel, wir gewinnen den Lauf. Verschleppen wird dich niemand, hä, hä.«

»Verschleppen?«

»Na klar, der Sieger bekommt dich, hä hä. Schon vergessen?«

»Und du träumst vom heißen Eislutscher, oder?«

»Ich?«, fragt er und grinst. »Prinzessin, aufwachen.«

Kommentarlos geht er weg. Jenny hört, wie die Rettung eintrifft, ein Signal, das sie zu ihren Pflichten zurückbringt.

Längst ist sie von Einsatzkräften und Passanten umgeben. Erst jetzt sieht sie, dass ihre weiße Jacke am Ärmel blutig ist. Der Bürgermeister drückt ihr einen Tee in die Hand.

»Jenny, alles im Griff?«

»Alles in Ordnung. Danke.«

»Sag einmal, ganz ehrlich. Hat der Lauf noch einen Sinn?«

»Der Lauf findet statt, mit oder ohne unser Zutun. Wenn wir ihn aber nicht lenken, hast du hier 24 Stunden lang die blanke Anarchie. Das verzeiht dir hier niemand.«

»Ja und wer soll ihn machen? Da Kevin spinnt vollkommen. Ich bräuchte wen, der sofort übernehmen kann. Ich sag das ab, das versteht heute ein jeder. Einen zerstörten Stand, zwei Verletzte, das reicht.«

»Ich mache das«, antwortet Jenny, ohne viel nachzudenken.

»Wie bitte?«

»Ich mache das. Ich war ja immer dabei.«

Der Bürgermeister umarmt Jenny. »Ich rede mit dem Primar. Die werden dich freistellen.«

Jenny nickt. Ihr ist in letzter Zeit eines klargeworden. Sie braucht den Lauf. Sie braucht die Konfrontation. SCHULD wird beglichen. Sie ist BEREIT. Jenny kann KÄMPFEN.

Unterdessen geht der Oberarzt spazieren. Ihn interessiert der ganze Rummel nicht. Er bekommt am 5. ab dem Nachmittag die Krampusse und ihre Opfer zum Zusammenflicken ins Spital. Gebrochene Knochen, Rissquetschwunden, ein halbes Ohr weniger, was halt alles so anfällt. Aber der Tod vom Resch war die Ausnahme. Der Resch soll lichterloh brennend die Gasse runtergelaufen sein, alle Rettungsaktionen kamen zu spät. Zum Schluss erhob sich der verkohlte Rumpf nochmals und zeigte auf die Menschen im Umfeld, als ob der Resch ein für alle Mal ganz Eisenhagel verfluchen wollte. Absurderweise hielt ausgerechnet die Krampusmaske dem Feuer stand. Sie wurde nach der Autopsie der Familie zugeschickt, so wie es Vorschrift war.

Durch irgendetwas hatte der Krampus Feuer gefangen. Das kann viel gewesen sein: Kracher, Raketen, Benzin, manche speien ja auch Feuer. Vor zehn Jahren filmte man noch nicht mit dem Handy, zumindest nicht so breitgestreut, auch die Fotoqualität war nicht die Beste. Niemals konnte geklärt werden, warum der Resch Feuer fing. Es gab keine Beweise, nicht einmal Indizien, dass der Resch einer geplanten Aktion zum Opfer fiel. Der Oberarzt mag das Wort nicht in den Mund nehmen, aber es könnte sich durchaus um einen Mord gehandelt haben. Es gab polizeiliche Ermittlungen, aber sie verliefen im Sand. Schlussendlich war es ein Unfall, das war auch jedem hier recht, so ehrlich muss er sein. Die Familie war nicht von hier und zog weg, dagegen lag die Jenny auf der Intensiv. Er hat noch das Bild vor Augen. Sie ist ja den Hang hinabgestürzt, bewusstlos geworden und Kopf voraus auf einen Stein gefallen. Im ersten Moment war nicht mehr viel von Jennys Gesicht zu erkennen. Hautfetzen, Blut und Fleisch, ihre Haare waren blonde Zotten in dunkelrotem Blut, wie eine Färbecreme am Kopf sah das aus, aber eben frisches Blut, dazu ein aufgerissener Oberschenkel. Später verdeckten Verbände und Blutkrusten ihr Antlitz. Da sie im Koma war, ging der Heilungsprozess ohne ihr Zutun vonstatten und außer ein paar überschüssigen Narbenwucherungen am Kinn war am Tag, an dem sie aufwachte, nichts mehr vom Sturz zu erkennen. Außer einer Kleinigkeit: An ihrem rechten Schneidezahn fehlt bis heute eine kleine Ecke. Das wollte sie nicht gerichtet haben. Der Oberarzt weiß das sehr gut, denn er war damals noch Arzt auf der Unfallstation. Das war wie ein Gewitter, das Eisenhagel regelmäßig braucht, damit hier wieder die Sonne aufgeht. Denn manchmal stellt er sich die Frage, warum wem etwas zustößt. Als er die blutüberströmte Jenny sah, dachte er erstmals, das darf nicht sein, was hier passierte. Trotzdem passierte es. Kevin kam sie jeden Tag besuchen, das bekam auch der Boulevard mit und ihr Schicksal wurde von den Medien aufgegriffen. Der Eishockey-Crack mit dem weichen Herzen und sein verletztes Mädchen. Das übertraf das Mitteilungsbedürfnis über den brennenden Krampus, der sich als Unfall herausstellte, denkt der Oberarzt und würde viel lieber bei einem Pinot Noir sitzen oder bei einem Hennessy und nicht die Pforten des Friedhofs überschreiten, wäre hier nicht die Jenny involviert, die ihn leicht schwindlig macht. Jetzt nicht so, wie man das glauben will, zumindest will er daran so nicht glauben, aber der Jenny soll einfach nichts passieren. Auch wenn sie nicht mit ihm in den Dschungel will. Jetzt kann die Jenny sehr gut auf sich selber schauen, sie und ihre Freunde, aber der Kevin sitzt in der Ausnüchterung, der Daniel ist in letzter Zeit sonderbar gereizt, hat ihm der Schuldirektor erzählt, und die Annika wollte verhindern, dass der Kevin den Lauf organisiert, hat er von der Sekretärin des Bürgermeisters erfahren. Alle drei der Viererbande reagieren plötzlich sehr gereizt und allergisch. Und welchen Part spielt die Jenny? Der Arnold ist hinter ihr her, sagt er sich jetzt selber. Er nimmt seinen Flachmann aus der Innentasche seiner braunen Steppjacke und nippt daran. Die Backen brennen und am Gaumen rinnt das Zeug runter, als wäre es eine Strafe. Daneben bekriecht ihn eine ganz diffuse ANGST. Er hat es nun erstmalig vor sich selbst zugegeben: Der ARNOLD ist hinter ihr her. Das ist mehr als eine Spielerei mit dem Unbewussten. Er nimmt noch einen Schluck und denkt sich, dass du nur dann präsent bist, wenn du ehrlich bist, wenn du die Befürchtungen aussprichst. Der Arnold rächt seinen Vater und holt sich dafür die Jenny. Seine große Liebe, für die er einst sogar den Pfarrer beseitigte. Er holt sich die Jenny. Ein Dolchstoß für die drei Freunde und das ganze Dorf. Mr. Clever war Arnolds Instrument. So konnte er im Hintergrund bleiben. Er brauchte wen, der ihm den Weg freimacht, der den Lauf kontrollierte und die Rache für den alten Resch vorbereitete.

Gab es Differenzen zwischen Mr. Clever und Arnold? Jenny hat mit Mr. Clever einmal gesprochen. Hat er sie vor Arnold gewarnt? Wurde Mr. Clever zu eigensinnig und deshalb von Arnold aus dem Weg geräumt? Oder hat er Mr. Clever einfach nicht mehr gebraucht? Langsam riecht das alles nach Wahrheit und die Wahrheit ist selten beruhigend. Der Oberarzt trinkt aus, Teufelszeug, ist der anständig! Und Jenny muss gerettet werden, weil niemand weiß, was sonst in und mit Eisenhagel passieren würde. Wer weiß, was dann passiert, spricht er und stapft durch eine Schneeverwehung, in der sich frische Fußabdrücke abzeichnen. Sein Blick geht nach vor zum Grab vom Erwin Resch, bis dorthin führt die Spur. Auf dem Grab liegt etwas. Traisen greift danach. Es ist ein Teil einer Krampusmaske aus Holz, auf der Rückseite ist eine Zahl eingraviert: 1.

Dr. Traisen würde es nicht wundern, wenn die Maske mit dem toten Mr. Clever in Verbindung steht.

Der Bürgermeister kommt mit Jenny ins Tourismusamt. Er telefoniert gerade am Handy. »Nein, es ist niemand gestorben und die beiden Verletzten befinden sich auf dem Weg der Besserung, der Gernot geht heute bereits wieder zur Arbeit … gut, werden wir machen, ciao.«

»Ich hab die Presseaussendung fertig. Bitte.« Annika nimmt ein Blatt aus dem Drucker und hält es dem Bürgermeister unter die Nase.

»Danke, Annika. Was würde ich wohl ohne euch machen?«

Während der Bürgermeister liest, tauschen Annika und Jenny Blicke aus. Annika signalisiert Jenny, dass etwas nicht stimmt. Jenny weiß jedoch nicht, worum es geht und deutet ihr, einmal Ruhe zu bewahren, geht rüber zum Bürgermeister und schaut sich ebenfalls die Presseausendung an. »Stimmt alles. Wir entschärfen den Lauf, Stichwort ›familienfreundlich‹«, meint sie.

»Und die Krampusprinzessin wartet auf die Sieger, und zwar im Sitzungssaal des Rathauses«, überlegt der Bürgermeister laut.

»Dort bin ich aber nicht.«

»Das muss ja niemand wissen. Wenn ich jetzt schreibe, dass du dich an einem geheimen Ort aufhältst, habe ich die nächste Headline. Annika, dass wir die Security vergrößern, wird nur am Rande erwähnt.«

»Wir verdoppeln, oder?«

»Ja, genau. Verdoppeln. Aber wir schreiben das nicht. Schreib, wir haben die Sicherheitsvorkehrungen … «

»… etwas nachgebessert?«, macht Annika einen Vorschlag.

»Ja, wunderbar. Brauchen wir noch ein Zitat?«

Annika nickt.

Der Bürgermeister räuspert sich. »Das wird der sicherste Lauf werden, den Eisenhagel jemals gesehen hat! Die Security wurde nachgebessert und wir freuen uns so richtig auf das neue Format.«

Jenny schaut den Bürgermeister verwundert an. »Das glaubst du aber nicht im Ernst, oder?«

»Nein, aber ich will den Zustrom von weiteren Irren aus der Umgebung abwenden. Mir reichen schon die, die wir hier haben! Annika, schick mir bitte den fertigen Text nochmals zu. Ich gebe ihn dann frei.«

»Ist gut, Chef.«

Der Bürgermeister bekommt gerade einen wichtigen Anruf und verlässt das Büro. Annika läuft zu Jenny. »Benko ist weg.«

»Was?!«

»Ich bin in der Früh schnell in den Supermarkt, habe ihn draußen an der Stange angehängt. Wie ich wiedergekommen bin, war er fort!«

»Nein!«

»Doch. Glaubst du, Benko ist etwas zugestoßen?«

Jennys Augen werden glasig. Sie kann Annika nicht anlügen. Eine gewisse Grundehrlichkeit ist Teil ihrer Freundschaft.

»Scheiße!«, wimmert Annika mit Tränen in den Augen und verlässt fluchtartig den Raum.

Jenny geht nach Hause. Einsam auf dem Gehsteig. Man hört ihre Absätze laut klacken. Plötzlich kommt Kevin aus einer Gasse und verstellt ihr den Weg.

»Oh, hallo Kevin! Dachte, du sitzt im Gefängnis.«

»Was gehst du nicht ran, wenn ich dich anrufe?«

»Ich hab zu viel zu tun. Was brauchst du?«

»Eigentlich wollte ich dir nur gratulieren.«

»Zu was?«

»Du hast meinen Lauf übernommen.«

Kevins Halsschlagader arbeitet. Jenny bekommt einen stechenden Blick, den eines Pfaus, der Gefahr wittert.

»Nachdem du uns alle im Chaos sitzen hast lassen?«

Jenny will weiter. Kevin blockiert ihr den Weg.

Sie starren sich an, Hass in den Augen. Kaum zu glauben, dass sich jahrelange Liebe binnen Sekunden zu Hass verwandeln kann. Sein Blut kocht. Ihres erstarrt zu Eis. Gegensätze ziehen sich nicht immer an. Hätten sie Messer in den Händen, würde Blut fließen.

»Verschwinde aus meinem Leben!«, bricht Jenny das Schweigen.

»Ich sicher nicht!«, antwortet Kevin.

»Ich hasse dich!«

»Weil das etwas anderes ist als Liebe?«

Aus dem Nichts erscheinen Annika und Daniel.

»Was ist denn hier los? Euch hört man ja schon drei Häuserblocks weiter«, rügt Daniel.

»Er versperrt mir den Weg!«

»Und sie zerstört alles!«

»Und ihr benehmt euch wie Kinder! Das ist ja nicht auszuhalten. Wenn wir nicht stärker sind als die Situation, dann ist unsere Gruppe sinnlos!«, bringt es Annika auf den Punkt.

Jenny geht auf Kevin zu. »Wer bist du und wem soll ich glauben? Du hast immerhin einen Mann getötet. Und ihr alle habt davon gewusst.« Jenny starrt sie nun an und erntet ausweichende Blicke. Kevin geht einige Schritte zur Seite und lässt Jenny durch. Er plustert sich auf. »Bis jetzt seid ihr alle unter meinem Schutz gestanden. Ab jetzt seid ihr FREIWILD!«

Jenny und Kevin gehen in entgegengesetzte Richtungen. Annika und Daniel bleiben sprachlos zurück.

Jenny steht dem Oberarzt gegenüber. Dieser schaut sie überrascht an.

»Jenny, freut mich, Sie zu sehen.«

Für einen Moment schauen sie sich an, als ob sie sich nicht im Klaren sind, wer das Spiel zwischen ihnen beenden sollte, und wie. Von einer Sekunde auf die andere zerfließt jegliche Vertrautheit.

»Die Würfel sind gefallen, oder?«, macht der Doktor den Anfang.

»Stimmt. Ich will den Lauf, ich habe mich entschieden«, antwortet Jenny. »Er soll kommen.«

»Wollen Sie seinen Namen nicht aussprechen?«

»Sie wissen, um wen es geht. Das reicht.«

»Sie wollen ihn kleinhalten.«

»Möglich.«

»Das klingt jetzt nicht wie eine heißersehnte Rückkehr.«

»Niemand weiß, was dieser Moment bringt. Auch Sie nicht.«

»Jennifer! Hören Sie eine Minute auf Ihre innere Stimme. Diese sagt, dass Arnold …«

»Pssst … das macht ihn doch nur stärker«, antwortet ihm Jenny und umfasst seine Armgelenke. »In Eisenhagel gibt es eine Rechnung zu begleichen und das müssen wir nun erledigen. In diesem Winter. Am 5. 12. Am Krampustag. Die Sitzung ist hiermit beendet, Herr Doktor, noch ehe sie angefangen hat.«

Der Oberarzt befreit seine Gelenke aus ihren Händen. »Das ist richtig, Jenny. Wir haben beide das Recht auf die ganze Geschichte. Nur wir beide kennen die ganze Geschichte.«

»Sie haben Angst, dass ich sterbe.«

Wieder durchbohrt diese schonungslose Antwort sein Inneres wie ein Dolch.

»Sie müssen mir keine Antwort geben. Ihr Blick genügt, und ja, die Möglichkeit besteht tatsächlich. Aus Liebe wird

Hass und Mord wird mit Mord gesühnt. Dadurch gibt es noch immer Messer, die einem das Herz aus dem Körper schneiden.«

Der Oberarzt holt tief Luft und atmet durch seine Vorderzähne aus. »Der Heimkehrer, ich nenne ihn jetzt so, hatte sie vor rund zehn Jahren gesühnt. Sie scheinen vergewaltigt worden zu sein. Der Heimkehrer hat sie gerächt und …«

Wieder greift sie nach seinen Handgelenken. »Ich kann nicht mehr geben, als was ich empfinde. Das Einzige, was man nicht kaufen kann, sind Gefühle und dafür musst du kämpfen, weil sonst bist du es nicht wert, hier zu sein«, sagt sie ihm in einer Art Endgültigkeit.

Mit was soll er ihr jetzt noch kommen, mit Gesetzen?

»Was wissen Sie über Arnold heute?«

»Nicht viel.«

»Das ist schon mehr, als ich weiß. Wo wohnt er?«

»Kennen Sie die Universität in Graz?«

»Dort habe ich studiert.«

»Drei Straßen weiter, ich schicke Ihnen den Standort.«

Der Oberarzt fährt nach Graz. Es muss eine Möglichkeit geben, sich dieser Geschichte mit Verstand zu nähern. Das Wetter ist trüb und die Autos, die ihm entgegenkommen, schauen aus wie Motorboote auf einem nebligen Meer. Der Nebel nimmt zu, je mehr er sich Graz nähert. Doktor Traisen taucht in eine unangenehme senffarbene Suppe ein und wundert sich, dass er das als Student so lange überleben hat können. Seine Nebelscheinwerfer sind hier wirklich einen Scheiß wert. Aber was sein muss, muss sein, sagt er sich und wundert sich, dass er in Anbetracht seines Fahrtziels so ruhig ist.

In seiner Hand hält er Annikas Zettel, auf dem er den Zahlencode von der Wohnungstür stehen hat. Dieser Code kommt ihm wie ein Vermächtnis vor. Jenny hat ihm die Eintrittskarte zu einer fremden Welt gegeben.

Mit einem Klack öffnet sich die Tür. Der Oberarzt tritt ein. Vorsichtig geht er den Gang entlang, schaut links und rechts. Er ist nicht da, um jemanden zu rächen, er ist da, um mit Arnold zu verhandeln. Noch ist nichts passiert, sagt er sich immer wieder, noch ist nichts passiert. Auf leisen Schritten tastet er sich in den Wohnbereich nach vor. Er gleicht Jennys Beschreibungen.

»Schön, dass Sie hier sind«, begrüßt ihn eine Stimme aus dem Hintergrund. Aus der Küche tritt ein Mann mit einer Krampusmaske auf dem Kopf.

»Ich habe gewusst, dass Sie kommen. Jenny schickt mir alle, wie ich sie brauche. Ein gutes Kind.«

»Jenny?!«

»Sie weiß nichts davon, aber es ist so. Ich habe etwas für Sie. Schauen Sie.«

Der Mann nimmt die Maske ab. »Ich brauche die Maske nicht. Aber ich bin in der Welt der Masken großgeworden.«

Das ist Arnold aus dem Café. Keine Frage.

»Folgen Sie mir«, antwortet Arnold und führt Doktor Traisen zum Wohnzimmertisch. Dort nimmt er einen Stapel Fotos und wirft sie nacheinander auf den Wohnzimmertisch, wie in einem Kartenspiel, das er gerade für sich entschieden hat. Jenny nach der Arbeit, als sie das Spital verlässt, auf dem Marktplatz in einem Café, beim Grab ihrer Eltern. Alles Bilder, von denen sie keine Ahnung hat. Sie sieht glücklich aus, lebendig, sehr am Leben orientiert. Dem Leben zugewandt. Dazu kommen Bilder von den anderen dreien. Annika beim

Einkaufen, Daniel in der Schule beim Unterricht und Kevin beim Eishockey. In den Banden am Eishockey-Platz spiegelt sich Mr. Clever. Für die Paparazzi-Fotos hat er ihn also gebraucht. Diese jungen Menschen haben Lebensfreude. Sie leben, die Bilder sind hell. Arnold kommt ihm, obwohl er gleich alt ist, ein Stück düsterer vor, abgeklärter. Aber Arnold ist noch nicht fertig. Er hat noch ein Foto in der Hand. Genüsslich lässt er es auf den Tisch segeln. Das letzte Foto zeigt den Oberarzt, wie er sich bei einer Sitzung über Jenny beugt. Er spürt, wie ein wichtiger Teil seines Lebens geschändet wird, ihm entrissen wird. Zur Lust eines anderen wird. Die Sitzungen mit Jenny gehören ihm! Plötzlich hasst er die Fotos und die ganzen Sitzungen. Der Oberarzt ballt seine Fäuste, er weiß nicht, wohin mit seiner Wut, denn so lächerlich es klingen mag, er hätte jetzt gerne eine Waffe bei sich.

Plötzlich wird Arnold fahrig. Die Hände bewegen sich schneller, seine gesamten Bewegungen wirken plump, als ob der Körper nach vor kippen wollte. Es scheint eine Reizüberflutung stattzufinden, das hat er einmal im Studium erlebt, als ob es in Arnold kribbelt, böse kribbelt. Von einer Sekunde auf die andere hat er sich wieder unter Kontrolle, als ob nichts gewesen wäre.

»Wir sind vier Freunde und fünf gibt es nur im Buch. Das hat Kevin zu mir gesagt.«

»Vielleicht hat er das nicht so gemeint?«

»Soll ich Ihnen ein Auge ausstechen?«

»Lieber nicht.«

»Dann halten Sie den Mund!«

Arnold wird wieder fahrig. Eine andere Meinung scheint er nicht zu akzeptieren. Er benimmt sich nicht mehr wie ein 25-jähriger junger Mann, sondern wie ein Jugendlicher in der Zeit des Erwachsenwerdens.

»Was hat Jenny gemacht?«, steigt der Doktor auf Arnold ein.

»Jenny hat weggeschaut, als Kevin mir die Sache mit den fünf Freunden ins Gesicht sagte. Und die anderen auch. Sie wissen, um was es geht.«

Der Oberarzt nickt.

»Sie, Herr Oberarzt, gehören nicht zum Spiel. Sie gehören nicht einmal zum Lauf. Sie haben am 5. nichts in der Stadt verloren. Der 5. ist für die fünf Freunde reserviert. Sonst würde der Lauf am 4. stattfinden. Sie wollen den Schwarzen helfen, in Afrika, wie ich gehört habe. Machen Sie das. Für solche Reisen muss man sich ausführlich vorbereiten. Am besten, Sie fangen noch heute damit an.«

Der Oberarzt starrt ihn an. Arnold muss sie abgehört haben!

Plötzlich packt ihn Arnold an den Händen, aber in einer anderen Heftigkeit, als es Jenny noch vor Stunden tat. Er führt ihn nun zu seinem Wohnzimmertisch. Vor ihm liegen vier identische Masken. Sie gleichen der seines Vaters, als er abbrannte. Sie liegen vor ihm, als wären sie Teil einer Ausstellung in einem naturhistorischen Museum. Erst jetzt erkennt der Oberarzt den Zusammenhang zwischen dieser Maske und den Voodoo-Masken der Urvölker an der Wand. Arnold ist tatsächlich der Mann der Masken. »Die Maske hat man meiner Familie mitgegeben. Nun bekommen meine Freunde alles zurück. Mit Dank und Anerkennung«, spricht er und es fällt Traisen nicht schwer, den Zynismus in seinen Worten zu finden. »Vier Freunde, vier Masken. Annika. Daniel. Kevin und … Jenny«, setzt Arnold fort. »Jeder bekommt eine. Verpasst.« Der Oberarzt spürt, wie er bei Jenny kurz zögerte. Aber auch Jenny gehört für ihn nun zu den Bösen. Der

Krampusmann hat sich entschieden. »Sie, Herr Oberarzt, sind keiner von uns.«

In die Arme des Oberarztes bohren sich spitze Eisenkrallen. Sie verlängern Arnolds Nägel. »Eisenhagel hat Eisenkrallen verdient. Herr Doktor, finden Sie nicht?« Ohne auf eine Antwort zu warten, setzt er fort. »Sie gehen ganz weit weg, oder ich kratze Ihnen die Augen aus. Meiner Jenny schauen Sie nichts mehr weg.«

Der Doktor schaut nun Arnold tief in die Augen und führt fort, was sich in den letzten Minuten angekündigt hat. »Sie lassen mich nun los, Arnold, ich zähle bis zehn und wir befinden uns in der alten Welt.«

Arnold lässt von ihm ab und der Arzt findet sich in Jennys Welt der Hypnose wieder. Der Doktor erkennt in Arnolds Augen eine wuchtige Landschaft. In dieser befinden sich die vier Freunde mit Arnold. Es ist die Hütte auf dem Berg, von der Jenny immer redet. Daniel und Kevin werfen Arnolds Tasche herum, sie lachen ihn dabei aus. Ansatzlos zieht Kevin dem erschöpften Arnold die Beine weg. Arnold stürzt. Jenny dreht sich zur Seite, Annika schaut verlegen weg. Kevin tritt auf Arnold ein, bis ihn Daniel einbremst. Er lässt ihn nun sein und zieht mit Jenny von dannen, nicht ohne sich nochmal umzudrehen und ihn zu verhöhnen. Kevin wirft ihm die Uhr zu, die Arnold Jenny geschenkt hat. Nun ist klar, dass Jenny ihn verraten hat. Jenny hat ihn tatsächlich ans Messer geliefert, nachdem er ihr den Pfarrer vom Hals geschafft hat. Kevin konnte die Peinlichkeit nicht auf sich sitzen lassen und schlug zu. Arnold brüllte Jenny nach, er brüllte sich die Lunge aus dem Leib. Er blieb jedoch alleine zurück.

Der Oberarzt spürt Arnolds steigende Wut. Sie bricht nicht nur aus, sie wird ein Teil von ihm. Es beginnt etwas zu leben, was heute noch ein Teil Arnolds ist. Doktor Traisen sieht, wie es Arnold nun auf seinem Wohnzimmersofa zerreißt. »Wir gehen nun langsam zurück und verlassen das alte Eisenhagel und kommen wieder in Ihrer Welt in Graz an. Ich zähle bis zehn und Sie sitzen auf Ihrem Sofa und Sie können sich an nichts erinnern.«

Arnold schüttelt sich wischt vor seinem Gesicht herum, als ob er einen Teil vom alten Eisenhagel noch verscheuchen muss.

»Sie kennen die ganze Geschichte. Gehen Sie jetzt, bevor ich es mir anders überlege.« Der Doktor ist überrascht, dass sich Arnold scheinbar nicht von der alten Welt verabschiedete, so wie es Jenny immer tat und für die Hypno richtig ist. Traisen richtet sich seine Krawatte. Was passieren muss, wird passieren. Das ist ihm klar. Er geht zum Wohnungsausgang.

Arnold steht auf und räuspert sich nochmals. Traisen dreht sich um. »Danke für die Sitzung, Herr Doktor.«

Daniel kommt nach Hause. Am Gang pfeift er »Sweet Dreams«. In seiner Bude legt er sich auf das Sofa und liest ein Buch über die Wahrscheinlichkeit. Schwierige Zeiten, denkt er sich, aber guter Rat ist teuer. Er dimmt das Licht und stellt eine Kanne Wasser für einen Tee auf. Man darf auch nichts überstürzen, denkt er sich. Auch Benko wird wieder auftauchen. Da ist er sich ganz sicher. Solche Geschichten erklären sich meist von selbst. Am besten abwarten.

Er bekommt eine Facebook-Nachricht von einem unbekannten Absender und liest halblaut: »Wie groß ist die Wahrscheinlichkeit, bei ›Sweet Dreams‹ von Marylin Manson ermordet zu werden?«

»Ha, ha, ha, Kevin! Du Hund! Komm und zeig dich!« Er muss lachen, laut und ausgiebig. Das wird eines von Kevins Spielchen sein. Kevin hat sich wieder beruhigt und zieht ihn nun auf. Es wird alles wieder. Sie müssen jetzt einfach wieder zusammenhalten und am 5. Dezember durchtauchen. Sie haben dann eine tolle Zeit und schauen stolz auf den Lauf zurück. Schon zu Silvester lachen sie darüber und stoßen mit einem Glas Sekt an. Das wird schon wieder!

Daniel macht ein paar kämpferische Boxbewegungen. Stille. Kein Kevin im Haus. Kevin sitzt wieder im Knast, so schnell kommt der nicht raus. Der hat jetzt kein Facebook. Vielleicht kommt die Anfrage von einem Schüler, vielleicht von Philip, der ist auch immer für blöde Späße gut. Aber der hat keine Ahnung von seinem Sweet-Dreams-Spleen. Das weiß keiner, außer seine drei Freunde und Arnold. Daniel wird nervös, schaut um sich.

»Ha, ha, sehr witzig! Soll ich mich jetzt fürchten, oder was? Annika, Jenny?« Keine Reaktion, seine Stimme verhallt im Nichts. Wieder einmal. Wie auf Befehl kommt die nächste Nachricht: »Die Wahrscheinlichkeit, bei ›Sweet Dreams‹ von Marylin Manson ermordet zu werden, ist höher als bei ›Yesterday‹ von den Beatles!«

Die Rollos gehen runter, die Lichter schalten sich automatisch aus, ›Sweet Dreams‹ wird angespielt. Licht dunkelblau. Daniel flüchtet von einem Zimmer ins andere. Wie eine kleine Maus, die vor einer Katze davonflitzt, aber das Spiel scheint kein gutes Ende zu haben. Er spürt, irgendwo ist immer irgendwer und es wird nie mehr keiner wo so sein. Er rüttelt an der Türschnalle. Verschlossen! Bald wird ihm der Atem fehlen und mit dem Atem der Mut.

Und plötzlich schießt ihm KEVIN ein. Ach Kevin! Großer Lehrmeister der Strategie. Was hat er gesagt?

»Du musst einmal mutig sein. Nur einmal. Du musst einmal mutig sein, in deinem scheiß Leben, du LULU! Dann, wenn es am wichtigsten ist. Dann erledigt sich alles von selbst«, hört er Kevins Stimme in seinem Ohr. Daneben die Hammerbeats seiner Jugend.

Sweet dreams.

Er hält sich die Ohren zu. Es gibt Momente, da will er keine sweet dreams, da will er nur seine Ruhe haben. Das ist jetzt gerade so ein Moment.

Süße Träume.

»Aaaaaaaaaaaaaaaahhhhhhhhhhh! Aaaaaaaaaaaaahhhhh! Aaaaaaaaaahhhh! Aaaarrrnnooold!«

Keine Reaktion.

Jetzt setzt das zweite Mal die brachiale Gitarre ein. Daniel kriegt dazu die Bilder in den Kopf. Marilyn wandert im Video wie wild im Kreis und besteigt dann, schwarz angemalt, eine Sau, auf der er reitet und schreit.

Plötzlich verstummt das Lied. Es wird dunkel. Und Daniel spürt seine Eier wachsen. Kein Jammern mehr. Heute muss er durch.

Ein neues Lied. Daniel erkennt es vom ersten Takt weg. Es ist von Rammstein.

Die Sonne.

Daniel singt mit: »Eins, zwei, drei, vier, fünf, sechs, sieben, acht, neun, aus.«

Alles still. »Willkommen in der Gegenwart, du Schwachkopf!«, höhnt die Stimme von Arnold. Jetzt auf Vollgas Musik und Licht.

Licht!

Daniels Wohnung erscheint nun im hellen Licht. Zwei Frontalscheinwerfer blenden ihn. Im gleißenden Gegenlicht kann er nun Arnold erkennen.

Arnold nähert sich. Er hat in der rechten Hand einen roten Apfel und in der linken bereits eine Krampusmaske für ihn vorbereitet.

»Daniel, lange nicht gesehen, oder?«

»Und jetzt?« Daniel lacht. Er ist verblüfft über seine Lockerheit.

»Ich habe dir ein Geschenk mitgebracht.« Er präsentiert ihm die Maske.

»Du hast es aber mit Geschenken, oder?«

»Nimm die Maske und sei ein artiges Kind.«

»Niemals. Keiner hat dich gerufen. Geh nach Hause, Arnold.«

»Arnold ist zu Hause. Ich bin der Krampusmann. Du hast verloren. Du hast die Wahrscheinlichkeit nicht erraten. Sie ist in deinem Falle zu 100 Prozent, also muss ich dich jetzt töten«, antwortet Arnold und geht mit Stromschocker und Maske auf Daniel zu.

Daniel weiß, einmal muss man mutig sein, nur diese eine Mal. So wie Kevin ihm das beigebracht hat.

Er nimmt Anlauf und springt durch das verschlossene Fenster, dazu schreit er sich die Lunge aus dem Leib.

»HUUUAAAHHH!«

Der Krampusmann beugt sich aus dem Fenster. Da ist nicht mehr viel zu sehen, zumindest nichts, was auf ein intaktes Leben hindeutet. Er packt seinen E-Schocker und die Maske weg und öffnet die Tür neben den Sanitäranlagen. Ein Besen und Putzmittel. Die Gehsteige müssen sauber sein. Man muss für Ordnung sorgen.

Annika erwacht. Sie blinzelt. Draußen ist es heller, als ihr Schlafpensum es zulässt. OMG. Sie hat ein pelziges Gefühl in ihrem Mund. Sie stemmt sich auf und geht in die Küche. Am Küchentisch steht die leere Flasche Shiraz, eine offene Flasche Gin, einige Tonics und eine leere Schachtel von Jennys Zigaretten liegt herum. Das volle Programm also. Oide! Mädl! Halt die Goschn! Gibt's ja nicht! In drei Tagen ist Krampuslauf und du gibst dir die Volle! Dann sieht sie die Hundeleine um die Sessellehne gelegt. Shit! Wie konnte ihr der Grund des Gelages auch in diesem Moment entfallen. Benko ist weg!

Annika steht auf und lässt sich einen Kaffee runter. Wieder und wieder arbeitet sie die Situation in ihrem Kopf durch. Seppi der Bulle hat gemeint, das ist gut, so macht man das auch bei Abgängigkeitsanzeigen. Hier lassen sich die Angehörigen immer wieder die letzten Tage und Stunden durch den Kopf gehen. Einfach ärgerlich, dass Daniel nicht erreichbar ist, wo der sich schon wieder herumtreibt. Die Jungs! Der eine sitzt im Knast und tut Däumchen drehen, der andere ist unauffindbar. Vielleicht haben sie ja alle Angst vor dem Krampus, spöttelt sie und schnallt sich das Pistolenhalfter um. Morgen ist der Lauf, und wenn etwas passiert, muss man gewappnet sein, denkt sie sich, während sie den gefütterten Lodenmantel anzieht. Heute soll es ja sehr kalt werden.

Aus Gewohnheit öffnet sie den Briefkasten. Gelegentlich kommt der Austräger schon, bevor sie zur Arbeit geht. Ihr fällt eine Ansichtskarte in die Hände. Sie ist von Benko. Jetzt schaut sie aber ziemlich blöd. Sie steckt die Karte in ihre weinrote Handtasche. Sie will jetzt gar nicht mehr wissen, sie könnte die Inhalte auch gar nicht fassen. Benko hat ihr eine Karte geschrieben. Das muss man sich einmal vorstellen. Dafür ist Annika fit. Verdammt fit sogar.

Sie lässt ihren PC an und stellt das Foto von Benko wieder auf. Gestern ist es umgefallen. Sie hofft, dass das kein schlechtes Omen war, aber kann ja nicht sein, weil Benko gestern noch eine Karte geschrieben hat. Also muss er am Leben sein. Sie schnappt sich die Karte. Auf ihr ist der Ochsengraben abgebildet, mit der dazugehörigen Hängebrücke, die über den Ochsengraben geht und den Boller – ihren Hausberg, wo auch die Hütte steht – mit der Kreuznot, dem Hügel daneben, verbindet. Der Ochsengraben führt dann nach Harnbluten. Sie dreht die Postkarte um. Sie ist tatsächlich an sie gerichtet.

Liebes Frauli, liebe Annika!

Ich wollte vor dem Supermarkt nicht mehr auf dich warten und nahm mir einen Ausflug vor. Irgendwie muss ich vom Weg abgekommen sein, also hol mich bitte auf der Brücke zur Kreuznot ab. Ich warte auf dich, weil in der Nacht wird es doch unangenehm kühl. Bring mir bitte einen kleinen Knochen mit, wuff, wuff,

dein Benko

Ihr Hund hat eine sehr jugendliche Schrift. Nicht schlecht, das sollte er ihr einmal zeigen, in echt. Dann muss sie nix mehr hackeln und es wäre Zeit für Benkos große Stunde im Kuriositätenzirkus. Annika versucht Daniel zu erreichen. Keine Chance. Er ist auch nie erreichbar, wenn man ihn braucht! Muss man wirklich alles selber machen? Zu gerne hätte sie Daniel in den Ochsengraben geschickt, am besten auf FB-Live, damit sie ihn kontrollieren kann. Ja, jetzt kann sie nicht weg, ist ja morgen der scheiß Lauf! Es läutet das Telefon.

»Guten Morgen. Ich schau gleich … einige wenige Zimmer haben wir noch … sind Sie im Internet? … dann gehen Sie am besten auf Tourismus-Eisenhagel.com. Dort finden Sie alle verfügbaren Zimmer. Aber ich würde mich an Ihrer Stelle ranhalten. Es werden minütlich weniger … nichts zu danken.«

Annika verlässt zu Mittag das Büro, sie hat nun das Telefon auf ihr Handy umgeleitet und kann gehen. Vor ihr spielen zwei Kinder im Schnee. Eines hat eine Nikolausmaske auf, das andere eine Krampusmaske. Unter ihnen scheint ein Streit ausgebrochen zu sein.

»Ich darf alle bestrafen!«, schreit der Krampus mit erhobener Rute.

»Mich nicht, weil ich bin der Nikolaus«, antwortet das andere Kind.

»Aber auch du hast letztes Jahr Böses getan!«, erwidert das Kind mit der Krampusmaske und haut dem Nikolaus mit der Rute eine über den Kopf, sodass seine Mütze in den schmutzig grauen Schnee fällt. Der Nikolaus weint, der Krampus steht eher hilflos vor ihm.

»Brav sein, Kinder!«, ermahnt sie Annika, »weil morgen kommt zu euch wirklich der Krampus, ich habe mit ihm schon geredet und der weiß alles. Auch von heute!«

Die Kinder beginnen zu flennen und laufen weg. Befriedigt geht Annika weiter. Es hat ihr gutgetan, den Kindern einen Schrecken einzujagen. Man muss eben auch für Ordnung sorgen! Plötzlich rumort es in ihr. Aus dem Nichts denkt sie an Daniel. Daniel, hey, Daniel, wo bist du? Wir wollten doch immer zusammen sein, schluchzt sie, während sich Tränen aus ihren Augenwinkeln stehlen.

Annika sieht den Wald vor sich. Leck fuck! Sie parkt das Auto in die letzte Ausweichstelle unten am Graben, wo die Forststraße in einen Pfad mündet. Sie stellt ihre Halbschuhe unter den Beifahrersitz. Warum kann sie denn nicht endlich einmal locker sein? Endlich sich aus ihrer Erziehung, aus ihrem Beruf, aus ihrem Leben rausschälen. In diesem Moment bewundert sie Jenny. Von nichts raus, ohne sich zu verleugnen. So wird sie nie sein können. Gekränkt schmeißt sie die Halbschuhe unter den Beifahrersitz. Jetzt können sie sie alle einmal!

Sie schnürt ihre Wanderschuhe und nimmt sich ihre Wachsjacke von der Rückbank. Sie hat sich bei niemandem mehr gemeldet, auch nicht bei Jenny. Recht so! Die Situation muss sie für sich alleine klären. Sie geht in den Wald und setzt sich Kopfhörer auf. Ein belangloses Lied aus dem Radio folgt dem nächsten. Ganz genau, das wollte sie. Keine Geräusche, von denen sie nicht weiß, woher sie kommen, auch kein Bellen, Flennen oder Knurren. Sie will auch nicht die Hosen voll haben, bevor sie vor der Brücke steht, also hört sie nichtssagende Musik. Der Schnee ist griffig und hat noch kein Eis gebildet. An den südlichen Hängen taut er sogar wieder auf und bildet, wenn die Sonne hinter dem Wald verschwindet, an den Ästen Eiszapfen.

An den schattigen Hängen leuchtet er leicht hellblau. Die Serpentinen ziehen sich langsam den Berg rauf. Immer wieder sieht sie die Brücke, aber eben nur von unten, das hilft noch nicht viel.

Sie weiß genau, warum hier der Hund auf sie wartet und wer ihn gebracht hat. Bis hierher ist sie mit Arnold gegangen, um Bello zu finden. Und hier haben sie sich geschworen, dass sie immer zusammenhalten werden. Und, hast du dich darangehalten? Nein. Und jetzt bringt er den Hund hierher. Sicher nicht, um auf die gute alte Zeit anzustoßen. Er führt sie alle vor, dieser Hurensohn. Ach! Nur gut, dass er so toll sein wird und keinen Dreck am Stecken hat. Noch zwei Beugen und dann ist die Brücke in aller Pracht und Herrlichkeit zu sehen.

Warum hast du dem Impuls hierherzugehen überhaupt nachgegeben? Momentan fragst du dich, wie blöd man nur sein kann und keiner Menschenseele Bescheid gibt, wohin man unterwegs ist. Wenn da jetzt etwas passiert, haben alle null Ahnung und du wirst dazu noch ein Opfer der Boulevardmedien: Die Tochter vom Scharnier- und Scharnierfettfabrikanten, dem bekannten und geschätzten Jägermeister Eberhard Pilch, den Schanierl-Edi, wie sie ihn nennen, hat sich aus unerklärlichen Gründen selbst abgemurkst. Bist du gelähmt! Oida!

In Gedanken vertieft stößt sie an die Grundpfeiler der Hängebrücke und schreckt auf. Sie nimmt nun ihre Kopfhörer ab. Sie ist ruhig und tastet nach ihrer Pistole. Der Papa würde das Gleiche machen. Das hat sie in ihrem Urin. Auf der anderen Seite der Brücke sieht sie ihren Hund. Er hat sie entdeckt und beginnt zu winseln und will zu ihr, doch hält ihn eine Leine zurück. Sie muss über die Brücke und behält dabei ihren Hund im Auge. Sie weiß jedoch, dass es sich hier um eine Falle handeln könnte. Sie kommt Benko immer näher. Der winselt und stranguliert sich fast an der Leine, vor lauter Freude. Annika bleibt stehen und zieht die Pistole. Sie richtet den Colt nun auf Benko. »Tut mir leid, Kleiner, aber du bist meine Schwachstelle und ich kann Schwachstellen nun einmal nicht leiden.« Sie schießt Benko in den Schädel. Einmal, zweimal. Dieser platzt vor ihr, als wäre er eine überreife Melone.

Sie glaubt, der Hund hat nicht damit gerechnet. Dass im selben Moment hinter ihr die Brücke ausgehängt wird und sie in die Tiefe stützt, damit hat sie auch nicht gerechnet.

Der Krampus wirft ihr noch eine Maske in die Schlucht nach. »Du hast das Leben nicht verdient, Hure.«

Vor Jenny liegen ein metallisch schimmernder Body und kniehohe Kampfstiefel. So wie sie es wollte. Ohne die geht sie heute nicht raus. Die weißen Flügel sind very fancy. Dazu lange Handschuhe. Sie muss schlucken. Es ist, als würde der Moment dem morgigen Tag vorgreifen. Ihre Hände zittern, ihr fällt das Atmen schwer, mit einem Schlag sind alle anderen Gedanken aus ihrem Kopf. Der Bote brachte das Kleid für die Krampusprinzessin. Wenn sie ihr Kostüm so sieht, hätte man sie auch Kampfprinzessin nennen können. Alles feinsäuberlich genäht. Sogar der Body ist eine Sonderanfertigung. Handarbeit. Sie musste extra zur Schneiderin, die ihr die Maße abnahm. Jenny fährt über die Nähte, ein doppelter Zwirn, damit ja alles hält. Also kein Ramsch, nichts von der Stange. Ihr Herz schlägt schneller, dagegen kann sie gar nichts tun. Morgen ist sie Krampusprinzessin. Sie ist das Zentrum des Geschehens. Absurderweise als Prinzessin. Dabei konnte sie mit Prinzessinnen noch nie etwas anfangen. In Eisenhagel gibt es keine Prinzessinnen oder Burgfräuleins. Vielleicht macht gerade das den Charme aus: Durch die dunkle Erzstadt stolziert eine Prinzessin. Das hat es hier noch nie gegeben und dann ist ausgerechnet sie die Prinzessin. Hat sie das verdient? Wo sind Annika und Daniel. Wo ist Kevin? Sie hat ein schlechtes Gewissen. Ohne die anderen wäre sie das alles nicht, und sie sind nicht hier. Hoffentlich sind sie nicht in Schwierigkeiten, sie hat den ganzen Tag schon ein ahnungsvolles Gefühl.

In diesem Moment meldet sich eine Stimme, mit der sie nicht gerechnet hat. Es ist ihre Großmutter: »Sei stolz auf dich, meine kleine Jenny, auf das, was du erreicht hast. Mach dich nicht immer runter und gehe morgen mit hoch erhobenem Haupt durch die Straßen!« Und schon ist die Großmutter wieder verschwunden. Jenny schaut kurz in das Licht, blinzelt dabei und hält nun den Body an ihren Körper. Ihre Großmutter hat recht, sie kann stolz sein auf alles, was sie in so kurzer Zeit erreicht hat. Sie betrachtet sich nochmals im Spiegel, legt den Body wieder zurück in das Seidenpapier und schließt die Schachtel. Ihre Augen werden feucht. Sie reibt einmal darüber und schnäuzt sich. Du wirst morgen mit Stolz den Lauf anführen. Soll morgen kommen, wer will. Du bist bereit. Wenn nicht die Flügel so unhandlich wären! Sie sind lästig und vor allem hinderlich, wenn es tatsächlich brennt. Aber für den Fall der Fälle hat sie Kampfstiefel, und die Flügel sind einfach geil. Zwei ist das Zeichen für Einheit. Aus zwei Dingen wird endlich ein Ganzes. Dicke Schneeflocken. Plötzlich wird alles um sie herum in eine winterliche Stille gehüllt. Jenny schiebt die Bilder zur Seite, jetzt ist keine Zeit für Sentimentalitäten. Hier sind Jacke, Revolver, Zigaretten und Taschenmesser. Sie weiß über ihre Aufgabe Bescheid. Schuld wird beglichen. Mit oder ohne Flügel.

Mit Flügel bist du mir lieber, mein kleines vulgäres Vögelchen. Schlampe!

5. 12. 2018

Noch wird Eisenhagel von einer nebeligen, gelblichen Decke umhüllt, einem Gemisch aus Abgasen und Industriestaub. Gegen die Ränder hin wird sie lila und je näher sie zu den Steinwänden der angrenzenden Berge reicht, desto mehr verdunkelt sich die Nebeldecke. Hier wurden vor 100 Jahren die Höhleneingänge in die Stollen gerammt. Aus dem Berg klaffen die Löcher, als ob er schwarze Flecken hätte. Dort zieht es den Nebel hinein. In der Höhle verwandelt sich der Nebel zu Kondenswasser, rinnt tropfenweise die Wände hinab, sickert in den Boden und speist als Quelle wieder die Eisenhagler Traun, als müsste alles Diffuse und Grauenhafte unten in Eisenhagel bleiben. Jenny stemmt sich aus dem Loch. Sie steigt im Tal in den Schacht ein und klettert hinauf. In der Schulzeit trauten sie sich das nicht zu. Sie hatten nicht die Eier. Heute geht alles. JETZT.

Perfektes Timing. Die Sonnenstrahlen streichen über den Bergkamm und durchbrechen die Nebeldecke. Jennys Body glänzt. Der Moment, wo die ersten Sonnenstrahlen über den Bergkamm schimmern, aber noch nicht durch die Nebeldecke stoßen können. Ihr Body wirkt stählern, ihre Stiefel glänzen. Jenny freut sich. Dieser Moment muss gefeiert werden. Der gehört ganz alleine ihr. Jetzt saugt sie dem Universum die Energie ab, die sie den gesamten Tag brauchen wird. Sie schließt die Augen, atmet so tief sie kann und hält die Luft für einige Zeit in der Lunge. Sie öffnet die Augen. Heute geht alles. JETZT! Dazu hört sie Urge Overkill. *Girl, you'll be a woman soon.* In diesem

Moment läutet ihr Telefon. Geh scheiße! Wer im Herrgotts Namen ruft sie um halb sechs in der Früh an?! Langsam versteht sie Kevins permanente Gereiztheit. Der Bürgermeister kann dann doch etwas anstrengend werden. Jenny hebt ab. »Hallo Bürgermeister, wo brennt's? … Ja, ja, schon gut … okay, gut, ich komme.« Sie klettert zurück in den Stollen, der führt sie direkt ins Tal.

Jenny zieht sich einen Parka über ihr neues Outfit und schwingt sich in ihren Jeep, den ihr die Gemeinde für die paar Tage geborgt hat. Menschen verriegeln ihre Häuser, andere lassen die Rollläden bei ihren Geschäften unten. Manche vernageln die Tür, daneben stehen die bepackten Autos. Vorwurfsvoll schauen sie die Menschen an, sie kennen ihr Gesicht. Neben ihr an der Ampel bleibt ein schütter gefüllter Bus stehen. Die Schulen haben heute frei. Die Eltern sollen entscheiden, wie viel die Kinder vom Lauf mitbekommen. Jenny spürt, dass die Menschen vorsichtig geworden sind. Sie wissen, dass heute etwas LOS SEIN wird und geben acht. Jenny gibt Gas. Sie fährt an das andere Ende der Stadt, dorthin wo Eisenhagel ausrinnt, ein Feld an das nächste grenzt und ihre Weekend-Disko Detox steht. Dort, an der Bushaltestelle, wartet schon der Bürgermeister mit dem Seppi. Auf der Bank neben ihnen sitzt jemand. Sie kommt etwas näher. Der jemand sitzt etwas schräg. So ganz gut kann es dem nicht mehr gehen. Jenny steigt aus.

»Der Junge hat schlecht geschlafen, sein Gesicht ist ganz zerknautscht«, beginnt der Bürgermeister das einleitende Gespräch.

»Nein, glaube ich nicht, dass der Junge schlecht geschlafen hat, weil Tote schlafen in der Regel gut«, antwortet Jenny, berührt seine Halsschlagader und schaut ihm in die

Augen. Keine Reaktion und kalt wie ein toter Fisch. Den Kerl hat jemand übel hergerichtet, bevor er hier abgeladen wurde. Seine halbe Lippe hängt runter und sein linkes Auge ist zerstört. Außerdem hat er ein Schild um den Hals gehängt. Es entspricht Jennys Erwartungen. »ICH BIN WIEDER DA!«, steht in großen Lettern geschrieben.

»Und?«, fragt Jenny in die Runde.

»Wahrscheinlich ein Trittbrettfahrer«, antwortet Seppi, »war ja einiges in letzter Zeit los.«

»Gut möglich, dass wir alle Irren anziehen. Aber tot ist nun einmal tot. Was hat das mit mir zu tun?«, antwortet Jenny.

Der Bulle Seppi schaut sie groß an.

»Heute ist dein Tag. Es ist dein Lauf. Wenn wir jetzt schon mit einer Leiche aufwarten, kann das alles verkacken. Es ist deine Entscheidung«, antwortet der Bürgermeister.

»Alles klar. Den Toten kennt niemand, oder?« Beide schütteln ihren Kopf.

»Entweder versenken wir ihn in einem Stollen, oder wir schenken ihn Harnbluten«, antwortet Jenny.

Beide schauen sie groß an.

»Bei uns ist noch selten etwas aus der Versenkung aufgetaucht, oder?«, fragt der Bürgermeister nach.

»Nein, außer man hat nachgeholfen«, antwortet Jenny verärgert, »dann kommen sie aus den letzten Schlammlöchern zurück. Aber in Harnbluten haben sie die nächsten 48 Stunden wirklich gut Zeit und wir sind die Leiche los«, trifft Jenny die Entscheidung, »so lassen wir den Wahnsinn beginnen.« Sie schütteln sich verschwörerisch die Hände. Der Bürgermeister gibt Seppi ein Zeichen. Sie nehmen den Toten und legen ihn vorsichtig in einen Anhänger, nehmen ihm das Schild vom Hals und fahren ab. Respektvolle, solide Arbeit, denkt sich Jenny. Bei einem Schlagloch schaukelt es den Anhänger einigermaßen durch und die Hand des Toten kommt zum Vorschein, als ob sie Jenny zuwinken würde. Jenny nickt und winkt zurück. Langsam bekommt sie ein Gefühl für den Lauf.

Ein Leichenwagen ist ein Leichenwagen. Ein Leichenwagen mit Hörnern als Kühlerfigur ist jedoch etwas Außergewöhnliches. Das Geweih einer Gazelle. Wie ein verwegener Prunkwagen fährt der altgediente, verchromte Mercedes die Landstraße entlang, als ob er sich in der Gegend verirrt hat. Die Fenster sind verspiegelt. Könnte man reinschauen, würde man Herrschaften in Zotten, in wildem Gewand sehen. Aber noch ist nicht die Zeit dafür. Der Wagen bleibt auf einer großen Wiese am Rande der Gemeinde stehen. Hinter ihm kommen einige Autos nach, als ob der Leichenwagen das Signal gegeben hätte. Ausgebaute Campingwagen, breite Geländewagen, Hummer, Dodge, Chrysler, Puch oder unscheinbare Flitzer, ein mattschwarzer BMW, ein grauer Audi Quattro, ein 190er mit Stern, wo man erst beim zweiten Hinschauen merkt, dass die mehr unter der Haube haben, als man wissen will. Viele stellen bereits ihre Vehikel für den Lauf auf, sofern sie welche haben. Manche Krampusse sind alleine, andere in Gruppen. Einige bauen nun eine Pyramide auf, die sich auf ein Radwerk stützt. Der Wagen wird von Sklaven gezogen, während der Krampus auf der Pyramide sitzt und Anweisungen gibt. Für den Bruchteil von Sekunden schauen Ra, Osiris und Isis, die Götter des antiken Ägypten, auf die Krampusse herab, stolz, noch immer ein Teil des Ganzen zu sein. Die Protagonisten spüren, dass sie sich in einer anderen Welt bewegen, um es gleich wieder zu vergessen. Aber in sich halten sie den Moment geborgen. Ein archaisches Spiel zwischen Gut und Böse, wo die Pyramide gar nicht schlecht reinpasst. In den heutigen Krampuslauf werden viele Kulturen hineingepackt. Zombies werden aus Walking Dead ausgeborgt, Frankenstein geht gerade an den Krampussen in Eisenhagel vorüber, Perchten feiern fröhliche Urstände und so mancher Krampus erinnert mit seinem Gebiss eher an einen Vampir als an einen Krampus.

Auf der anderen Seite ist der Parkplatz des Sportverbands. Hier parken die ersten Busse. Sie kommen nicht nur aus der Region, sondern auch aus Salzburg, Graz, Wien, München – die sozialen Netzwerke greifen also. Nun steigen sie aus. Hölzerne Masken mit Hörnern: das Mufflon, der Steinbock, afrikanische Springböcke und Gazellen bekommen ein zweites Leben eingehaucht. Hoffentlich nicht für die Maskerade gejagt, aber nun mit Stolz getragen. Ein jeder ist sein Stammesführer, ein jeder ist sein eigener Häuptling. Je prächtiger die Hörner, desto mächtiger scheint der Krampus. Senkrecht ragen die Hörner empor in die Lüfte, Macht, Stärke und Vitalität, ein Phallus, wie ihn Sigmund Freud nicht besser definieren hätte können. Dazu noch tiefliegende Augen, wilde Gebisse, so richtige Zinken als Nasen, spitze Ohren, porentiefe Haut und wilde Haarbüschel, die in Pelz übergehen. Diese münden in Pranken, wilden ungestümen Klauen.

Das erste Kräftemessen findet bereits nach der Ankunft statt, es erweist dem Phallus alle Ehre

»Meine Hörner sind größer als deine«, meint der erste Krampus zum zweiten.

»Dafür ist meine Kette geiler«, antwortet der zweite.

»Willst a Watschn?«, droht der erste dem zweiten Krampus mit Gewalt.

Der zweite Krampus schießt ihm nun eine, sodass der erste am Boden liegt.

»Schon erledigt!«, antwortet der zweite Krampus und hilft dem ersten wieder auf die Beine. Man ist ja unter Artverwandten.

Sie trinken Bier aus neutralen Flaschen, keiner will ein Verbot, am Lauf teilzunehmen riskieren, sie machen schon jetzt Lärm mit Glocken, Schellen, Ruten oder Peitschen. Manche haben Feuer dabei, speien es probehalber in die Lüfte, andere kontern mit rot leuchtenden Augen. Als ob sie aus Löchern kommen, aus Höhlen, aus dunklen Wäldern – dabei steigen sie aus Fünf-Stern-Luxusbussen mit Bordküchen, Sanitäranlagen und einer Reisebegleiterin mit leuchtenden Plastikhörnern und einem glitzernden Minirock. Dazu Schaulustige, die Selfies mit dem Krampus machen, oder die einfach nur staunen. Es gibt ja so richtig Sachen zu sehen.

Von einer Sekunde auf die andere häufen sich die Autos, die Übersicht nimmt nun ab. Die Bilder werden bunter, die Straßen in die Stadt hinein glitzern in den verschiedensten Farben, die Ordnungsdienste mit ihren gelben Jacken und den Funkgeräten sind an ihren Posten. Dazwischen fuseln eben die Schaulustigen, ganze Familien sind da, Burschen blitzen schon ihre ersten kleinen Biere. Die Mädels haben sich anständig hergerichtet. Es darf ja auch gefeiert werden. Mittlerweile ist wirklich viel los, die Stille, die Jenny noch vor einigen Stunden genießen durfte, ist wie weggeblasen.

Plötzlich wird alles von einem ohrenbetäubenden Knattern übertönt. Nun erscheinen Krampusmänner und -frauen der anderen Sorte. Sie kommen auf Motorrädern, springen schnell ab, haben Schlagstöcke und Fahrradketten in den Händen, weiße oder schwarze Psycho-Masken oder dunkle Brillen, die Krampusmasken bloß auf ihre Hinterköpfe gesetzt, oder mit Gummizug auf ihre Ellbogen. Sie gehen stumm an allen vorüber, wohin, weiß keiner. Sie haben keine Wagen dabei, sie sind an keiner Show interessiert. Sie sind zum Laufen hier. Sie wollen gewinnen. Sie wollen die Prinzessin. Die Krampusse von vorhin verstummen. Sie lassen die neuartigen Krampusse respektvoll vorbeiziehen. Nun schieben sie die Masken vor das Gesicht. Keiner weiß, wer dahintersteckt. Wenn jemand etwas getan hat, hat es niemand getan. GRRR!

Einer steht weit oben. Er geht als letzter. Er ist zurück. Er trägt die alte Maske. Die von früher. Die schon einmal da war. Er läuft heute den alten Weg. Der braucht den neuen Lauf nicht. Kevin wird dort auf ihn warten, wo vor zehn Jahren etwas passiert ist. Wo heute wieder ETWAS passiert. Er hat es seinen Freunden klar und deutlich gesagt: Am 5. sind vier Freunde zu wenig.

Die Spiele haben begonnen. Schlampe!

Langsam senkt sich die Sonne und die Stadt hebt ab. Sie bebt. Jetzt nicht an jeder Ecke, aber von oben betrachtet brodelt das Zentrum. Es blinkt dunkelrot bis schwarz. Es bewegt sich. Wie ein Drachen, der gerade zum Leben erwacht. Unberechenbar und in Rage. Rauch, Leder, Gummi, Masken, Stiefel, Fell, Pelz, Zotten, Federn, Haare, Zigaretten, Bier und Schnaps. Harte Musik. Kein Alpen-Rock 'n' Roll. Kevin sei Dank, er hatte hier seine Finger im Spiel. »Sympathy for the Devil«, »Ace of Space«, »Helter Skelter«, »Highway to Hell«, »Sonne«, »Life is Live«, »Ram it Down«, »Ill Communication«, »Hinterland«, »B17«, »Illegalize It«, »Bombay Calling«, »Feuer Frei«, »Keine Party«. Und nichts anderes. Geht man näher ran, sieht man einige weiße Flecken. Aber diese stammen von keinen Jesus-Jüngern, vielleicht doch, wenn man irre Nikoläuse als solche sehen will. Die Krampusse sammeln sich in und um die Höhere Technische Schule, wo der Lauf startet.

Davor steht ein Nikolaus mit einem Kreuz in der einen Hand und mit einer Kelle in der anderen. »Und ich sage Euch eines! Ihr werdet in der Hölle schmoren, wenn Ihr nicht dem Bösen abschwört. Keiner wird dem Jüngsten Gericht entkommen!«, predigt der Nikolaus gegen das Übel der Welt. Der Nikolaus holt nun aus, als wäre er Ken Russell, Gott des englischen Horrors, dabei besprenkelt er die Krampusse mit Weihwasser und tritt einen frechen Krampus in den Arsch, der sich seinen Bart schnappen will und packt ihn dann an der Gurgel. Eine Runde Krampusse kreisen den Nikolaus nun ein, wie Haifische in einem zu kleinen Becken. Dazu machen sie ihr Eisenhagler Krampusgeheul. »Huaaarrrrrr! Huaaarrrrrr! Huaaarrrrrr!« Der Kreis wird enger, bis der Nikolaus erneut die Stimme erhebt. »Da ließ der Herr Schwefel und Feuer vom Himmel herabregnen. Zu Schall und Rauch werde diese Stadt vergehen, sage ich Euch! Lasst Euch nicht irreführen, sondern kehrt ein unter mein Dach«, predigt der euphorische Nikolaus. Die Krampusse lassen von ihm ab, man weiß ja nie, bei einem Irren …

Die Hölle. Plötzlich verstummt alles. Die Krampusprinzessin erscheint im metallischen Look mit weißen Flügeln. Tausende Menschen sehen Jenny jetzt live. Dazu kommt das Fernsehen. Jenny streift ihre langen, weißen Handschuhe über ihre Hände. ROCK IT! Die Krampusprinzessin leuchtet aus der Dunkelheit, als wäre sie tatsächlich eine Erscheinung, ein Ebenbild aus einer göttlichen Welt. Das Publikum kreischt. Kein Mensch weiß, woher diese Masse plötzlich kommt. Jenny führt die Showwagen an, die vor dem tatsächlichen Lauf kommen. Noch werden die Krampusse von Sicherheitskräften zurückgehalten. Keiner läuft ohne den Startschuss des Bürgermeisters: PENG! Eisenhagel lebt und wir trinken alle ein Bier, meint er. Alles jubelt. Dazu sieht Jenny nur einen verschwommenen Film.

Jenny geht jeden Schritt mit Bedacht, vielleicht auch mit Anmut. Schaut man genauer hin, würde man vielleicht erahnen, dass es hier Unstimmigkeiten gibt. Sie trägt Docs mit Spikes und Stahlkappen. Bereit sich zu verteidigen. In ihrer Tasche, die sie leicht versteckt trägt, ist kein Lippenstift, sondern ihr Baby, man kann ja nie wissen. Ihr pink Baby. Wer auch immer etwas zu sagen hat, der soll es jetzt machen, in diesem Lauf!

Hinter den Absperrungen warten unzählige Menschen, das sollte man nicht unterschätzen. Sie rufen ihren Namen, sie strecken Jenny ihre Hände entgegen. Machen Fotos. Das Blitzlicht blendet Jenny immer wieder, Farbflecken bleiben einige Sekunden sichtbar zurück. Sie greifen nach ihr. Wollen sie berühren. Sie schreien »Jenny!« Jenny geht weiter. Berührt Finger, hinter den Gittern, lächelt den Menschen zu. Sie hat keine Ahnung, wo wer ist. Wohin schreit ihr Herz? Wer sticht es AB? Einer wird es. Ihr Körper bebt. Jeder Kontakt verstärkt sich. Sie zählt bis 10, formt wieder ein Schwert, schließt ein Auge und scheucht die Gedanken fort. Jenny! Jenny! Lache, du musst lachen! So wie es dir die Oma gesagt hat. Lachen! Schau in die Menschen! Die Leute lieben dich. Schnapp sie dir und friss sie auf! SCHNAPP!

Jennys Hände, ihr Gesicht, der ganze Körper bebt. So etwas hat sie noch nie erlebt. SMASH! Sie weiß ganz genau, dieses Ding findet nicht wegen ihr statt, aber sie ist jetzt einmal der fucking Hell geile Mittelpunkt! Sie steht hier mit ihrer Verkleidung, und die Menschen, die sie gar nicht kennen, bejubeln sie. Plötzlich entdeckt sie Personen, die ihr doch bekannt vorkommen. Im Hintergrund sieht sie Teddy und Michael vom Schießstand, sie halten das Schild hoch, »JENNY GO«! Jenny sieht sie, die Augen treffen sich, sie zeigt ihnen Fucking Hell und sie geht. Jetzt kann sie marschieren. HEY, HO, LET'S GO!, fetzen die Ramones aus der Anlage. Dazu machen sie ihr Eisenhagler Krampusgeheul. »Huaaarrrrrr! Huaaarrrrrr! Huaaarrrrrr!« Ohne Warnung, von einem Schritt zum anderen, bricht ihr im Innersten alles weg. Wohin geht sie, was macht sie hier? Eis, kaltes Wasser, auch im Triumph kann das Leben erschöpflich sein. Ein kalter Wald mit Nebel und Marlboro-Stummel am Boden. Die heutige Messe wurde noch nicht gelesen, ihre hatte sie schon, damals. Aber du musst kämpfen, denkt sie sich und lacht in die Menge. Ein Schritt nach dem anderen. »Jenny, ROCK it!«, brüllen Kevins Eishockey-Hackler im Chor. Jenny lächelt rüber, zwinkert ihnen zu. Sie hat sich wieder. Jenny geht einige Schritte weiter, sie gibt Kindern die Hand, sie lacht, sie zwinkert den Leuten zu, und urplötzlich ist die Botschaft da, von so weit her und dennoch von so nah.

Fotze, wir machen den Lauf jetzt jedes Jahr!

Diese MESSAGE ist wie ein Darmdurchbruch. Ein Darmdurchbruch ist eine Möglichkeit der Wahrheit. JENNY hebt ihre Hand wie ein Schwert und versucht die

Gedanken fortzuwischen. SCHWUB! Im selben Moment packt ein Kind Jennys Arm. Es ist kein beliebiges Kind. Es ist die Hanna aus dem Spital. Erst letzte Woche wurde sie entlassen. Jenny kann sich noch gut an sie erinnern.

»Ich will auch einmal Prinzessin sein«, flüstert ihr Hannah zu.

»Dann schaffst du es auch«, antwortet ihr Jenny, während auf sie aus einiger Entfernung ein Fernglas und ein Zielfernrohr gerichtet sind.

»Wie denn?«, antwortet Hannah, im Tumult fast nicht zu verstehen, aber Jenny könnte ihre Sorgen und Wünsche auch mit geschlossenen Augen von den Lippen ablesen. »Mir fehlt ja ein Bein«, fährt Hannah fort und klopft auf ihre Prothese.

»Wie ich so alt war wie du, sind meine Eltern gestorben und ich führe nun den Lauf an. Alles geht, wenn du nur willst!«, antwortet Jenny vielleicht eine Spur zu schroff, aber sie weiß, dass bei Kindern oft ein Aufrütteln eher hilft als verständnisvolle Worte. Dabei schaut Jenny der Kleinen tief in die Augen, während auf sie nach wie vor ein Fernglas und ein Zielfernrohr gerichtet sind.

Hoch über ihr, vielleicht 100 Meter entfernt, in einer Dachwohnung, am Ende der Köhlergasse, bevor sie nach der Kurve in die breite Fußgängerzone und den Adventsmarkt mündet, stehen zwei Burschen. Einer mit einem Gewehr, ein anderer mit einem Fernglas. Heute ist ja alles erlaubt, da dürfen verrückte Jungs auch ein bisschen Spaß haben. Sie schauen durch die Linsen und suchen Jenny. Der eine mit dem Gewehr wackelt ein bisschen, alles ungewohnt und aufregend. Der Einzige, der wirklich entspannt ist, ist der dritte im Spiel. Der filmt alles auf zwei Handys mit. Eines auf die Boys gerichtet, eines auf die Prinzessin unten. Sie sehen, wie

Jenny eine lange Feder aus ihrem Flügel rupft und sie dem Mädchen schenkt. Sie lachen sich dabei halb tot.

»Hey Mann, jetzt schieß, komm, das ist ein Traum!«

»Jetzt warte noch, Mensch!«

»Mist, verpasst! Der Moment, wo die Schnalle dem Kind die Feder gibt, das wäre es gewesen!«

»Hey Mann, stress jetzt nicht, es kommt noch besser, wirst sehen!«

Jenny geht weiter, Meter für Meter. Als wäre sie eine Hoheit. Für die Bewohner von hier ist sie das auch. Eine von ihnen, aber eine, die einen Schritt weitergegangen ist, auf der Treppe eine Stufe über ihnen steht. Zu der man aufschaut. Jenny weiß nicht, was um sie herum abgeht. Sie lehnte jegliche Verkabelung ab. Was kommt, soll kommen. Was sein muss, muss sein. Eins und eins ist zwei. Zwei minus zwei ist null. Am Ende kommt man bei sich selber an.

Bist du dir sicher?

Aber das soll nicht heißen, dass sie dabei nicht wach ist. Sie staunt, als drei aus der Spezialeinheit vor ihren Augen ein Wohnhaus stürmen. Fast unentdeckt huschten sie an der Wand entlang und schlüpften in das Wohnhaus. Jenny geht einige Schritte und sieht die Einsatzbeamten immer wieder wie schwarze Flecken an den Stiegenhausfenstern auftauchen. Hat das etwas mit ihr zu tun?

Was idyllisch erdacht wurde, könnte als Tragödie enden. Vorne nach der Kurve zieht sich die Gerade zum Rathaus. Dort steht der Bürgermeister am Rathausbalkon, mit steifen Beinen und pochendem Herzen. »Wenn das nur gutgeht, wenn das nur gutgeht …«, nuschelt er dazu und streicht sich seinen nicht vorhandenen Bart glatt. Der Jenny will er auch noch nach dem Lauf in die Augen schauen können, der darf keine Feder gerupft werden, im wahrsten Sinne des Wortes! Die verlässt sich auf ihn und auf Eisenhagel! Und das jetzt!

»Chef! Die Aktion Köhlergasse hat sich erledigt. Verdächtige konnten überwältigt werden.«

»Wer war das?«

»Schüler, die dem Vater ein Gewehr aus dem Waffenschrank geklaut haben.«

»Aufs Revier mit der Saubande und vom Papa abholen lassen!«

»Jawohl, Chef!«, antwortet ihm der Einsatzleiter.

Der Bürgermeister nimmt sich ein Bier und zündet sich eine Zigarre an. Zuvor rutschte ihm tatsächlich das Herz in die Hose.

»Gibt's ja nicht, alles!«

Und Jenny geht nichts wissend und zugleich alles wissend weiter. Wäre ihr etwas passiert, wäre ihr hier etwas passiert. Wäre sie nun tot, wäre sie hier tot. Ganz ohne Angst. Mit diesem Gefühl überlebt man alles.

Denkst du, Bitch!

Das Rumoren im Hintergrund ist kaum noch zu überhören. Böller krachen, Rauch geht auf. Es ist, als ob die Stadt abhebt, sich loslöst. Ganz Eisenhagel spürt, dass es hier nun etwas erlebt, was es bis jetzt noch nie erlebt hat. Wenn über 2000 wildgewordene Menschen einer Idee nachlaufen, einer Idee zulaufen, eine verschmolzene Einheit werden. Ein Wort ertönt aus allen Mündern und das immer wieder. Der Band Rammstein würde hier alle Ehre erwiesen werden.

KRAMPUS!

Von den Boxen kommt dazu ein brachialer Beat. BAM! BAM!

KRAMPUS!
BAM! BAM!
KRAMPUS!
BAM! BAM!
KRAMPUS!
BAM! BAM!
KRAMPUS!
BAM! BAM!

Vor Jenny zischt waagrecht eine rote Leuchtrakete in den Himmel, die oben, an ihrem Ziel angekommen, einen Sternenregen abschießt, bevor sie wieder hinabfällt. Das ist das Zeichen, weiß Jenny. Der Irrsinn zwischen Party und Tumult wird von der Leine gelassen. Jetzt beginnt der Lauf, jetzt geht es um alles. Jetzt geht es um sie, und sie weiß, was sie zu tun hat – vor allem nicht die Nerven verlieren, weil von hinten kommt eine DRUCKWELLE. Die HÖLLE! Noch nicht sichtbar, aber sie spürt, dass das ganze Ding nun auf sie zurollt. Eine massive Schwingung. Gut und böse, hell und dunkel. Ihr ist, als ob sich die Essenzen der menschlichen Energie in einem Torpedo versammeln, der nun auf sie zuschießt. FLASH!

Ein Getümmel. Traditionelle und moderne Verkleidungen treffen aufeinander: Krampusse, Perchten, Bösewichte und Monster, Glocken, Ketten, Nebel, Kracher, Rauch und Bengalos. Kracher landen neben Jenny, sie zuckt nicht mit der Wimper, sondern sie ist nun ein Teil des Laufs. Hinter ihr jagen Krampusse den Besuchern Angst ein.

KRAMPUS!
BAM! BAM!
KRAMPUS!
BAM! BAM!
KRAMPUS!
BAM! BAM!
KRAMPUS!
BAM! BAM!

Plötzlich bricht die Absperrung. Passanten werden zu den Krampussen hineingedrängt. Jetzt folgt das Chaos. Gerade der Moment, in dem alles bricht, kommt Jenny sehr ruhig vor. Wie ein Gemälde aus der Renaissance von Leonardo da Vinci frisst sich in ihre Netzhaut ein Bild: Mütter drehen ihre Kinder zur Seite, Väter halten einen Krampus von zwei Jugendlichen fern, Polizisten wollen die Sperren nochmals hochziehen, aber vergebens. Eine Silvesterrakete zieht waagrecht an ihr vorbei, als wäre sie ein wilder, leuchtender Urwaldvogel in einem ihrer Träume. Ein Hase hoppelt hinten über den Markt. Er bleibt stehen und schaut Jenny kurz ins Gesicht, Jenny sendet ihm ein Signal, er versteht es und verschwindet in der Dunkelheit. Heute ist alles magisch. Der Sound trägt sie. Wie ein Teppich. Sie lässt sich in ihn hineinfallen, wie in der Disko. Sie öffnet sich, öffnet ihr Innerstes, und lässt den Sound und die Energie in sich einströmen. Don't stop this high illusion. Die Bilder um sie beginnen zu flirren. Und immer wieder der Beat, der sie in der Euphorie hält.

KRAMPUS!
BAM! BAM!
KRAMPUS!
BAM! BAM!
KRAMPUS!
BAM! BAM!

Plötzlich greift wer nach ihr und trägt sie tatsächlich weg. Im ersten Moment lacht sie. Einen Augenaufschlag später findet alles ein abruptes Ende. Plötzlich ist sie wieder in der Gasse, in der sie niemals wieder sein wollte, vor allem von Kreaturen umzingelt, die sie nie wiedersehen wollte. Die KRAMPUSMÄNNER sind zurück. Von DAMALS. Älter, aber sie sind es.

»Prinzessin, Prinzessin, schön, dich wiederzusehen. Sei jetzt ein artiges Kind und steig in die Kraxen. Du weißt ja noch, wie das geht, oder?«

Jenny wundert sich, sie wundert sich sehr. Sie weiß gar nicht, ob das noch wundern ist. Wie kann man nur so dreist sein! In Jenny kommen kurz Bilder von früher hoch. Sie, die in die Kraxen gestopft wird, die herumgeschupft wird, die bewusstlos wird, die im Schnee liegt, zu der der Pfarrer »kommt«. Der ARNOLD hilft. Der ARNOLD hilft. Der ARNOLD hilft. Der ARNOLD hilft. Der ARNOLD hilft. Der ARNOLD hilft. Der ARNOLD hilft. Der ARNOLD hilft. Derarnoldhilftderarnoldhilftderarnoldhilft! Ganz genau so war das. Der Arnold hat sie damals befreit und sie hat seine Gefühle nicht erwidert.

STOP IT. Jenny wischt das Bild aus ihrem Kopf. Gespenster! Alles nur Gespenster!

»Prinzessin, freust du dich nicht auf uns?«

»Und wie, du Arschloch!« Anstatt zu kneifen, geht sie auf ihn zu.

»Was habe ich damals getan? Was habe ich verbrochen? Warum musste ich bestraft werden?«

»Weil du böse warst.«

»Was habe ich Böses getan?!«

»Äh, nichts!«

»Und genau das habe ich mir gedacht!«, antwortet Jenny. Nichts, nada, null! Sie packt den Krampusmann bei den Hörnern und steckt sie zwischen zwei Gitterstäbe am Geländer.

»Hier noch ein kleines Geschenk!«

Sie zieht einen Bengalen aus ihrem Body, zündet ihn an und schiebt ihn unter seine Kutte. Die anderen Krampusse staunen. Keiner wagt einen Schritt näher. Der Krampus dampft aus allen Öffnungen und schreit.

»AAAAHHHHH! Jetzt helft mir doch endlich, oder soll ich warten, bis ich gegrillt bin! AAAAHHHHH!«

Jenny huscht in eine Seitengasse, vorbei an der Blumenhandlung, an Kevins Café, am Spital, an Daniels Schule – im Sinne den Berg und nur den Berg.

»Und wo ist jetzt die Jenny?«, fragt der Bürgermeister den Tourismuschef. Wenn nicht immer alles so schnell gehen würde, denkt er sich und ruft Jenny an. Hoffentlich meldet sie sich!

Kevin steht wie angewurzelt vor der Apotheke zur Eisernen Kralle. Die Menschen ziehen an ihm vorbei, ungeachtet dessen, was hier einmal passierte. Eigentlich müsste Kevin triumphieren, Luftsprünge machen, an vorderster Front stehen und sich mit »seiner« Krampusprinzessin zeigen. Sein Lauf funktioniert! Er ist aber nicht entsprechend gelaunt. Er steht und wartet. Ganz genau hier wird ihn Arnold herausfordern. Dort, wo sein Vater starb, wo Kevin seinen Vater anzündete. Ob gewollt, ungewollt, Missgeschick oder nicht. Dort, wo das Inferno stattfand, wird Arnold auftauchen. Kevin ist hier, um die Rechnung zu begleichen. Arnold soll kommen. Er ist vorbereitet. Von einem Moment auf den anderen steht er auch schon Arnold gegenüber. Arnold hat eine Maske auf. Es ist nicht irgendeine Maske. Es ist die Krampusmaske seines Vaters. Ganz kurz kommen Kevin die alten Bilder wie vor zehn Jahren in den Kopf. Er sieht sich den Böller anzünden und ihn in Richtung von Arnolds Vater werfen. Das war kein Zufall, und das weiß er und das weiß Arnold. Um sie ist alles in Bewegung. Außer sie beide. Sie stehen einander gegenüber. Wie aus Eis. SCHULD muss beglichen werden. So oder so.

»Fremder, was willst du hier?«, bricht Kevin das Schweigen.

»Genugtuung«, antwortet Arnold.

Keiner von ihnen verzieht eine Miene. Sie schauen einander mit eisernem Blick an. Hier stehen sich zwei Kontrahenten aus alter Zeit gegenüber, könnte man fast glauben. Zwei, die sich nicht mögen, zwei, die sich abgrundtief hassen. Zwischen ihnen stehen Welten und eine Frau. Anders ist diese große gegenseitige Abneigung nicht zu verstehen. Könnten sie wie vor 100 Jahren ein Duell austragen, sie würden es tun. Auge um Auge, Zahn um Zahn, mit Helm, Schild und Schwert.

»Was soll der Scheiß?«

»Ich ließ dir die Vereinsnadel zukommen. Du hast meine Freundschaft erneut abgelehnt. Nun ist es zu spät. Ich will dich den Boden vor meinen Schuhen schlecken sehen.

Damit meine Schuhe nicht mit eurem Dreck in Berührung kommen.«

Arnold ist einen Kopf größer als er. Er ist bulliger und bis auf die Knochen durchtrainiert. Das wird der Fitnessraum im Keller sein. Die Mädels haben davon erzählt. Kevin sieht bereits das drohende Unwetter über sich hereinbrechen, von hinten kommt es tatsächlich dunkel rüber. Er spürt, wie sein Mund austrocknet. In ihm macht sich Panik breit. Er kennt sich in so einem Zustand nicht. Wenn es ihn schon so erwischt, wie wird es wohl seinen Freunden, Daniel, Annika und Jenny gehen? In diesem Moment bekommt er eine Irrsinnswut. »Gehe zurück in dein gottverdammtes SCHEISS GRAZ! In Eisenhagel hast du nichts verloren.«

»Du hast gegen mich keine Chance, Dorfkaiser. Ich habe die letzten zehn Jahre an Kraft gewonnen, mental und physisch. Dazu bin ich zu Reichtum gekommen, ich kann drei Fremdsprachen fließend und habe Geschmack entwickelt«, antwortet ihm Arnold arrogant.

»Darum schaut es in deiner Bude auch so scheiße aus, wie es ausschaut, das haben mir die Mädels erzählt. Du geschmackvoller Mensch, du. Wir sind vier Freunde, da passt kein Fünfter rein, schon vergessen, Mr. Klug?«, antwortet Kevin, stellt sich breitbeinig vor Arnold hin und ballt seine Hände zu Fäusten. »Meine Jenny kriegst du im Übrigen nie!« Die Angst ist verflogen, Kevin ist jetzt ganz klar bei der Sache. Momentan könnte er die Welt in Stücke reißen. Der Kampf kann beginnen.

»Ich krieg sie nicht? Ich habe sie schon!«, antwortet Arnold und fällt über Kevin her. Kevin drückt sich an die Wand und lässt Arnold ins Leere laufen, als wäre es ein Stierkampf, gibt er Arnold nun von hinten eine mit. »Torero, Torero!«, schreit Kevin und zückt ein rotes Sacktuch.

Die Maske hätte er erwischen sollen, die Maske, denkt sich Kevin. Aber Arnold kämpft mit der Kraft eines Wahnsinnigen, eines Irren, eines Menschen, der zehn Jahre auf diesen Tag gewartet hat. Er hat die Maske fest um seinen Kopf gebunden, er ist nicht mehr er. Er ist der Krampus. Für einen kurzen Moment scheinen in Eisenhagel alle Lichter auszugehen, dafür reißt die düstere Stadt ihren Schlund auf, gierig, nach einem Happen Frischfleisch Ausschau haltend, als ob Eisenhagel will, dass hier etwas entschieden wird, was vor langer Zeit begann und jetzt sein Ende haben muss, ein Ende, mit der Konsequenz, dass einer nicht mehr ist, wenn man das so sehen will. Kevin nimmt Anlauf und erwischt mit seinem Schlagring Arnold am Scheitel, über der Maske. Eine plötzliche überraschende Wende, wer hätte das gedacht! Blut spritzt, Kevin will nachsetzen, doch wird er mit einer unglaublichen Wucht zurückgeschleudert. In dem Moment hat er nur eines im Kopf. Jenny. Dann kommen seine zwei Freunde, Annika und Daniel, später noch der Verein, der Lauf und der Ort. Kevin dreht sich, wie im Eishockey gelernt, aber es geht sich nicht aus. Er versucht noch, mit seinen Unterarmen den Aufprall schützend abzufedern, doch er rutscht weg und landet auf seiner Fresse, Knochen krachen, Zähne reiben aneinander, kurz reißt er noch seine Augen auf und durchbohrt Arnold mit einem glasklaren Blick, als ob hier eine vergangene Tat abgerechnet wird.

In Kevin ist nur ein Gedanke: Jenny, Annika und Daniel. Das ist sein Leben, oder besser gesagt, war sein Leben. Denn daneben gehen Scheiben zu Bruch. Plünderungen folgen. Sirenen und Polizeialarm. Der am Wegrand in seinem Blut liegende Kevin wird nicht beachtet. Er liegt und blutet, die Krampus-Rufe verstummen in seinem Kopf.

»Der Haken war für meinen Vater!«, brüllt Arnold, der Krampus, einen Menschen an, der sich nicht mehr rührt. Das ist jetzt nicht fair, aber der 5.12. war in Eisenhagel noch nie fair, das muss einmal gesagt werden.

Jenny weint. Sie weiß nicht warum, aber momentan wird sie von einer massiven Traurigkeit befallen. Es ist ihr, als sei etwas gestorben, das für sie sehr wichtig war, für sie ab nun für immer verloren sein wird. Sie kann sich des Gefühls nicht entledigen, sie kann sich dafür nicht einmal genieren. Sie weiß nicht, und will nicht darüber nachdenken, wer jetzt gestorben sein mag, denn sie hat in diesem Leben schon viel verloren, sehr viel, ZU VIEL. Wenn ihr ihre drei Freunde nicht geblieben wären, die dagewesen waren, als sie sie gebraucht hatte. Sie kann nicht daran denken, WEN es traf, aber sie weiß, dass es wen traf. WUT! Es ist, als hätte 30 Zentimeter neben ihr eine Granate eingeschlagen und ihr einen Teil ihres Inneren weggefetzt. WUT! Dazu legt sie den dunklen Waldweg zu ihrer Hütte zurück. Auf der Hütte wird sich alles entscheiden, es war schon immer so. WUT!

Und da ist auch noch Arnold. Sie kann in diesem Moment nicht kategorisch zu ihm NEIN sagen. Er war hier, als niemand hier war. Wer ist denn damals ihr großer Rächer gegen den Pfarrer gewesen? Trotzdem: WUT!

BUT: WHERE IS YOUR FUCKING MIND? Sie weiß, das ist keine normale Nacht. Für sie schon gar nicht. Vor zehn Jahren hätte sie tot sein können. Der Sturz. Ihre blutverkrustete vernarbte Fresse, die zwischen ihren dunklen Augen, den dunklen Haaren und der hellen Haut klaffte, einen Draht um ihre Fresse gewickelt, damit ihr die Kinnlade nicht runterfiel – sie hätte das Monster in einem Marvel-Film sein können. Und dieser Arsch kommt nun zurück?!

Weiter zur Hütte. Jetzt schaltet sie die Handylampe aus. Die letzten Meter musst du ohne Licht schaffen. Dabei fährt sie sich mit der Zunge über die Lippen, um ES zu spüren. Wenn sie über ihre Lippen fährt, spürt sie es auch noch, ihre ZERFRESSENE Fresse, die zwar verheilt ist, aber in ihr noch glüht. WUT! Deshalb ihr Tattoo auf ihrem Rücken, in dunkelroten Lettern.

I
WANNA
FREAK
OUT!

Und warum das alles? Was ist vorherbestimmt? Woher kommen wir? Wohin gehen wir? FREAKOUT AND SMASH! Jenny schiebt das Bild aus ihrem Kopf. Ein Wisch und es ist weg. Die Hypno geht auch ohne Doktor Traisen. Aber wo ist der Doktor eigentlich? Leck fuck, sicher schon in fiebriger Vorbereitung für Afrika. WUT!

Weit unten sieht Jenny noch die Lichter der Stadt. Der Krampuslauf geht seinem Ende zu, die Menschen sind ausgelassen und fühlen sich wohl. Sie war ein Teil davon, sie alle haben mitgetan. Wieder diese Traurigkeit, die sie fast den Bach neben ihr runterstürzen lässt. Was ist jetzt los? Ihr Herz rast. Das helle Gewand der Krampusprinzessin, der dunkle Wald. Aus dem Nichts schießt sie ihre Wut ins Tal, in die Richtung eines Menschen, der jetzt gehen will. Du wirst jetzt nicht gehen, verdammt! Wir sind erst am Anfang! COME ON!

Sie steht vor der Hütte. Alles schwarz. Nichts. Nüsse. Der gottverdammte Weg war UMSONST gewesen! LECK

FUCK! Und überhaupt. Resigniert setzt sie sich auf einen Baumstumpf. Umsonst. Was haben sie hier alles erlebt. Hier fand ihr Leben statt, die wichtigsten Ereignisse, und jetzt stimmt nichts von allem. Nichts von all dem. In Jenny tun sich keine Abgründe auf, sie ist der Abgrund. Nüsse. Kann doch nicht sein. Einbildung, nichts als Einbildung? Es kann doch nicht sein, dass ihr ganzes Leben in einer Einbildung mündet. Abgründe. Jenny reißt einige Pflanzen vor dem Haus aus und schleudert sie weg. Sie selbst ist ihr leibhaftiger Abgrund. Das kann es doch nicht sein. Doktor, hilf mir! Traisen, wo bist du? Ich sterbe jetzt. Es ist alles aus, mehr als aus. Mein Leben ist der letzte Zug von einem Tschick. Jenny zündet sich eine Zigarette an. Es kann doch nicht ihr Leben in einem Nichts enden, in einem totalen Absturz. Sie hat ihren Geschirrspüler nicht eingeschaltet. Das sollte man immer machen, bevor man von zu Hause weggeht. Das wird morgen den Tagesablauf verzögern. So aus dem Nichts kommen ihr die belanglosesten Gedanken. Jenny ist verärgert. So blöd wie sie kann nur sie sein. Sie richtet ihr Kostüm zurecht und tritt mit voller Wucht die Eingangstür ein.

PENG!

Jenny muss schlucken. Sie hält sich an einem Pfosten fest. Wäre sie nicht hier, sie würde nicht wiederkommen wollen. Die Wirklichkeit kann so unerträglich sein. Das ist die beschissene Erkenntnis ihres gottverdammten Lebens. Vom Abgrund der Dunkelheit in die blutrote Kammer des Bösen.

»Schön, dass du hier bist, Prinzessin!«

Vor ihr steht ein Typ, ungefähr im gleichen Alter wie sie. Springerstiefel, eine enganliegende Hose, glänzende, schwarze Handschuhe, Bomberjacke. Das kann Arnold sein. Es ist Arnold, sie weiß es ja. Das riecht sie gegen den Wind. Aber er hat die Maske auf. Die Maske seines VATERS. Er ist ein Krampus. Ist sie den ganzen gottverdammten Weg in den Wald gegangen, um einem Krampus gegenüber zu stehen? Um diesem Krampus gegenüber zu stehen? Es ist nicht irgendein Krampus, es ist Arnold, der Krampus. Jetzt lief sie ein ganzes Leben vor diesem Krampus davon, und dann das! Das Erschreckende am Leben ist die Banalität des Todes, denkt sie sich. Danach kommt nichts. Wahrscheinlich. Sehr sicher sogar. Und sie ist auf dem besten Wege, ihr Leben zu verspielen.

»Hallo Arnold. Lange nicht mehr gesehen«, spricht Jenny ihn an und geht auf ihn zu. Sie kommt sich mit dem Opener fast wie in einer Serie vor, wo sie einen lange nicht mehr Gesehenen begrüßt. Die Situation ist so extrem glatt. So glatt war sie noch nie in ihrem Leben. Als ob hier Netflix gemacht wird. Aber eben live. Hier wird über Leben und Tod entschieden.

»Arnold? Kommt gelegentlich vorbei. Aber nicht sehr oft.«

In Jenny geht jetzt eine Lawine ab. Als ob ihr jemand das Leben wegräumt. Leck fuck! Mit dem hat sie nicht gerechnet. Das Irritierende am Leben ist, wenn alles so kommt, wie man es erahnt, aber es dennoch nicht versteht.

»Ah so, wer bist du dann?«

»Ich bin der Krampus.«

Bitte nicht. Nein. Noch einmal. Nur für mich: Für das bin ich hier rauf? Ich bin bereit. Ich kämpfe. Was ist ein Krampus gegen die Prinzessin? Du Sack!

»Und warum bist du hier und nicht unten, wo die anderen Krampusse sind?«

»Weil ich gewusst habe, dass du nah dem Lauf hier heraufkommen wirst.«

»Und warum weißt du das, Krampus?«

»Weil ich euch kenne. Ich kenne euch alle!«

»Und wo sind die anderen, Krampus?«

»Nicht mehr hier.«

»Dann gehe ich aber auch wieder und lasse dich hier alleine warten. Viel Spaß noch, Krampus.«

Der Krampus stellt sich vor die Tür und versperrt ihr den Weg. Jenny geht an ihn heran. Ganz nahe. Sie riecht seinen Atem. In diesem Moment sieht sie bei Kerzenlicht in der Hütte den jungen Arnold, der sie küssen will und wie sie sich wegdreht, ihn ablehnt, ihn nicht an sich heranlässt. Sie hat ihn nur benützt. Sie ist mit SCHULD gemeint, sie weiß das. Trotzdem will sie nicht hier sterben, im Gedenken an ihre Freunde, wo auch immer die nun sein mögen. Sie schaut ihm durch die Maske tief in seine Augen. Sie weiß, dass sich ihre Augen treffen. Sie spürt die Macht, die sie gewinnt.

»Der Arnold hat mir einmal das Leben gerettet, für das muss ich mich bedanken. Ich hätte nicht gewusst, wie es weitergeht. Danke, Arnold, danke für alles. Lass uns gehen, nur wir zwei. Komm.«

Jenny sieht unter der Maske etwas aufblitzen.

»Jenny bist du das? Es tut mir leid, aber wie bin ich hierher…? Ich wollte dir nie, was mache ich …«

Arnold taumelt und Jenny sieht eine Chance, ihrem Albtraum zu entkommen. Sie setzt zur Flucht an. Sie macht einige Schritte und ist bereits an der Tür, als Arnolds Hand sie am Fußgelenk packt. »Ich bin der Krampusmann und habe dich gewonnen.« Seine Hand schiebt etwas wie ein Scheibenwischer aus seinem Sichtfeld. »Ich habe Arnold gerade verabschiedet, er kommt gelegentlich vorbei. Aber nicht sehr oft. Ich habe auch heute gewonnen. Dich! Prinzessin!«

PANIK!
PANIK!
PANIK!
PANIK!
PANIK!
PANIK!

»Dann lass uns gehen. Komm, ich bin deine Prinzessin«, antwortet ihm Jenny, in einem Anflug von hoffentlich lebensrettender Naivität. Ihre Augen blitzen durch den Raum. Es ist, als hätte sie etwas Rettendes gehört. Doch nicht?

»Ich habe dir ein Gewand gerichtet. Prinzessin. Jetzt wirst du zur Königin.«

Er schiebt sie vor sich her. Sie gehen in den hinteren Bereich der Hütte. Sie weiß zu gut, wohin es geht. Angst. Da kommt sie nicht mehr raus. Zugleich spürt sie Zuneigung in unerträglichem Ausmaß. Es hat sich nichts geändert. Wie ein Schleier legt sich ein Schutzmantel über sie. Keiner könnte ihr jetzt etwas tun. Keiner dürfte ihr jetzt etwas tun. Sie ist beschützt. Das ehrt sie. Das sperrt sie jedoch zugleich ein.

Ups, alleine kommst du da wohl nicht mehr raus, was? Hö, hö, hö!

Der Krampusmann führt sie durch das Vorderzimmer. Wo sich alle immer trafen, sie und ihre Freunde. Jetzt in das Hinterzimmer. Wo sie die Pläne ausheckten und Vodka tranken. Dort liegt nun das Gewand, das sie vor zehn Jahren anhatte, als Arnold ihr im Moment der größten Hingabe, nach dem Mord an dem Pfarrer, seine Liebe gestand und sie ihn zurückwies. Jenny kommt aus dem Staunen nicht heraus. Hier liegt ihr Gewand von vor zehn Jahren. Ihre dunklen H&M-Fetzen, billiger Modeschmuck, Nietenarmbänder. Wow. Das Kerzenlicht, der Wein, der Vodka, die Luckies, die Marke, die sie schon so lange nicht mehr raucht. Erst jetzt hat sie das genaue Bild von früher im Kopf. Jahrelang verschollen, bis zu diesem Moment. Gratulation, Arnold. Wie komme ich zu dieser Ehre?

»Zieh dich um.«

Panik.

Jenny zieht es den Hals zusammen. All ihre Gedanken werden momentan erstickt. Gigantisch, was hier abgeht.

Wie wär es mit ein bisschen Gegenwehr, Prinzessin?

»Bei allem Respekt, Krampus. Glaubst du, das ist eine gute Idee?«

»Auf was wartest du?«

»Ach, Krampus.«

»Zieh dich um!«

»Und dann?«

»Ich hätte ja fast vergessen, dass du Zicken machst. Das hätte ich die letzten zehn Jahre fast vergessen.«

Jenny atmet durch. Mit ihm kann man reden. Er weiß, wie sie vor zehn Jahre war, er akzeptiert Widerstand.

Plötzlich steht er hinter ihr, ganz dicht hinter ihr, sie spürt sein rasendes Herz. Er streicht ihr über den Hals. Jenny kann nicht mehr denken, es ist, als drückt sich das Gehirn aus ihrem Kopf. Sie zittert, ihr Hals wird dick.

Lass das!

Dabei rinnt ihr über den Hals eine Schweißperle in den Nacken. Sie spürt die Schnelligkeit in der Berührung, als ob es eine Eidechse wäre. Erst jetzt merkt sie, dass sie durch und durch durchnässt ist. Ihr Kostüm fühlt sich plötzlich so schwer wie ein Panzer an, würde man sie antippen, sie würde wehrlos umfallen.

»Pass auf, nur ein Fehler und ich schneid dir die Kehle durch, Prinzessin!«

Er stößt sie zurück und hält sie zugleich fest. »Es war so anstrengend, sich das alles auszudenken. Zu inszenieren. Der Krampuslauf neu, du als Prinzessin, Mr. Clever.«

»Mr. Clever?«

»Hast du ihn nicht erkannt? Mein älterer Bruder, mein Halbbruder Rolf.«

Durch sie geht ein Stich! Rolf! Wie konnte sie ihn nur vergessen! Wie konnten sie ihn alle vergessen! Jenny verzieht die Lippen, sie kann ihren Respekt vor Arnold nicht verbergen.

»Rolf hatte das Gen, das ihn zu schnell altern ließ. Darum hat ihn niemand von euch erkannt. Er ging zum Zirkus, der Idiot. Ein Bruch vom Schulterblatt und er war am Ende seiner Karriere. Ich machte ihm ein Angebot.«

»Und du hast ihn …«

»Ja, ich habe ihn … er hat für alle Gefühle entwickelt. Für dich besonders. Da war dann das Risiko zu groß, dass mein großer Plan nicht aufgeht.«

Jenny triumphiert innerlich. Wenigstens ist der Wahnsinn durchdacht, wenigstens sind sie nicht falsch gelegen! Das macht es für sie auf eine sonderbare Art leichter zu akzeptieren, dass bald nichts mehr so ist, wie es einmal war.

»Was ist dein großer Plan?«

Arnold senkt seine Augenlider und schaut zu Boden. An seinem Hals bilden sich Falten, er strahlt Einsamkeit aus. Und trotzdem lässt dieser Moment ihn innerlich EXPLODIEREN. Der große Plan. Seine Stimmorgane intonieren die eindringliche Gitarre von Sweet Dreams. Diese Direktheit der E-Gitarre war in der Welt vor Marilyn Manson einfach nicht vorhanden. Mit seinem Gesang schlich er sich in die Welt von ihnen allen, auch in die von JENNY, und machte ihnen schlechte Träume.

JENNY ist jetzt tatsächlich in Gefahr. Arnold saugt sie geradezu auf. Sie weiß in diesem Moment, als Arnolds Stimmbänder die Gitarre intonieren, nicht, WO sie ist, sie weiß in diesem Moment nicht, WER sie ist, es ist der fuckin' Zustand des automatisierten ATMENS, der sie am FUCKIN' LEBEN hält.

Plötzlich, aus dem Nichts, als wäre er ein Kartenspieler, aber einer von den Großen, wo die Abende erst im Morgengrauen enden, greift Arnold in sein Sakko. Herablassend wirft er ihr die CD »Sweet Dreams« entgegen, wie ein billiger Joker, den man braucht, um gut weiterzuspielen. Jenny atmet stoßweise. Sie unterdrückt allfällige Laute. Jetzt ist sie wieder sehr in der Gegenwart. Leck fuck! DANIEL! Sie brauchen nichts sagen, da braucht es kein Wort, das wissen beide, die CD gehört zu Daniel. Das kann nur bedeuten, Daniel ist tot. Dazu wirft er ihr ein abgehacktes Hundesohr auf den Holzboden. Eine weitere Karte wird ausgespielt. ANNIKA! »Annika auch tot!«, verkündet er stoisch, als wäre er aus dem Terminator entsprungen. Jennys Mund trocknet aus, ihr Gaumen fühlt sich wie die Wüste Gobi an. Jenny weiß, was nun kommt. Ihr Gesicht friert ein.

Wehe dir, oh wehe dir!

Arnold greift in seine Tasche.

Jenny will sich wegdrehen, aber sie ist wie gebannt von dem Bild. Vor ihr findet der blanke Wahnsinn statt. In einer Hütte, der sich niemand mehr entsinnt, der nicht diese Zeit hier vor zehn Jahren erlebt hat. Rausch. In ihrem Kopf braut sich etwas zusammen. In Arnold muss sich nichts mehr zusammenbrauen, das Gemisch ist schon seit zehn Jahren angerichtet.

Also zeig es mir.

Arnold wirft ihr ein Büschel blondes Haar entgegen. Es ist in sich verklumpt, an der Haarwurzel, dort wo es ausgerissen wurde. Es ist von Kevins Hinterkopf, rechts hinten, wo er eine Delle hat, oder hatte. Er gehört zu ihm, wie zu ihr. In ihr löst sich ein Steinbruch an Gefühlen. Alles weg. Alles ausgelöscht. Ihr Leben. Durch einen Irren, der sie auch einmal rettete. Heute bekam sie Geschenke: Eine CD, ein abgehacktes Hundeohr und ein Büschel blondes Haar. Realistischer Marktwert: 2 Euro 50 Cent.

Danke.

»Ihr habt immer gesagt, fünf Räder sind eines zu viel. Jetzt sind wir zwei nur noch ein Bike mit zwei Rädern.«

»Alle anderen sind tot?«

»Ja.«

»Du hast alle andern getötet?«

»Nur für uns. Zwei Räder, zwei Menschen.«

Mechanisch greift Jenny nach ihrer Pistole. Aber sie spürt nur das mürbe Leder des leeren Halfters. Sie hat ihr Baby verloren! Das gibt's doch nicht! Das Leben kann ein Schwein sein, doch irgendetwas in ihr sagt, dass sie durchhalten muss, mitspielen. Ihr Innerstes verbietet ihr das kampflose Abtreten, das Loslassen ihrer Prinzipien. Sie steht hier, weil sie sich bis jetzt nicht unterkriegen hat lassen. Jetzt gerade sieht sie meilenweit durch die Bergwelt. Jetzt muss sie es schaffen. Für sich. Und weil sie Freunde hat. Oder hatte. Sie blickt auf den Boden. Das ist ihr Boden. Ob sie jetzt am Leben sind oder NICHT! Ihre Energien sind anwesend. Jenny ist nicht mehr alleine. Sie muss diesen Boden verteidigen. Für sie und für die andern, so bescheuert das nun auch klingen mag.

»Und wenn das alles gelaufen ist, vergifte ich die Gemeinde mit reinstem LSD. Das menge ich einfach dem Wasserspeicher der Stadt bei. Ein Kinderspiel.«

»Aha«, antwortet Jenny ziemlich erstaunt. Dass der Typ so krank ist, hätte sie sich nicht gedacht.

»Willst du dich nicht umziehen, Prinzessin?«

»Natürlich«, antwortet Jenny, als wäre sie die Zofe der Marie Antoinette.

Sie zieht die Fetzen über den Body an. Der Body gibt ihr eine gewisse Sicherheit. Gar nicht so eng wie erwartet. Aber eng in ihrer Welt von heute. Die ist nicht mehr schwarz, grau und dunkel. Heute rettet sie auch Leben.

Anyway! Sie spürt die Luft von damals. Erst jetzt sieht Jenny die vielen Kerzen. So wie früher. Als der junge Arnold für sie die Hütte herrichtete.

Nur jetzt ist der Gute zehn Jahre älter und voll hinüber. Los geht's!

Traisen hat sie gut vorbereitet. Er hat sie gestählt, danke Herr Doktor. Eins, zwei, drei, vier … sie zählt bis zehn und kippt in die alte Zeit. Schon hat sie diesen Glanz in ihrem Blick, der sie in ihrer eigenen Welt von früher sein lässt.

»Arnold, das hast du alles für mich gerichtet?«

Der Krampus nickt.

»Setz dich zu mir und sei nicht so schüchtern und nimm deine blöde Maske runter.«

Er macht es.

»Danke Arnold, dass du mich gerächt hast, ich werde das nie vergessen. Der Pfarrer war plötzlich mausetot.«

»Schon gut, aber Arnold ist weit weg.«

Jenny geht nicht darauf ein und legt ihre Hand auf seinen Schenkel. Er zuckt kurz.

»Hast du Angst?«, fragt Jenny nach.

»Ja.«

»Vor was?«

»Vor diesem Moment.«

»Warum?«

»Weil ich dich immer so in Erinnerung behalten möchte.«

Arnold rückt ab und steht auf. Er hat am Fensterbrett eine Tasche lehnen.

Arnold nimmt eine Spritze aus seiner Tasche. Dazu holt er eine Ampulle aus dem vorderen Fach heraus.

»Bleib cool, Arnold.«

»Ich bin nicht Arnold. Ich bin der Krampus!«

»Schon gut. Ich habe gesagt, ich gehe mit dir mit.«

Er öffnet die Ampulle und zieht das Serum auf. Er präsentiert Jenny die Spritze, als ob er vergessen hätte, dass sie Krankenschwester ist. Jenny spürt, dass momentan etwas verdammt schiefläuft. Als ob die Gegenwart anklopft. Du musst aus dem Eisenhagel weg, aus dem alten. Es ist alles wieder gut und du wirst in der Gegenwart ankommen, spricht sie sich selber Mut zu.

»Ein Leben mit dir wird es für mich nicht geben. Aber ohne dich auch nicht. Ich muss dein Bild einfrieren«, stellt der Krampusmann pragmatisch fest.

»Das verstehe ich nicht«, antwortet Jenny ziemlich vorsichtig, im Wissen, dass es jetzt eigentlich schon ziemlich brennt und sie noch dazu die Rückkehr aus der Hypnose unterbricht. Manche sind in dieser Zwischenwelt schon stecken geblieben und wurden vollkommen bescheuert.

»Unsere Geschichte hat hier auf der Hütte begonnen und hört hier auf. Alles, was danach kam, war der reine Schmerz, es war die Hölle. Die ganzen Jahre ohne dich, ohne uns. Zehn Jahre Einsamkeit.«

»Ich verstehe dich schon, das kann aber nicht meine Schuld alleine sein. Eins, zwei, drei, vier, fünf …«

Arnold zeigt ihr das Elixier. »Jeder wird glauben, du hast das Gift aus dem Spital mitgenommen und bist mit deinem Leben nicht mehr fertiggeworden. Der tragische Tod der Krampusprinzessin.«

»Arnold?!«, fährt ihn Jenny an, gerade zurückgekehrt in die Realität. Sie schaut aus dem Fenster. Sie traut ihren Augen nicht, dort steht der Oberarzt, dieser hat ihr offenbar lautstark zurück in die Realität geholfen. Er deutet ihr, die Hütte durch die Hintertür zu verlassen! Aber das kann sie nicht, noch nicht. Das Ding muss ein Ende haben, heute, für immer.

»Nach einiger Zeit wird der Tod gar nicht mehr so tragisch ausschauen, sondern geplant. Nachdem man in Erfahrung gebracht hat, dass du deine drei besten Freunde gekillt hast, wird man dir den Beinamen *die eiskalte Krampusprinzessin* geben.«

»Arnold, liebst du mich nicht mehr?«

»Ich muss dich bitten! Arnold ist fort! Kein Arnold mehr!«

»Krampus, liebst du mich denn gar nicht mehr?«

»Zu sehr, als dass ich dich bei dieser Tür rauslassen würde.«

Jetzt wird es langsam ernst. Sie braucht Arnold zurück. Die Flammen der Kerzen züngeln und tanzen schon vor ihren Augen herum. Die Dochte kleiner Kerzen ersticken bereits im flüssigen Wachs.

Jenny spielt den Joker aus. Sie nimmt die Uhr seines Großvaters in die Hand. Verlockend lässt sie sie vor seiner Nase baumeln, als ob er hypnotisiert werden müsste. »Freunde sind wie Sterne. Man sieht sie zwar nicht immer, aber sie sind immer da«, spricht sie zu ihm.

»Lass mich in Ruhe damit!«, antwortet Arnold mit starrem Blick und steifen Gang. Es ist eine Mischung aus Kind und Roboter. Bleich wirkt er, seine Haut glänzt im Licht der Kerzen.

»Hier die Uhr deines Großvaters, Arnold. Nimm sie und geh nach Hause. Noch ist nichts passiert.«

»Da war schon zu viel, Jenny. Es ist zu spät.«

Jenny klopft mit ihren Daumen auf den Boden und schenkt ihm einen ungeduldigen Blick. Sie will endlich bei sich ankommen. Mit den Flügeln war sie auf der Zwei. Warum geht sich das mit der Null nicht aus. Sie kommt nicht einmal auf die Eins. Muss sie denn wirklich ihr Leben lassen, damit sich das Zahlenspiel ausgeht?

»Freunde sind wie Sterne. Man sieht sie zwar nicht immer, aber sie sind immer da. Das ist dein Leitspruch. Du musst dich besinnen, Arnold.«

Sie greift nach ihren Zigaretten, zündet sich eine an. Ihre Hände zittern wie Espenlaub und sind eiskalt.

Arnold schaut sie verächtlich an. »Feinde sind wie Dämonen. Man sieht sie immer und sie sind nie fort. Für mich war nie wer da. Und deshalb bist du ab nun für mich immer da. So wie wir uns kennengelernt haben, das ganz gleiche Setting. Ganz genau so werde ich dich in ewiger Erinnerung behalten.«

Jenny schaut sich nochmals um. Die Anordnung der Kerzen. Sie sind nicht willkürlich aufgestellt, wie vor zehn Jahren, sondern in Form eines Sargs. LECK FUCK!

Arnold klopft mit seinem Zeigefinger gegen die Spritze.

»Jetzt wird dich der Krampus ein letztes Mal bestrafen.«

»Warum werde ich bestraft?«

»Weil du böse warst. Auch du hat mich im Stich gelassen. Auch du hast mich verletzt. Wie alle anderen auch!«

Jenny verdreht ihre Augen. Langsam reicht es. In ihr steigt Wut hoch.

»Aber ich bin nicht BÖSE!«

»Wer böse ist, entscheidet der KRAMPUSMANN!«

Jenny schaut den Krampus entgeistert an. Dieser nähert sich bedrohlich mit der Spritze.

Plötzlich ein Irrsinnslärm. Die Tür kracht auf. Vor ihnen steht nun Kevin. Kevin mit einem Verband um den Kopf, als wäre es ein Turban. Dahinter kommt noch Annika, die sich neugierig in die Hütte drängt.

»Wurde aber auch Zeit, ihr Pfosten!«

»Sorry, Prinzessin«, antwortet Kevin, »ich war gerade im Krampus-Stau. Die wollten alle die Prinzessin sehen. Und dabei ist sie hier.« Kevin zwinkert ihr zu.

»Ja, wie lange hätte ich noch warten sollen?«

»Bis jetzt. Arnold, verzupf dich. Schleich dich und lass dich nie wieder in dieser Stadt blicken. Du bist und bleibst das fünfte Rad.«

Arnold scheint von einer Sekunde auf die andere entwaffnet. Er schaut zu Jenny, ob sie noch etwas zu erwidern hat.

Jenny schaut zu Arnold hoch. »Der 5. Dezember gehörte uns beiden, der ist nun vorbei, Krampus. Es ist nach Mitternacht. Nächstes Jahr treffen wir uns wieder. Geh jetzt.«

»Aber nicht ohne dich!«, antwortet Arnold und zückt eine Pistole.

Alle schauen überrascht auf Arnold. Für einen Moment bleibt in Eisenhagel die Zeit stehen.

Ein Schuss.

Arnold bricht zusammen. Sie staunen. Ihre Blicke sind auf die Tür gerichtet. Der Bürgermeister und Dr. Traisen stehen vor ihnen. Rauch steigt auf.

»Menscha und Buama, ich muss nächstes Jahr noch einmal als Bürgermeister antreten. Da kann ich keine tote Krampusprinzessin gebrauchen – da könnt ihr euch alle beim Oberarzt bedanken. Der hat mich hierher gebracht. Ganz dicht seid's ihr alle nicht, gell?«

»Und was machen wir jetzt? Polizei rufen? Ich meine, es war Notwehr«, bringt sich Annika ein.

»Das kann schon sein, aber ich muss eine Wahl gewinnen. Da brauche ich keine Leiche, die mir ans Bein pinkelt.«

Jenny schaut den Krampusmann an. Er liegt am Boden flach ausgestreckt. In seinem Gesicht ist eine Art Erleichterung spürbar, als ob nun der Arnold wieder zurückkommt und der Krampus verschwindet. Das war einmal Arnold, denkt sie sich. Sie will ihn als Arnold in Erinnerung behalten. Sie kann diese Schuld nicht von sich wegbringen, dass er noch leben würde, wenn die Dinge hier anders verlaufen wären – auch mit ihr. Schuld bleibt Schuld.

»Geht ihr zurück ins Tal. Ich werde das erledigen. Immerhin hat mir Arnold einmal das Leben gerettet. Ich werde ihm die letzte Würde erweisen.«

Die anderen schauen betroffen zu Boden, außer Kevin, der schaut auf ihre Titten.

»Jetzt im Winter gehst graben, Jenny? Jetzt kannst bald aufhören zum Spinnen!«, entrüstet sich Kevin.

Einer fehlt. Daniel.

Jenny schaut zu Annika. Besser gesagt, sie schaut in Annika hinein. Sie sieht in ihr nichts als Ruinen. Daniel hat es nicht geschafft. Automatisch füllen sich Jennys Augen mit Tränen. Annika geht auf Jenny zu. »Nicht jetzt, das besprechen wir später unter uns.« Sie drückt Jenny die Hände. Ihr Händedruck ist der von einer Erwachsenen. Der Abend hat Opfer gekostet.

Der Bürgermeister weiß Bescheid. Den Daniel hat's erwischt. Er hat sich, warum auch immer, aus dem Fenster gestürzt. Der Obduktionsbericht kommt erst, es sieht aber nach einer Kurzschlussreaktion aus. So etwas soll es geben, Menschen öffnen das Fenster und springen hinaus. Er wird sich in den nächsten Tagen mit Annika diesbezüglich noch treffen müssen, das eilt aber nicht. Er schaut sich kurz um. Das ist kein Ort, wo er Jenny alleine zurücklässt.

»Außerdem hat die Prinzessin noch ihren Job zu tun, unten warten die Sieger«, versucht der Bürgermeister die Stimmung zu heben.

»Bist du mit dem Pickup da, Bürgermeister?«, fragt Annika nach.

»So ist es.«

»Wir müssen den Arnold versenken«, kümmert sie sich weiter um die Organisation.

»Sollten wir den Körper dieses Mannes nicht der Wissenschaft zur Verfügung stellen?«

»Nein, Oberarzt. Ich will zur Wahl antreten und brauche keinen Toten. Und dich nenne ich nur noch Doktor Sudan, weil du immer davon redest, aber nie hinfahren wirst!«

»Es ist verheerend, aber was soll ich machen!«, wehrt er sich, ohne weiter darauf einzugehen.

»Oder wir legen ihn ins Grab zu seinem Vater«, wirft Jenny ein. Sie hat es im Gefühl, dass mit Arnold sorgsamer umgegangen werden sollte als mit Mr. Clever.

»Das ist eine gute Idee, Jenny, wirklich. Vielleicht solltest du meine Nachfolgerin werden«, denkt der Bürgermeister laut nach.

Kevin schultert Arnold, wie einen Sack Mehl. »Dass Tote immer so schwer sind, das ist ähnlich wie bei Betrunkenen.«

»Rein wissenschaftlich gesehen verteilt sich das Volumen nicht mehr im ganzen Körper. Dadurch erscheinen Tote immer so schwer wie eine leblose Materie«, schaltet sich der Oberarzt ein, während sie die Leiche auf den Transporter hieven.

»Was hast du eigentlich angestellt?«, will Jenny von Kevin wissen.

»Arnold und ich hatten eine kleine Meinungsverschiedenheit. Hätte mich der Oberarzt nicht aufgeklaubt und Erste-Hilfe-Maßnahmen eingeleitet, dann wäre ich jetzt tot«, antwortet Kevin und deutet auf seinen notdürftig bandagierten Kopf.

»Ich weiß nicht warum, aber ich bin total übergedreht. Ich will nach dem ganzen Aufmarsch einen Kakao, einen Bananenkuchen und einen Joint. Und nachher gehe ich schlafen«, kündigt Annika an und wirkt dabei absolut überdreht.

»Seid's nicht immer illegal, Kinder. Ihr kommt's zu mir auf ein Bier, einen Schnaps und dann lass ma's gut sein«, rügt der Bürgermeister. Dem traut sich keiner etwas zu entgegnen.

Der Pickup klappert und er rüttelt sie eng aneinander. Sie schaukeln hin und her und zittern dabei, so unruhig ist die Fahrt. Plötzlich kommt Jenny die Melodie von »Underworld« in den Sinn. Aber sie alle sind aufgeladen wie Kinder an einem ereignisreichen Nachmittag. Irgendwie sind sie nicht erwachsen geworden, denkt sich Jenny. Dennoch waren sie nicht mehr die eingeschweißte Viererbande. Als ob sie den Kick gebraucht hätten, um wieder zusammenzuschauen. Und trotzdem sind sie jetzt nicht mehr zu viert. Kevin schaut betrübt in die Landschaft. Er hat seinen besten Freund verloren, aber Kevin ist keiner, der jetzt vor allen hier zu heulen beginnen würde. Im Herzen trägt er ihn auf alle Fälle weiter. Das Brutale ist, dass sie das Gefühl nicht loskriegt, dass hier alles seine Richtigkeit hat. Hätte es nicht Daniel erwischt, hätte es einen anderen erwischt. Heute hat einer sterben müssen. Die anderen hätte es auch fast erwischt. So ist das nun einmal.

Sie kommen am Friedhof an. Sie steigen aus. Jenny sieht sofort, dass die Plane, mit der Arnold zugedeckt war, nicht mehr verschlossen ist. Der Bürgermeister schiebt sie zurück. Es raschelt. Jenny bekommt Gänsehaut.

»Fort!«

»Was heißt da fort?!«

»Arnold ist nicht mehr da.«

»Und wie soll ich mir das jetzt erklären?«

»Gib deine Pistole her!«, fordert ihn Jenny auf.

Der Bürgermeister gibt sie ihr. Sie schiebt das Magazin heraus.

»Platzpatronen.«

»Dann war das die falsche Pistole. Die vom Sportverein. Ich habe meiner Frau noch gesagt, sie soll mir die richtige mitgeben!«

»Dann wird die Hannah wohl genau gewusst haben, wovor sie dich bewahren wird«, gibt Jenny trocken zurück.

»Also haben wir einen Lebenden weggeführt?«, fragt Kevin nach.

»Sieht ganz danach aus«, antwortet der Bürgermeister.

»Jedenfalls einen, der gut schauspielern kann und dann geflüchtet ist«, antwortet Annika patzig. Immerhin hat Arnold Daniel auf dem Gewissen.

»Bleibt nur noch zu klären, wer die Luke offengelassen hat, sonst wäre uns aufgefallen, dass sich hier einer selbstständig macht.« Irritierenderweise schaut Jenny nun zu Doktor Traisen, der sonderbar ruhig ist. Das sind zu viele Zufälle, aber damit kann sie weit nach Mitternacht nicht kommen. Sie hat ihre Freunde wieder, zumindest Annika und Kevin, das muss fürs Erste einmal reichen. Der Bürgermeister holt eine Schnapsflasche raus. »Jetzt ist's auch schon egal, trinkt's nur. Mir reicht es schon, wenn manche Herrschaften ihre Pistolen liegenlassen.« Er überreicht Jenny die pinke Glock.

»Das ist aber eine Überraschung, wo war denn mein Schatzi?«, freut sich Jenny.

»In deinem Zimmer im Rathaus«, spricht der Bürgermeister und nickt dabei.

»Danke sehr!« Kevin schlapft neben ihr her und sie steckt ihre Hand in seine Jacke. In seinen Augen spiegelt sich die knappe Niederlage, die er gegen Arnold einstecken hat müssen. Aber da kommt noch was, das weiß er. Es wird einen Entscheidungskampf geben. Er hat Jenny nicht freigegeben, und so lange er das nicht tut, wird Arnold gegen ihn antreten. Einmal wird der eine den anderen vernichten. So viel ist ihm nun klar.

Jenny und Annika sind alleine in Jennys Wohnung. Sie stehen auf dem Balkon und trinken Tee. Annika stellt die dampfende Tasse ab und beginnt bitterlich zu weinen. »Arnold hat mir Daniel gestohlen«, beklagt sie sich.

»Nun, eigentlich hat Arnold Daniel aus unserer Mitte gerissen«, bringt es Jenny auf den Punkt. Sie sind nun nicht mehr die Vier. Die vier Freunde, die man nicht trennen kann, gehören der Vergangenheit an. Daniel wurde ihnen weggenommen.

»Wir werden uns rächen«, verspricht Jenny mit ernster Stimme. Irgendwie fühlt sie sich wieder einmal schuldig. Aber wer ist hier schon unschuldig? In Eisenhagel ist keiner ohne Schuld, denkt sie sich.

Annika zittert und Jenny legt eine Steppdecke um sie. So stehen sie nun, ohne etwas zu sagen, bis Jenny sich einbildet, etwas gehört zu haben. Sie geht durch das Wohnzimmer und öffnet die Wohnungstür. Auf der Fußmatte liegt eine lokale Wochenzeitung. Die wird vom Lauf noch nichts berichtet haben, denkt sie, legt die Zeitung auf den Küchentisch und geht zurück auf den Balkon.

»Es war nur der Zeitungsausträger«, antwortet sie auf Annikas fragenden Blick und nimmt einen tiefen Zug aus ihrer Zigarette. Sie sieht, wie sich die Glut sich in den Tabak frisst und zieht die heiße Luft in ihre Lunge.

»Wir werden nicht immer gewinnen. Aber die Spiele gehen weiter. Das Blatt wird sich wenden«, verspricht sie ihrer Freundin. »Spiele?«, wiederholt Anika.

Jenny nickt, nimmt Annikas Hand, dieses Mal die Hand einer ebenbürtigen Mitstreiterin, die nun für die gleiche Sache kämpft. Zu Beginn zittern sie noch, doch dann weicht das Zittern der Gewissheit, das Richtige zu tun.

»Das Blatt wird sich wenden, wir müssen nur warten können«, bekräftigt Jenny und besiegelt so den Moment. Sie spürt, wie sich Eisenhagel langsam aus seinem Schatten erhebt und ihrer aller Augen wieder mit Leben füllt.

Speziellen Dank an:

Gernot Sick – nach einem Kick in Klagenfurt (WAC vs. BVB) gab die Rückfahrt nach Graz, über die nächtliche Pack, die Initialzündung für das Projekt. Danke für dramaturgischen Rat und gelegentlich für hartes Durchgreifen. Gernot, der zweite Teil lauert bereits in den Startlöchern.

Dank auch an Clarissa, immer erste Leserin, sowie an alle Förderer und FreundInnen, die dieses Projekt mitgetragen haben. Oida!

Martin G. Wanko, Graz, 24.08.20

Martin G. Wanko, geb. 1970, lebt in Graz und Bregenz als Autor, Journalist und Texter. Er ist eingeschriebenes GAK-Mitglied. Bis jetzt wurden drei Romane (u.a. *Bregenzer Blutspiele*) von

Foto: Florian Lierzer

Martin G. Wanko veröffentlicht und über 25 Theaterstücke uraufgeführt. Wanko hat somit am meisten Uraufführungen unter den lebenden steirischen Autoren. Div. Preise und Stipendien. Seine Stücke wurden u.a. am Wiener Schauspielhaus, am Bregenzer Schauspielhaus, im Forum Stadtpark Theater, im Theater im Bahnhof oder im Theater im Keller uraufgeführt bzw. szenisch gelesen. Letzte Publikation: *il carso. la bora.* (Markart/Wanko, edition keiper 2018). UA: *Samys Abenteuer* (TiK/Wanko-Zinke). Wanko leitet seit 2000 die GAV Steiermark.

www.m-wanko.at

Martin G. Wanko in der edition keiper:

Bregenzer Bluspiele

Kriminalroman

248 Seiten, Klappenbroschur
€ 17,60 (A) / 17,12 (D)
ISBN 978-3-950251-63-0

Die Wüste lebt! Der Tag, an dem Niki Lauda starb

108 Seiten, Klappenbroschur
€ 15,90 (A) / 15,47 (D)
ISBN 978-3-950251-60-9